博士论文
出版项目

# 思想政治教育学科发展规律研究

Research on the Discipline Development Law of
Ideological and Political Education

颜叶甜　著

中国社会科学出版社

# 图书在版编目(CIP)数据

思想政治教育学科发展规律研究/颜叶甜著．—北京：中国社会科学出版社，2023.5
ISBN 978-7-5227-1761-6

Ⅰ.①思… Ⅱ.①颜… Ⅲ.①思想政治教育—学科发展—研究—中国 Ⅳ.①D64

中国国家版本馆 CIP 数据核字（2023）第 059237 号

| 出 版 人 | 赵剑英 |
|---|---|
| 责任编辑 | 刘 艳 |
| 责任校对 | 陈 晨 |
| 责任印制 | 戴 宽 |

| 出　　版 | 中国社会科学出版社 |
|---|---|
| 社　　址 | 北京鼓楼西大街甲 158 号 |
| 邮　　编 | 100720 |
| 网　　址 | http://www.csspw.cn |
| 发 行 部 | 010-84083685 |
| 门 市 部 | 010-84029450 |
| 经　　销 | 新华书店及其他书店 |

| 印　　刷 | 北京君升印刷有限公司 |
|---|---|
| 装　　订 | 廊坊市广阳区广增装订厂 |
| 版　　次 | 2023 年 5 月第 1 版 |
| 印　　次 | 2023 年 5 月第 1 次印刷 |

| 开　　本 | 710×1000　1/16 |
|---|---|
| 印　　张 | 20.5 |
| 字　　数 | 287 千字 |
| 定　　价 | 108.00 元 |

凡购买中国社会科学出版社图书，如有质量问题请与本社营销中心联系调换
电话：010-84083683
**版权所有　侵权必究**

# 出 版 说 明

为进一步加大对哲学社会科学领域青年人才扶持力度，促进优秀青年学者更快更好成长，国家社科基金2019年起设立博士论文出版项目，重点资助学术基础扎实、具有创新意识和发展潜力的青年学者。每年评选一次。2021年经组织申报、专家评审、社会公示，评选出第三批博士论文项目。按照"统一标识、统一封面、统一版式、统一标准"的总体要求，现予出版，以飨读者。

全国哲学社会科学工作办公室

2022年

# 序

呈现在各位读者面前的是作者颜叶甜在博士学位论文基础上修改完善而成的一部学术著作。

思想政治教育作为中国共产党的政治优势和优良传统，致力于运用马克思主义理论与方法，专门研究人们思想品德形成、发展和思想政治教育规律，培养人们正确世界观、人生观和价值观，在我国革命、建设和改革的实践中，发挥着"生命线"和"中心环节"的作用，积累了丰富的实践经验和理论成果。党的十八大以来，以习近平同志为核心的党中央高度重视精神文明建设、意识形态工作和思想政治工作，把思想政治教育提升到国家治理体系和治理能力现代化建设、全面从严治党的战略高度，上升为党的治国理政思想的重要内涵，系统回答了新时代"为什么要加强和改进思想政治教育"、"怎样加强和改进思想政治教育"等重大时代课题，引领思想政治教育在改革中发展，在创新中前进。习近平总书记强调："坚持和发展中国特色社会主义，需要不断在实践和理论上进行探索、用发展着的理论指导发展着的实践。在这个过程中，哲学社会科学具有不可替代的重要地位，哲学社会科学工作者具有不可替代的重要作用。"[①] 思想政治教育"姓党姓中"，是"治党治国"的锐利武器，在坚持和发展中国特色社会主义伟大实践中毋庸置疑地起到了服务、

---

[①] 习近平：《在哲学社会科学工作座谈会上的讲话》，人民出版社2016年版，第2页。

支撑、保障的功能。

事实上,将思想政治教育作为一个学科来建设,是改革开放进程中的一大创举。20世纪80年代初,历经理论界一场广泛而深刻的讨论后,达成了"思想政治工作是一门科学"的普遍共识。中共中央批转了《国营企业职工思想政治工作纲要(试行)》文件,要求全国综合性大学、文科院校、各部委、总局所属的大专院校,有条件的都要增设政治工作专业。1984年,教育部在12所院校设置思想政治教育专业,采取正规化方法培养思想政治教育专业人才,这也意味着思想政治教育学科的创立。2005年,为了加强马克思主义理论体系研究、马克思主义发展史和马克思主义中国化研究、思想政治教育研究,推进党的思想理论建设和巩固马克思主义在高等学校教育教学中的指导地位,加强高校思想政治理论课建设、培养思想政治教育工作队伍,国务院学位委员会教育部决定调整增设马克思主义理论一级学科及所属二级学科。这当中,思想政治教育始终是所属二级学科之一。

自思想政治教育学科创立以来,学术界围绕"思想政治教育过程及其规律"的探索从未间断过,且不断深化,取得了可喜的成绩。学者们大都从党的思想政治教育具体实践以及特定研究领域、从思想政治教育过程的阶段环节、从思想政治教育环境或外在因素等视角展开研究加以概括提炼,形成了思想政治教育过程的规律"由基本规律和具体规律构成"的比较一致的观点,如张耀灿、郑永廷、吴潜涛等的《现代思想政治教育学》(人民出版社2006年版),将思想政治教育规律分为思想政治教育的基本规律与具体规律。认为,基本规律是在一切思想政治教育中普遍存在的、贯穿于思想政治教育始终的、本质的、必然的联系,包括思想品德形成发展规律与服从和服务于社会发展规律;具体规律则揭示的是某种形式思想政治教育,或思想政治教育某一部分、某一环节的本质联系。伴随着思想政治教育学科的发展,对思想政治教育规律的探索亦在深入推进,呈现出更趋于规范化科学化的发展态势。

2018年恰逢中国改革开放40周年，思想政治教育学科是因改革开放而生，并始终坚持与改革开放同频共振、同向而行，始终坚持以服务中国特色社会主义建设、培养社会主义建设者和接班人为己任，由此走向兴盛和强大的。习近平总书记在庆祝改革开放40周年大会上指出："我们党作出实行改革开放的历史性决策，是基于对党和国家前途命运的深刻把握，是基于对社会主义革命和建设实践的深刻总结，是基于对时代潮流的深刻洞察，是基于对人民群众期盼和需要的深刻体悟。"[①] 建立思想政治教育学科同样具有深刻的历史必然性与规律性，是对开创和发展中国式现代化新道路所作出的深刻回响。那么，如何在这样一个特殊的时间节点，全面回顾思想政治教育学科走过的发展历程，总结来之不易的宝贵经验，尤其是从创立与发展的本源上实现对思想政治教育学科发展规律的系统认识和科学把握，从而更好地促进思想政治教育学科向着一流学科和领航境界阔步前行，在新时代有新的更大的作为？这既是每一位思想政治教育学人应有的学术担当和追求，也是义不容辞的责任和使命。颜叶甜同学的博士学位论文"思想政治教育学科发展规律研究"就是在这样的背景下选定的，意在通过对这一思想政治教育基础理论中关键问题的探析，以回应学科发展之问、时代进步之问。

颜叶甜同学对思想政治教育可谓"情有独钟"，经历了本科阶段的主修、硕士阶段的拓展以及一定的实践锻炼后，积淀下扎实的理论基础、深厚的学术功底，尤其更加坚定了忠诚党的思想政治教育事业的信心，立志为思想政治教育科学研究、人才培养、理论创新作出不懈努力。该同学在攻读博士学位期间，学习目的明确，研究动力充足，踏实勤勉，潜心科研，以优异成绩完成了各项学习任务；参与导师多项科研，发表了多篇与此相关的学术论文，获得了多项奖励，被评为西南大学优秀博士毕业生、重庆市优秀博士毕业生。

---

[①] 习近平：《在庆祝改革开放40周年大会上的讲话》，人民出版社2018年版，第3页。

她的博士学位论文在答辩前盲审时获三个优秀，答辩后被评为西南大学优秀博士学位论文、重庆市优秀博士学位论文。该同学博士毕业后，留在西南大学马克思主义学院任教，期间，她在博士学位论文基础上作深入深化研究，获得多项省部级课题，其中2021年获批国家社科基金优秀博士论文出版项目。正如评审专家所言，该文探寻思想政治教育学科规律，试图把握和揭示这一规律，具有一定难度，这一研究具有重要的学术价值。整篇论文思路清晰，体系结构合理，对学科把握较为全面，反映了作者扎实的思想政治教育专业基础和学术理论素养，体现了作者较强的问题意识和从事科学研究的能力。

在本书即将出版问世之际，作为颜叶甜的博士研究生指导老师，由衷地为她的进步感到高兴，并欣然应允为之作序。相信这部著作能帮助广大学者更为全面立体地了解思想政治教育学科，特别是其产生、形成的历史必然性和合法性、演进发展的内在规律性和科学性，更为重要的是，能为学界同仁推进学科创新、提振学科自信、增强学科底气提供切实可行的借鉴和参考。真诚欢迎各位读者朋友阅之、悦之。

是为序。

黄蓉生

2022年8月18日于西南大学

# 摘　　要

　　思想政治教育学科发展规律，是思想政治教育科学研究中的基础理论问题，是关乎思想政治教育学科建设和发展的重大问题之一。着眼于时代特征，立足于不断发展的实践，人们愈加认识到，在思想政治教育学科建设和发展过程中遵循规律是必要且重要的，而在思想政治教育实践领域和学科建设领域出现的许多新情况、新问题、新挑战也都需要从这个问题中寻求答案。纵观学界的现有研究，思想政治教育学人们已经关注到了这个具有创新性和探索性的研究课题，然而总体来看，仍显得不充分、不平衡，尚不能从整体上回答思想政治教育学科发展规律的系统性问题。如何正确认识思想政治教育学科发展规律，如何准确把握思想政治教育学科发展规律的形成机理，如何科学揭示思想政治教育学科发展规律的具体内容和呈现形态，如何研判预测思想政治教育学科发展规律的趋势走向？深入研究和回答解决这些理论与现实问题，对于新时代加强思想政治教育学科建设、提升思想政治教育学科科学化水平具有重大的理论意义和实践价值。

　　本书在学界已有文献资料和研究成果的基础上，从思想政治教育学科发展系统与历史视角出发，坚持以马克思主义唯物辩证法为指导，坚持理论与实践相结合、逻辑与历史相统一等原则方法，综合运用矛盾分析法、文献分析法、比较研究法等具体方法，阐释了思想政治教育学科发展规律的理论蕴涵，分析了思想政治教育学科发展规律形成的内在矛盾运动，揭示和概括了思想政治教育学科发展的基本规律和具体规律及其呈现形态,并通过分析学科发展所处的当代语境,对思想政治教育学科发展的趋势走向进行了研判,试图从学科和原理方面展望思想政治教育学科发展规律的未来走向。

第一,深化思想政治教育学科发展规律的学理阐释。在剖析思想政治教育、学科、发展、规律几个相关概念的基础上,界定了思想政治教育学科发展规律的内涵,认为:思想政治教育学科发展规律是指思想政治教育学科在产生、形成、发展过程中固有的本质的必然的联系及其内在矛盾运动的确定趋势,它所揭示的是思想政治教育学科在发展过程中必须严格遵循的内在逻辑趋向和实有轨道,也是其在运动变化发展过程中诸要素和各阶段矛盾运动的必然结果。同时,对思想政治教育学科发展规律的基本属性进行了探讨,认为:它具有存在的客观性、属人的主体性、运行的过程性、目标的有效性等,并从确证规律的理论出场、强化规律的专门研究、遵从规律的实践自觉等不同维度阐发了研究思想政治教育学科发展规律的必要性和重要性。

第二,探究思想政治教育学科发展规律的形成机理。即以思想政治教育学科发展过程为对象,深入分析了思想政治教育学科发展过程中固有的基本矛盾和具体矛盾及其相互作用。思想政治教育学科发展规律,是思想政治教育学科形成发展过程中内在矛盾运动的结果。思想政治教育学科发展的基本矛盾,是党和国家对思想政治教育学科发展的应然性要求与思想政治教育学科现有的发展水平之间的矛盾,它的矛盾运动及其必然趋向形成了思想政治教育学科发展的基本规律。思想政治教育学科发展的具体矛盾是由横向的构成要素矛盾和纵向的演进阶段矛盾构成的矛盾谱系,它们的矛盾运动及其必然趋向形成了思想政治教育学科发展的具体规律。没有思想政治教育学科发展这一过程及其矛盾运动,就没有思想政治教育学科发展规律。

第三,揭示思想政治教育学科发展的基本规律和具体规律。基于对思想政治教育学科发展基本矛盾和具体矛盾的分析,概括出思想政治教育学科发展的基本规律和具体规律。思想政治教育学科发展的基本规律概括为：思想政治教育学科的发展必须适应并服务于党和国家发展需要的"适应服务律"，具体呈现为"适应服务改革开放和中国特色社会主义建设"、"适应服务社会主义意识形态建设"、"适应服务人的自由全面发展"等形态，具有引领学科发展方向、指导学科发展实践、实现学科发展目标的效用。思想政治教育学科发展的具体规律由思想政治教育学科发展要素规律和演进规律构成，从横向的要素规律看，呈现为一元整体与多元主体耦合律、优势需要与自觉驱动生成律、聚散共生与动态层级聚合律、实践动力与介体联结转换律等形态；从纵向的演进规律看，呈现为政治导向与科学建构阈值律、非线性演进与质量效应提升律、使命引领与服务育人交互律等形态，它们具有增强学科发展主体自觉、调节学科发展生态系统、形成学科发展整体合力的效用。

第四，展望思想政治教育学科发展规律的趋势走向。通过分析思想政治教育学科发展所处的"矛盾转化"语境、"双一流"语境、"文化自信"语境、"时代新人"语境等新时代语境，从思想政治教育学科发展基本规律、要素规律和演进规律等不同维度，预测不断贴合社会发展、逐步走向多样共振、日益迈向科学跃升的趋势走向，并展望其未来美好图景，即开拓思想政治教育学术新领地、开创思想政治教育学科新高度、开辟思想政治教育理论新境界。

**关键词：** 思想政治教育；学科发展；规律

# Abstract

The Discipline Development Law of Ideological and Political Education is a basic theoretical issue in the scientific research of ideological and political education and one of the major issues related to the discipline construction and development of ideological and political education. Focusing on the characteristics of the times and based on the practice of continuous development, people have increasingly realized that it is necessary and important to follow the laws in the discipline construction and development of ideological and political education, and many new situations, new problems and new challenges in the field of ideological and political education practice and the discipline construction of ideological and political education also need to seek answers from these questions. Looking at the existing research in the academic field, people in the field of ideological and political education have paid attention to this innovative and exploratory research topic. However, on the whole, it is still insufficient and unbalanced, and it is still unable to answer the systematic problems of the discipline development law of ideological and political education as a whole. How to correctly understand the discipline development law of ideological and political education, how to accurately grasp the formation mechanism of the discipline development law of ideological and political education, how to scientifically reveal the specific content and manifestation of the discipline development law of ideological and political education, and how to judge and predict the trend of the discipline development law of ideological and political education? In-depth study and answer to solve these theoretical and practical problems are of great theoretical significance and practical value for strengthening the discipline construction of ideological and political education and improving the scientific level of ideological and political education in the new era.

On the basis of the existing literature and research results in the academic field, this paper starts from the perspective of the development system and history of the discipline of ideological and political education, guided by Marxist materialist dialectics, adheres to the principles and methods of combining theory with practice and integratinglogic with history, and comprehensively uses specific methods such as contradiction analysis, comparative research, analysis and synthesis to explain the theoretical implication of the discipline development law of ideological and political education. This paper analyzes the internal contradictory movement formed of the discipline development law of ideological and political education, reveals and summarizes the basic law and specific law of the discipline development of ideological and political education as well as its presentation form. Through analyzing the contemporary context in which the discipline development is located, it makes a judgment on the trend of the discipline development of ideological and political education, and tries to give the future trend of the discipline development law of ideological and political education from the discipline and principle aspects.

First of all, deepen the theoretical interpretation of the discipline development law of ideological and political education. On the basis of analyzing several related concepts of ideological and political education, discipline, development and law, the connotation of the discipline development law of ideological and political education is defined. It is believed that the discipline development law of ideological and political education refers to the inherent essential connection and the definite trend of contradictory movement in the process of its emergence, formation and development. It reveals the inherent logical trend and actual track that the discipline development of ideological and political education must follow, as well as the inevitable result of contradictory movements in various elements and stages in the process of movement change and development. At the same time, the basic attributes of the discipline development law of ideological and political education are discussed. It is believed that it has the objectivity of existence, the subjectivity of human beings, the process of operation, the effectiveness of objectives, etc. The necessity and importance of this research are expounded from different dimensions, such as the theoretical appearance of confirmation laws, the specialized research of the laws of strengthening, and the practical consciousness offollowing the laws.

Secondly, explore the formation mechanism of the discipline development law of ideological and political education. That is, taking the development process of ideological and political education discipline as the object, the basic contradictions and specific contradictions inherent in the development of ideological and political education discipline and their interaction are deeply analyzed. The discipline development law of ideological and political education is the result of internal contradiction movement in the process of formation and development of ideological and political education discipline. The basic contradiction in the development of the discipline of ideological and political education is the contradiction between the requirements of the party and the state for the development level of the discipline of ideological and political education and the existing development level of the discipline of ideological and political education. Its contradictory movement and inevitable trend have formed the basic law of the development of the discipline of ideological and political education. The specific contradictions in the development of the discipline of ideological and political education are the spectrum of contradictions formed by the horizontal contradictions in the development elements of the discipline of ideological and political education and the vertical contradictions in the development stages of the discipline of ideological and political education. Their contradictory movements and their inevitable trends have formed the specific laws for the development of the discipline of ideological and political education. Without the process of ideological and political education discipline development and its contradictory movement, there would be no development law of ideological and political education.

Thirdly, it reveals the basic and specific laws of the development of the discipline of ideological and political education. Based on the analysis of the basic and specific contradictions in the development of the discipline of ideological and political education, the basic and specific laws of the development of the discipline of ideological and political education are summarized. The basic law can be summarized as follows: the development of ideological and political education discipline must adapt to and serve the needs of the development of the party and the country, we can call it "adaptive service law", which is embodied in three forms: "adapting to the service reform and opening up and the construction of socialism with Chinese characteristics", "adapting to the construction of socialist ideology" and "adapting to the free and all-round development of service people". It has the effect of leading the direction of discipline development, guiding the practical development of the discipline and achieving the development goals of the discipline. The specific law of the development of ideological and political education discipline consists of the law of development elements and the law of evolution. Viewed from the horizontal law of elements, it presents four forms: the unitary wholeness and multiple subjects coupling law, the advantageous needs and consciously driven generating law, the symbiosis and dynamic hierarchical aggregation law, and the practical power and mediator connection transformation law. From the perspective of vertical evolution law, it takes the forms of the political guidance and scientific construction threshold law, the non-linear evolution and quality effect promotion law, mission guidance and the service education interaction law, etc. They have the effects of enhancing discipline development subject consciousness, adjusting discipline development ecosystem and forming the overall resultant force of discipline development.

Finally, look forward to the trend of the discipline development law of ideological and political education. Through analyzing the "contradiction transformation" context, the "double first-class" context, the "cultural confidence" and the "new generation" context in which of the discipline development of ideological and political education in the new era, it is foreseeable that the basic law of the development of ideological and political education subject shows the trend of continuously conforming to the social development, and the law of elements and the law of evolution of the discipline development of ideological and political education show the trend of gradually moving towards diversified resonance and scientific leap. Looking forward to its bright prospect in the future, that is, opening up a new academic territory of ideological and political education, creating a new height for the discipline of ideological and political education, and opening up a new realm for the theory of ideological and political education.

**Keywords**: ideological and political education; discipline development; law

# 目 录

导 论 ………………………………………………………… (1)
 一 问题的提出 ………………………………………………… (1)
  (一) 提升思想政治教育学科自觉自信的本来需要 ……… (2)
  (二) 增强思想政治教育学科建设实效的现实需要 ……… (3)
  (三) 推动思想政治教育学科科学发展的时代需要 ……… (4)
 二 研究现状综述 ……………………………………………… (5)
  (一) 国内研究现状 ………………………………………… (6)
  (二) 国外研究现状 ………………………………………… (22)
  (三) 研究现状述评 ………………………………………… (24)
 三 研究思路及方法 …………………………………………… (30)
  (一) 研究思路 ……………………………………………… (30)
  (二) 研究方法 ……………………………………………… (31)
 四 研究重难点及创新点 ……………………………………… (33)
  (一) 研究重点 ……………………………………………… (33)
  (二) 研究难点 ……………………………………………… (34)
  (三) 研究创新点 …………………………………………… (34)

**第一章 思想政治教育学科发展规律的学理阐释** …………… (36)
 一 思想政治教育学科发展规律的内涵界定 ………………… (36)
  (一) 思想政治教育学科发展规律的研究视域 …………… (37)
  (二) 思想政治教育学科发展要义 ………………………… (48)

（三）思想政治教育学科发展规律定义 …………………… (53)
　二　思想政治教育学科发展规律的基本属性 ………………… (58)
　　（一）存在的客观性 ………………………………………… (59)
　　（二）属人的主体性 ………………………………………… (61)
　　（三）运行的过程性 ………………………………………… (63)
　　（四）目标的有效性 ………………………………………… (65)
　三　思想政治教育学科发展规律的研究必要 ………………… (67)
　　（一）确证规律的理论出场 ………………………………… (68)
　　（二）强化规律的专门研究 ………………………………… (70)
　　（三）遵从规律的实践自觉 ………………………………… (73)

## 第二章　思想政治教育学科发展规律形成过程的矛盾解析 ……………………………………………… (77)
　一　思想政治教育学科发展是一个过程 ……………………… (77)
　　（一）时间维：过程的阶段演进 …………………………… (78)
　　（二）空间维：过程的要素构成 …………………………… (86)
　　（三）时空维：过程的固有矛盾 …………………………… (95)
　二　思想政治教育学科发展过程的基本矛盾 ………………… (98)
　　（一）学科视域内分析基本矛盾的理论进路 ……………… (98)
　　（二）思想政治教育学科发展基本矛盾的确证 …………… (101)
　　（三）思想政治教育学科发展基本矛盾的呈现 …………… (104)
　三　思想政治教育学科发展过程的具体矛盾 ………………… (107)
　　（一）学科视域内分析具体矛盾的理论进路 ……………… (107)
　　（二）思想政治教育学科发展具体矛盾的确证 …………… (110)
　　（三）思想政治教育学科发展要素矛盾的呈现 …………… (112)
　　（四）思想政治教育学科发展阶段矛盾的呈现 …………… (123)

## 第三章　思想政治教育学科发展的基本规律 ………………… (129)
　一　思想政治教育学科发展基本规律的准确把握 …………… (129)

（一）"适应服务律"的确立依据 …………………………（129）
　　（二）"适应服务律"的科学蕴涵 …………………………（133）
　　（三）"适应服务律"的应然特性 …………………………（137）
　　（四）几种规律关系辨析 …………………………………（140）
　二　思想政治教育学科发展基本规律的呈现形态 ……………（147）
　　（一）适应服务改革开放和中国特色社会主义建设 ……（147）
　　（二）适应服务社会主义意识形态建设 …………………（152）
　　（三）适应服务人的自由全面发展 ………………………（157）
　三　思想政治教育学科发展基本规律的实践效用 ……………（162）
　　（一）引领学科发展方向 …………………………………（162）
　　（二）指导学科发展实践 …………………………………（165）
　　（三）实现学科发展目标 …………………………………（167）

## 第四章　思想政治教育学科发展的具体规律 …………………（170）
　一　思想政治教育学科发展具体规律的准确把握 ……………（170）
　　（一）具体规律的确立依据 ………………………………（171）
　　（二）具体规律的科学蕴涵 ………………………………（173）
　　（三）具体规律的应然特性 ………………………………（174）
　　（四）几种规律关系辨析 …………………………………（178）
　二　思想政治教育学科发展要素规律的呈现形态 ……………（183）
　　（一）一元整体与多元主体耦合律 ………………………（183）
　　（二）优势需要与自觉驱动生成律 ………………………（188）
　　（三）聚散共生与动态层级聚合律 ………………………（191）
　　（四）实践动力与介体联结转换律 ………………………（195）
　三　思想政治教育学科发展演进规律的呈现形态 ……………（199）
　　（一）政治导向与科学建构阈值律 ………………………（199）
　　（二）非线性演进与质量效应提升律 ……………………（203）
　　（三）使命引领与服务育人交互律 ………………………（206）
　四　思想政治教育学科发展具体规律的实践效用 ……………（208）

（一）增强学科发展主体自觉 …………………………（209）
　　（二）调节学科发展生态系统 …………………………（212）
　　（三）形成学科发展整体合力 …………………………（214）

## 第五章　思想政治教育学科发展规律的趋势展望 …………（218）
　一　思想政治教育学科发展的新时代语境 …………………（218）
　　（一）"矛盾转化"语境 …………………………………（219）
　　（二）"双一流"语境 ……………………………………（226）
　　（三）"文化自信"语境 …………………………………（232）
　　（四）"时代新人"语境 …………………………………（239）
　二　思想政治教育学科发展规律的趋势走向 ………………（245）
　　（一）基本规律：不断贴合社会发展 …………………（246）
　　（二）具体规律：日益走向多样科学 …………………（252）
　三　思想政治教育学科发展规律的前景展望 ………………（265）
　　（一）开拓思想政治教育学术新领地 …………………（266）
　　（二）开创思想政治教育学科新高度 …………………（269）
　　（三）开辟思想政治教育理论新境界 …………………（273）

**结　语** ………………………………………………………（278）

**参考文献** ……………………………………………………（281）

**索　引** ………………………………………………………（293）

**后　记** ………………………………………………………（295）

# Contents

**Introduction** ································································· (1)
  Section 1   Statement of Problem ································· (1)
    1   The Original Need to Boost the Awareness and Confidence in Ideological and Political Education Discipline ················ (2)
    2   The Realistic Need of Strengthening the Effectiveness on Constructing Ideological and Political Education Discipline ································································ (3)
    3   The Times Need to Promote the Scientific Development of Ideological and Political Education Discipline ··············· (4)
  Section 2   Overview of Research Status ························· (5)
    1   Domestic Research Status ······························· (6)
    2   Foreign Research Status ································· (22)
    3   Review of the Research Status ························ (24)
  Section 3   Research Ideas and Methods ······················· (30)
    1   Research Ideas ············································ (30)
    2   Research Methods ········································ (31)
  Section4   Research Focus, Difficulties and Innovations ········ (33)
    1   Research Focus ············································ (33)
    2   Research Difficulties ····································· (34)
    3   Research Innovations ···································· (34)

## Chapter 1　Theoretical Interpretation of the Discipline Development Laws of Ideological and Political Education ⋯⋯⋯⋯⋯⋯⋯（36）

### Section 1　Connotation of the Discipline Development Laws of Ideological and Political Education ⋯⋯⋯⋯⋯（36）

1　The Research View of the Discipline Development Laws of Ideological and Political Education ⋯⋯⋯⋯⋯⋯（37）

2　The Development Essences of Ideological and Political Education Discipline ⋯⋯⋯⋯⋯⋯⋯⋯⋯⋯⋯（48）

3　The Definition of the Discipline Development Laws of Ideological and Political Education ⋯⋯⋯⋯⋯⋯（53）

### Section 2　The Basic Attributes of the Discipline Development Laws of Ideological and Political Education ⋯⋯⋯（58）

1　The Objectivity of Existence ⋯⋯⋯⋯⋯⋯⋯⋯（59）

2　The Subjectivity of Human Beings ⋯⋯⋯⋯⋯⋯（61）

3　The Process of Operation ⋯⋯⋯⋯⋯⋯⋯⋯⋯（63）

4　The Effectiveness of Objectives ⋯⋯⋯⋯⋯⋯⋯（65）

### Section 3　The Research Necessity on the Discipline Development Laws of Ideological and Political Education ⋯⋯⋯（67）

1　Theoretical Appearance of Confirmation Laws ⋯⋯⋯（68）

2　Specialized Research of the Laws of Strengthening ⋯⋯（70）

3　Practical Consciousness of Following the Laws ⋯⋯⋯（73）

## Chapter 2　Analysis of the Contradiction in the Formation Process of the Discipline Development Laws of Ideological and Political Education ⋯⋯⋯⋯⋯⋯（77）

### Section 1　The Discipline Development of Ideological and Political Education is a Process ⋯⋯⋯⋯⋯⋯⋯⋯⋯（77）

    1    The Temporal Dimension: the Staged Evolution
Process ·················································· (78)
    2    The Spatial Dimension: Elements in the Process ·········· (86)
    3    The Space-time Dimension: the Inherent Contradiction
in the Process ··········································· (95)
  Section 2  The Basic Contradiction in the Development
Process of Ideological and Political Education
Discipline ················································· (98)
    1    Theory of Analyzing Basic Contradiction in the Field of
Discipline ················································· (98)
    2    Confirmation of the Basic Contradiction in the Development of
Ideological and Political Education Discipline ············ (101)
    3    Presentation of the Basic Contradiction in the Development of
Ideological and Political Education Discipline ············ (104)
  Section 3  Concrete Contradiction in the Development Process of
Ideological and Political Education Discipline ······ (107)
    1    Theory of Analyzing Concrete Contradiction in the Field
of Discipline ·············································· (107)
    2    Confirmation of Concrete Contradiction in the Development of
Ideological and Political Education Discipline ············ (110)
    3    The Presentation of Element Contradiction in the Development
of Ideological and Political Education Discipline ········· (112)
    4    The Presentation of Staged Contradiction in the Development of
Ideological and Political Education Discipline ············ (123)

## Chapter 3  The Basic Development Law of Ideological and Political Education Discipline ······················ (129)

  Section 1  An Accurate Grasping of the Basic Development
Law of Ideological and Political Education
Discipline ················································· (129)

1　The Established Basis of "Adaptive Service Law" ……(129)
　　2　The Scientific Connotation of "Adaptive
　　　　Service Law" ……………………………………………(133)
　　3　The Natural Characteristics of "Adaptive
　　　　Service Law" ……………………………………………(137)
　　4 The Distinction of Several Laws ……………………(140)
　Section 2　The Form of the Basic Development Law of Ideological
　　　　　　and Political Education Discipline ……………(147)
　　1　Adapt to Serve the Reform and Opening-up and
　　　　the Construction of Socialism with Chinese
　　　　Characteristics …………………………………………(147)
　　2　Adapt to Serve the Construction of Socialist
　　　　Ideology …………………………………………………(152)
　　3　Adapt to Serve the Free and Comprehensive
　　　　Development of People ………………………………(157)
　Section 3　The Practical Effectiveness of the Basic Development
　　　　　　Law of Ideological and Political Education
　　　　　　Discipline ……………………………………………(162)
　　1　Leading the Direction of Discipline Development ………(162)
　　2　Guiding the Practical of Discipline Development ………(165)
　　3　Achieving the Goals of Discipline Development …………(167)

**Chapter 4　The Specific Development Law of Ideological and
　　　　　　Political Education Discipline** ………………………(170)
　Section 1　An Accurate Grasping of the Specific Development
　　　　　　Law of Ideological and Political Education
　　　　　　Discipline ……………………………………………(170)
　　1　The Established Basis of the Specific Law ……………(171)
　　2　The Scientific Connotation of the Specific Law …………(173)

  3 The Natural Characteristics of the Specific Law ............ (174)
  4 The Distinction of Several Laws ........................... (178)
 Section 2 The Form of the Element Development Laws of
      Ideological and Political Education Discipline ...... (183)
  1 The Unitary Wholeness and Multiple Subjects
   Coupling Law ............................................... (183)
  2 The Advantageous Needs and Consciously Driven
   Generating Law ............................................. (188)
  3 The Symbiosis and Dynamic Hierarchical Aggregation
   Law ........................................................... (191)
  4 The Practical Power and Mediator Connection
   Transformation Law ........................................ (195)
 Section 3 The Form of the Evolution Development Laws of
      Ideological and Political Education Discipline ...... (199)
  1 The Political Orientation and Scientific Construction
   Threshold Law .............................................. (199)
  2 The Nonlinear Evolution and Mass Effect
   Lifting Law .................................................. (203)
  3 The Mission Guidance and Service Education
   Interaction Law ............................................. (206)
 Section 4 The Practical Effectiveness of the Specific
      Development Law of Ideological and Political
      Education Discipline ..................................... (208)
  1 Enhancing Subject Consciousness of Disciplinet
   Development ................................................ (209)
  2 Regulate the Ecosystem of Discipline Development ...... (212)
  3 Form the Overall Synergy of Discipline
   Development ................................................ (214)

## Chapter 5  The Trend Prospect of the Discipline Development Law of Ideological and Political Education …… (218)

Section 1  The New Era Context for the Development of Ideological and Political Education Discipline …… (218)

1  "Contradiction Transformation" Context ………………… (219)
2  "Double First-Class" Context ……………………………… (226)
3  "Cultural Confidence" Context …………………………… (232)
4  "New Generation" Context ………………………………… (239)

Section 2  The Trend of the Discipline Development Law of Ideological and Political Education ………………… (245)

1  Basic Law: Continuously Adapt to Social Development …………………………………………………… (246)
2  Specific Law: Increasingly Become Diverse and Scientific ………………………………………………… (252)

Section 3  Prospects for theDiscipline Development Law of Ideological and Political Education ………………… (265)

1  Open up New Academic Territory of Ideological and Political Education ……………………………………… (266)
2  Push the Discipline of Ideological and Political Education to a New High ……………………………………………… (269)
3  Add New Dimensions to the Ideological and Political Education Theory ……………………………………… (273)

**Conclusion** ……………………………………………………………… (278)

**References** ……………………………………………………………… (281)

**Index** …………………………………………………………………… (293)

**Postscript** ……………………………………………………………… (295)

# 导　　论

　　建立思想政治教育学科是中国改革开放伟大进程中的一个创举，历经多年的曲折历程和跨越式发展，实现从无到有，从本科专业到硕士点博士点的建立健全，学科定位从教育学、政治学到马克思主义理论学科的转变和独立，学科规模日益扩大，学科体系日臻成熟，学科理论日趋完善，人才培养成效显著，已经成长为我国哲学社会科学领域不可替代、党和国家事业发展不可或缺的最富有中国特色的学科，展示出强劲的发展势头和巨大的成长空间。站在新的历史发展节点上，走向思想政治教育及其学科发展的理论深处和实践深处，把反映学科发展的立体感内容和内在矛盾运动准确地呈现出来，揭示思想政治教育学科发展的规律，对于进一步深化对学科的理解和把握，推动学科在新时代获得新的发展，开创新的未来，无疑具有重要的理论价值与实践意义。

## 一　问题的提出

　　关于规律，始终是哲学社会科学研究的重点问题、难点问题和根本问题。就思想政治教育学科而言，规律是思想政治教育科学研究中的基本理论问题，而学科自身建设发展的规律问题，则是基础理论中的基础理论问题，更是进入了研究的硬核领域。长期以来，学界对于思想政治教育规律问题展开了全面系统的研究。然而，对于思想政治教育学科发展本身的规律性问题的关注存在明显的不足。探索和揭示思想政治教育学科发展过程中的内在必然性和规律性，成为新的时代条件下学科发展面临的迫在眉睫的重大课题，是提升学科自觉自信的本来需要，是增强学科建设实效的现实需要，同时也是推动学科科学发展的时代需要。

### （一）提升思想政治教育学科自觉自信的本来需要

任何一门学科要想不断发展壮大，必须具备相应的学科自觉和学科自信。从某种意义来说，学科自觉和自信的程度决定了学科中人对学科自身的认识程度及其建构发展的主体能力。思想政治教育学科发展到今天，从量上讲，其发展规模已超越许多成熟学科，但从质态上看，学科的存在和发展并不等于获得了同等程度的学科自觉和应有的学科自信。实际上，不仅是思想政治教育学科从业者的自信心不强，思想政治教育学科的发展也一直伴随着来自学科之外的质疑之声，"思想政治教育学科无用论""思想政治教育学科可替代论""思想政治教育学科没有科学性""思想政治教育学科尚未形成"等言论不绝于耳，甚至在学科创建初期就已经解决的问题今又被重新提起。

造成这种不自觉和不自信的原因同样来自内外两个方面：从外部看，是因为学科以外的人对思想政治教育学科不了解，不知道学科的独特性，也看不到思想政治教育学科发展的特殊规律，因而容易产生困惑和误解，这在一定程度上影响和消解了学科建制的权威性。从内部看，是学科中人自己的不自知，没有充分完成思想政治教育学科的存在论证，没有充分认识学科存在的重要价值，更没有深刻认知思想政治教育学科发展的规律性，因而必然会有这种或那种不符合规律甚至违背规律的行为，这些学科实践行为势必掣肘了学科建设的实践效能，从而在一定程度上引发自我的不确定性和认同危机。就整体而言，尽管是内外因素共同作用的结果，但终究归因于其内部。因此，从学科建设发展的长远来看，需要进一步提升其内在的自觉自信。学科自觉是学科自信的基础，学科自信的获得反过来又会进一步增强学科自觉。这种自觉自信，既要有理论上的自觉自信，也要有实践上的自觉自信，然而归根结底，都源自对学科发展过程中所体现出来的必然性和规律性的认识、把握和运用。只有真正掌握了思想政治教育学科发展的规律，尊重、遵循学科发展的规律，才有可能获得真正独立意义的学科发展空间，解除学科的信度危机，确立起由内而外的学术自觉和学科自信。由此可见，提升学科发展的内在自觉自信，迫切要求加强对其自身发展规律的研究。

**（二）增强思想政治教育学科建设实效的现实需要**

实效性问题是任何一项理论研究和实践活动都热衷关注的话题，对于思想政治教育而言，也不例外，学科建设的实效性问题业已成为学界研究中的热门议题。在学科发展的不同阶段，学者们都积极思考着如何建设发展好思想政治教育学科，这是事关学科发展生命力的根本性问题，其实质是强调学科建设和发展的规律性问题。经过多年的艰辛探索和不懈努力，思想政治教育学科建设不断取得新成就，跃上新台阶，积累了丰富的建设经验。但是，若从严格的学科建设标准尤其以成熟学科为参照系来衡量学科基础理论、学科化和学科化水平，不难发现，思想政治教育学科的建设成效和发展水平还远未达到成熟的程度。换言之，仍然需要进一步加强学科建设，增强学科建设实效。

一方面，增强思想政治教育学科建设实效需要深化学科理论研究尤其是夯实基础理论。之所以称之为"基础"，是因为它是学科理论的根系与主干，无论是学科理论体系的生长和发展，还是学科成员的成长与壮大，都离不开这一"基础"的稳固和强大。因此，即便是学科发展到了今天，仍需要静心、扎根建设好学科赖以生存和发展所不可或缺的基础理论。其中，对思想政治教育学科发展规律的研究是深化学科基础理论研究的重要方面但又尚未得到充分研究的重大问题，因而很有必要从理论上对这一论题作深入研究，这对于丰富和发展学科理论体系、促进和提升学科自我完善和自我发展意义重大。另一方面，增强思想政治教育学科建设实效需要按其自身规律和内在逻辑开展实践。如前所述，在思想政治教育学科实践中出现的种种问题和困境，从主观方面来看是由于学科在确立独立地位后仍迷恋于行政上的规划，相对缺乏掌握和遵循学科发展本身的规律的自觉。如此，学科的建设发展往往不能达到最佳效果。所以，要充分了解学科发展过程的内部联系，准确揭示学科发展过程的内在矛盾，最终科学把握思想政治教育学科发展的客观规律。正如毛泽东曾说："认识的真正任务在于经过感觉而到达于思维，到达于逐步了解客观事物的内部矛盾，了解它的规律性"[①]，据此可知，如果我们认识掌握不了思想政治教育学科发展过程中的内在矛盾及其运动规律，就不可能形成对学科建设的深刻理解，更不可能把握其本质。无疑，唯有进一步深入探寻思想政治教育学科发展规律，才能为增强学科建设的实效性和科学性提供切实可行的依据和遵循。

### （三）推动思想政治教育学科科学发展的时代需要

现代科学的发展都不能脱离一定的时代背景和社会场景。对于思想政治教育这门因时代需要而产生的新兴学科而言，更是担负着服务经济社会发展、为每一时期党的思想政治工作和思想理论教育提供有力支撑的时代使命。正因为这样，它伴随着我国改革开放和社会主义现代化建设事业的每一次跃迁都获得了长足的发展，也必然会在契合时代要求和服务效能的提升中创造更大的价值。

党的二十大报告擘画出全面建成社会主义现代化强国、全面推进中华民族伟大复兴的宏伟蓝图。习近平总书记指出："从现在

---

① 《毛泽东选集》第 1 卷，人民出版社 1991 年版，第 286 页。

起,中国共产党的中心任务就是团结带领全国各族人民全面建成社会主义现代化强国、实现第二个百年奋斗目标,以中国式现代化全面推进中华民族伟大复兴。"[1] 而第二个奋斗目标的实现难度更大、面临挑战更多、时间更紧、任务更重。这意味着,思想政治教育学科站在了服务于建成现代化强国、实现民族复兴的历史新起点,迈向了发展新阶段,同时也意味着对于加强学科的建设和发展提出了新的更高要求,迫切需要思想政治教育学科在推进马克思主义意识形态建设、社会主义核心价值观建设、社会主义文化强国建设、国家治理体系和治理能力现代化建设、党的领导能力和执政水平建设、世界一流大学和一流学科建设等各个方面更好地发挥作用,并从中获得发展的不竭动力。质言之,面对这种新时代学科境遇,更加需要加快思想政治教育学科的科学化建设步伐和时代化发展进程,更加需要从学科发展规律的视镜中把握学科、建设学科,更加科学高效地推进思想政治教育二级学科及其所属的一级学科在新的历史方位中实现创新发展,在新时代有新的更大的作为。

## 二 研究现状综述

为研究需要,通过查阅和检索中国国家图书馆、西南大学图书馆及院系图书馆,读秀、超星图书等电子图书,以及中国知网、万方等数据库获取当前文献研究成果,并剔除交叠重合、低相关性及无效部分,截至目前,以"思想政治教育学科发展规律"为主题进行检索,有7篇期刊论文;以"思想政治教育学科建设"为主题进

---

[1] 习近平:《高举中国特色社会主义伟大旗帜 为全面建设社会主义现代化国家而团结奋斗——在中国共产党第二十次全国代表大会上的报告》,人民出版社2022年版,第21页。

行检索，共有文献约 2800 篇，其中期刊论文约 1800 篇，学位论文约 930 篇，会议论文约 20 篇，报纸约 10 篇，相关著作约 40 部；以"思想政治教育学科发展"为主题进行检索，共有相关文献约 2780 篇，其中期刊论文约 1780 篇，学位论文约 960 篇，报纸近 10 篇，相关著作约 10 部；以"学科发展规律"为主题进行检索，共有约 180 篇文献，其中期刊论文约 160 篇，会议论文 10 余篇，报纸约 5 篇。

**（一）国内研究现状**

学界对规律研究的关注点一直在思想政治工作、思想政治教育抑或是微观过程等方面的规律。随着学科建设发展的不断推进及其研究工作的日趋深入，学界已逐步进入针对思想政治教育学科发展规律的研究论域，但目前大多数的研究是融于对本学科建设发展的相关研究中，而较少有相对专门系统的研究成果。其中，集中在对学科发展现状、历史考察、阶段划分、存在问题、对策建议及发展趋势等方面的关联性研究。

1. 关于思想政治教育学科发展规律学理阐释的研究

学理上的理论阐释是深化该论题研究的基本前提。目前学界虽鲜有这一论域的系统性研究成果，但在已有的一些成果中有相关性研究内容。

（1）关于思想政治教育学科发展规律的概念研究

目前，学界还没有对这一概念的相关界定，也鲜少有对其理论蕴涵的系统阐释和研究。已有的研究集中于对"思想政治教育"、"学科"、"发展"及"规律"等关键词作概念分析。

第一，关于思想政治教育的概念分析。应该说，这是思想政治教育学科的基本概念和核心范畴，又是学界持续探讨、不断发展的元理论。概括起来，大致分为四种类型的界定（见表 0-1）：

表 0-1 思想政治教育的内涵界定

| 代表观点 | 具体内容 |
| --- | --- |
| "施加论" | 特定阶级、政党、社会将特定的"思想"施加于人的社会行为 |
| "培养论" | 培养、塑造一定社会新人思想道德素质的教育实践活动 |
| "内化论" | 强调思想政治教育的内在认可和教育对象的主体性与主动性 |
| "过程论" | 将其视为教育者与受教育者根据社会和自身发展需要，不断提高思想政治道德素质和促进全面发展的过程 |

一是从主体维度强调思想政治教育者的主导地位及其施加行为。如陆庆壬将其界定为特定阶级或政党将一定的意识形态有组织、有计划、有目的地施加于人，使他们形成符合其要求的思想和行为，从而达成某种政治目的的社会行为。① 还有学者对特定的阶级、政党和集团所施加的内容体系进行了阐明，认为包括思想观念、政治观点、道德规范等几个方面，从而对其成员施以相应的影响。② 二是从客体维度强调对受教育者的塑造和培养环节。如邱伟光将其界定为一种培塑社会新人的教育实践活动。③ 三是从客体维度强调受教育者自身的内化环节。这种观点更加强调思想政治教育的内在认可和受教育者的主体性与主动性。如孙喜亭指出思想政治教育就是通过特定的方式和活动使受教育者把符合社会需要的思想品德实现内化的过程。④ 四是强调主客体相互作用的全部过程（或其最终目的）。这种观点把思想政治教育作为一个过程进行分析，即认为是教育者和受教育者双方依据特定的社会发展需要和自我发展需要，在进入和推动社会发展中不断实现思想政治素质提升和全面发展的过程。⑤ 通

---

① 陆庆壬：《思想政治教育学原理》，高等教育出版社1991年版，第4页。
② 张耀灿、郑永廷、刘书林、吴潜涛等：《现代思想政治教育学》，人民出版社2001年版，第6页。
③ 邱伟光：《思想政治教育学概论》，天津人民出版社1988年版，第1页。
④ 孙喜亭：《教育原理》，北京师范大学出版社1993年版，第290页。
⑤ 教育部思想政治工作司组编：《大学生思想政治教育理论与实践》，高等教育出版社2009年版，第2页。

过以上论述不难发现,目前对思想政治教育概念的理解大多偏向于把它作为一项实践活动去把握。

第二,关于思想政治教育学科及其发展的概念分析。在对学科具体内涵的把握上,学界存在不同的理解维度,主要有以下几种代表性观点(见表0-2):

表0-2　　　　　　　　思想政治教育学科的内涵界定

| 代表观点 | 具体内容 |
| --- | --- |
| "学科专业说" | 把学科视为人才培养领域的一门专业,把专业的设立作为学科创立标志 |
| "知识体系说" | 认为思想政治教育学科就是关于思想政治教育的知识体系 |
| "综合要素说" | 认为思想政治教育学科是由多种要素构成的,共同推动学科的发展 |
| "学科系统说" | 以学科的构成要素为基础去理解思想政治教育学科,认为其是由诸多要素构成的综合体系 |

一是把学科视为人才培养领域的一门专业。众所周知,在学科实际发展过程中,先有1984年《关于在12所院校设置思想政治教育专业的意见》,后有1987年《关于思想政治教育专业培养硕士研究生实施意见》,因此,人们常把思想政治教育专业的设立作为该门学科创立的标志。但不可否认的是,专业和学科并不能作为同一概念进行表达和使用,二者既休戚相关,又存在差异。二是把学科视为具有相对独立性的专门知识体系。据此,邱柏生认为学科的内涵丰富且有其相应的形成条件,并进一步阐明了学科与专业这两者之间的关系,指出思想政治教育学科就是有关思想政治教育这一特定实践活动领域规律及其相互关系和交互作用的知识体系。[①] 但这种观点存有等同于思想政治教育学的倾向。三是把学科视为由多种要素构成的综合体,它们具有各自的功能和作用,共同推动学科的发展。

---

[①] 邱柏生:《试析思想政治教育专业建设的有关问题》,《思想教育研究》2012年第9期。

李辽宁认为思想政治教育学科不仅指狭义的有关思想政治教育领域的基本理论和知识,从广义上讲还包括目标体系、知识体系、队伍体系、平台体系、方法体系等内容。[①] 四是把学科视为一个复杂的系统。如郭绍均在其博士学位论文中指出,思想政治教育学科是在思想政治教育这一项人类特殊实践基础上逐步形成的一种相对独立、专门的知识门类,并由此而产生的完善性活动和组织所构成的学科系统,具体而言,由实务活动、专门知识、学科人才、专业设置和建制条件等组成了"五位一体"的格局。[②] 侯勇认为思想政治教育学科是由人、知识、组织和空间等要素组成的系统化的有机整体,并从不同维度探究了这一系统的结构内蕴。[③] 由此不难看出,思想政治教育学科这一概念也有广义和狭义之分,从广义来看它是由诸多要素所构成的系统化的集合概念。

关于思想政治学科发展的概念分析,余双好把"发展"的哲学意蕴引入学科研究之中,并对其作了进一步的分析阐释,认为思想政治教育学科发展就是指其从小到大、从弱到强、由低级走向高级、由旧质转向新质的动态变化过程。王桂菊认为,思想政治教育学科发展包含三层含义:第一层含义是其发生了从无到有的质变;第二层含义是其从弱小到强大、从边缘到重点的发展过程;第三层含义是其不断实现科学化、国际化和现代化的现有状态和发展趋势。[④] 也有学者提出了思想政治教育学科发展的"季度化"特征,即第一季为在专业设立和学科创建基础上实现由纯粹经验走向理论升华,目前正迈进深度科学化和学科化的第二季。

---

① 李辽宁:《内涵式发展:新时期思想政治教育学科建设的思考》,《思想政治教育研究》2013年第3期。
② 郭绍均:《思想政治教育学科系统研究》,博士学位论文,兰州大学,2017年。
③ 侯勇:《思想政治教育学理论前沿问题研究》,中国社会科学出版社2018年版,第63页。
④ 王桂菊:《改革开放以来思想政治教育学科发展研究》,博士学位论文,南开大学,2013年。

第三，关于规律与思想政治教育学科发展规律的解析。针对这一问题，学界目前并没有相关的直接论述，多数研究集中在对思想政治教育领域或是其具体实践和过程环节中所形成的规律性认识。比如，认为思想政治教育的规律是这一特殊实践在其发展中的本质联系和必然趋势，认为其过程规律是开展具体的实践过程中诸要素与各阶段的本质联系及其内在矛盾运动的确定趋向。这些概念的界定在学界已达成基本共识。此外，刘新庚、朱新洲提出了思想政治教育方法规律，并分析了这一规律的主体内涵和基本属性，认为方法规律是对思想政治教育方法发展形成过程、演进过程及其运行过程中的规律的抽象反映与概括。[①] 还有学者基于思想政治教育学科的内部结构及其关系变化的思维逻辑，分析了思想政治教育学科发展的逻辑规律。综上，可以把规律引入对思想政治教育学科发展规律的理解和把握中，从而在概念上进行明晰。

（2）关于思想政治教育学科发展规律的研究方法和基本属性研究

学界已有的对于有关规律研究方法及其成果，对于更好地把握和研究思想政治教育学科发展规律同样具有重要借鉴意义。一是深入历史进行抽象概括。冯刚提出，研究思想政治教育学科发展规律要科学运用"论从史出"的研究方法，即从思想政治教育发展史的研究着手，把反映学科规律的理论、实践和现场感的内容及其变化规律准确描述出来。二是通过过程和矛盾的分析加以把握。邱伟光、张耀灿主编的《思想政治教育学原理》中，基于对过程基本矛盾和具体矛盾的分析，抽象出思想政治教育过程的基本规律和具体规律。三是以唯物辩证法为根本指导。马文保认为，唯物辩证法是以事物的内在矛盾为基础与核心的联系和发展的理论，研究和揭示任何事物运动、变化和发展的规律，必然都绕不开从联系的发展的和矛盾

---

[①] 刘新庚、朱新洲：《关于思想政治教育方法规律的思考》，《中国高等教育》2014年第23期。

的角度加以分析和处理。① 韦冬雪在其博士学位论文中指出唯物辩证法的三大规律是进行思想政治教育过程规律研究的基本前提和根本方法。以上这些，为准确分析和深刻把握思想政治教育学科发展规律形成的内在矛盾运动提供了方法论依据。

规律是事物发展过程中固有的本质的、必然的、稳定的联系。客观性、必然性和重复有效性是其最基本、最主要的特征。思想政治教育学科发展规律既有一切规律所共有的特征，也有它较于其他领域规律而言的特殊性。关于其所具有的基本属性，学界并无直接的研究，但是有学者对思想政治教育相关规律作了对应的特征分析，如韦冬雪在其博士学位论文中提出思想政治教育过程规律具有实然性和应然性的统一、自在性和自为性的统一、重复性和非重复性的统一、前塑性和后溯性的统一这几方面的特征。②

（3）关于探寻思想政治教育学科发展规律的重要性和必要性的研究

这项研究之所以重要和必要，学界的看法主要集中在以下几个方面：一是之于思想政治教育学科及马克思主义理论学科发展的意义。裴学进、程刚、白同平指出研究并揭示思想政治教育学科发展规律，对于深化学科理论研究并促进马克思主义理论学科体系建设而言意义重大。③ 同时，在党和国家的系列重要文献中也都明确指出了总结学科发展经验、探索学科发展规律的重要性和必要性。二是之于解决当前在学科建设发展过程中面临诸多问题的意义。张耀灿曾列举了 11 个主要问题，如有学者认为思想政治教育学科不科学甚至没有科学性可言、渗透性思想政治教育研究相对较弱、问题意识

---

① 马文保：《辩证法的总特征与三大规律的关系探微——兼论辩证法的统一》，《教学与研究》2014 年第 4 期。
② 韦冬雪：《思想政治教育过程矛盾和规律研究》，博士学位论文，西南大学，2008 年。
③ 裴学进、程刚、白同平：《思想政治教育学科发展规律探要》，《中国高教研究》2008 年第 3 期。

不强等，祖嘉合提出了学术概念需力求精准、学科边界需更加明晰、研究方式需重新转换等问题。① 而这些都在一定程度上反映了思想政治教育学科在发展过程中遵循其内在规律的情况并不十分理想，也更加体现出加强这一论题研究的必要性和紧迫性。三是之于推进学科发展的科学化进程的意义。有学者从一般意义的学科建设和学科发展等方面作了相关分析，论述了把握和遵循学科发展规律的重要意义，如认为任何一门学科在建设和发展的过程中，其根本就在于自觉遵循学科发展的客观规律和必然趋势，如此才能不断提升学科建设的有效性和科学性。

2. 关于思想政治教育学科发展的历史进程与基本经验的研究

有关学科发展的历史进程与基本经验的研究在学界已经结出了累累硕果，为进一步揭示思想政治教育学科发展规律奠定了重要基础。

（1）关于思想政治教育学科发展历程的研究

探寻思想政治教育学科发展规律，必然要深入学科发展具体的历史进程中。自学科创立至今，于思想政治教育学科发展30多年的历程，学者依据不同的标准，形成了不同的发展阶段划分论断。目前，学界代表性观点主要有以下四种（见表0-3）：

表0-3　　改革开放以来思想政治教育学科发展阶段的划分方法

| 划分方法 | 代表著作/人物 | 具体内容 |
| --- | --- | --- |
| "两分法" | 《现代思想政治教育学》 | 全面探索阶段：1978—1984年 |
| | | 系统建设阶段：1984年至今 |
| | 罗洪铁、董娅 | 思想政治教育学的形成阶段：1978—1986年 |
| | | 思想政治教育学的发展阶段：1986年至今 |

---

① 祖嘉合：《思想政治教育学科发展中存在问题的思考》，《思想政治教育研究》2011年第1期。

续表

| 划分方法 | 代表著作/人物 | 具体内容 |
|---|---|---|
| "三分法" | 张耀灿 | 第一阶段：确定学科和专业名称（1978—1983年） |
| | | 第二阶段：学科建设在探索中前进（1984—1996年） |
| | | 第三阶段：学科建设走上整合跨越发展之路（1997年至今） |
| | 冯刚、骆郁廷 | 学科创建阶段：1984—1995年 |
| | | 学科发展阶段：1996—2005年 |
| | | 学科繁荣阶段：2006年至今 |
| "四分法" | 佘双好 | 思想政治教育专业化发展阶段：1984—1987年 |
| | | 思想政治教育学科发展阶段：1987—1995年 |
| | | 思想政治教育专业学科曲折发展阶段：1995—2005年 |
| | | 思想政治教育作为独立二级学科发展阶段：2005年至今 |
| "五分法" | 邱柏生 | 理论体系初步确立和专业建设初始期：1984—1988年 |
| | | 全面开展专业建设形成学科群阶段：1989—1993年 |
| | | 蕴含新发展机会的阶段：1993—1996年 |
| | | 高速发展与不平衡发展状态间杂阶段：1997—2003年 |
| | | 理性发展阶段：2003年至今 |

第一，"两阶段"说。这种观点认为思想政治教育学科的发展历程大致可分为两个阶段。如《现代思想政治教育学》（2001年）中将其划分为全面探索和系统建设两个阶段。这种划分方式以1978年改革开放为历史起点，以1984年设置思想政治教育专业为分界线进行划分，此外，又将1984年之后的第二个历史阶段细分为学科初创、全面建设和寻求新突破三个不同的小时期。[①] 罗洪铁、董娅也提出了两个阶段的划分，即形成阶段和发展阶段。[②] 二者在起始时间上一致，但在中间节点选择上略有差异。

---

① 张耀灿、郑永廷、刘书林、吴潜涛等：《现代思想政治教育学》，人民出版社2001年版，第22—24页。
② 罗洪铁、董娅：《思想政治教育原理与方法》，人民出版社2005年版，第1—4页。

第二,"三阶段"说。这是学界对学科发展分期最为常见也是最为集中的观点。根据对学科建设起始点确立的不同,又有两种不同的划分依据。一是将学科发展历程的起始点设置为1978年,即以改革开放作为肇始。例如,张耀灿认为,自改革开放以来思想政治教育学科发展先后经历了学科和专业名称的确定、学科建设在探索中前进以及加大改革创新力度三个阶段。[①] 二是将起始点设置为1984年,即以思想政治教育专业的设立作为肇始。例如,冯刚和骆郁廷据此将其划分为学科创建阶段、学科发展阶段和学科繁荣阶段三个阶段。[②] 此外,在众多学者的研究和论著中均有几近相同的划分方式,只是在每个阶段的文字表述上略有差异,由此可见,第二种类型的划分方式在整体上趋向一致,这也代表了目前学界在这一问题上的广泛意见和普遍共识。

第三,"四阶段"说。持这种观点的主要有以下几种划分方式:一是根据思想政治教育专业建设和学科建设的标志性事件及其学科地位的变化进行划分。例如,佘双好把思想政治教育学科发展历程划分为专业化发展阶段、专业学科发展阶段、曲折发展阶段和作为独立二级学科发展阶段四个阶段。[③] 二是结合党的历史从党的思想政治教育工作实践角度出发进行划分。例如,刘晓双据此对学科产生发展的整个历史进程作了回顾梳理,采用了四阶段的划分方式。三是立足高校对改革开放以来思想政治教育学科的发展历程作出划分。例如,王迎宪勾勒出酝酿准备、初创试点、系统建设和整体性发展四个阶段的发展轨迹。

第四,"五阶段"说。少数学者认为,思想政治教育学科发展逐

---

[①] 张耀灿:《改革开放30年与思想政治教育学科建设》,《思想政治教育研究》2008年第5期。

[②] 冯刚、骆郁廷:《思想政治教育学科发展30年的回顾与展望》,《思想理论教育导刊》2014年第7期。

[③] 佘双好:《关于思想政治教育学科发展的战略思考》,《学校党建与思想教育》2014年第23期。

次历经五个阶段,这种划分方式主要依据学科发展历程及其呈现出不同的阶段化特征。例如,邱柏生认为学科发展是由五个阶段连接构成其历史演进过程,并详细说明了每一阶段所具有的主要特征,阐明了在不同历史时期学科所面临的机遇和挑战。可以看出,这种从发展特征分析着手来厘清学科发展的历史进程,亦不失为一种新的思路和方式,反映出学科的发展在不同时期都有其战略性目标和主要矛盾,有助于我们更好地把握学科发展具有的规律性内容及其呈现样态。

总体来看,学界在思想政治教育学科发展历程的阶段划分这一问题上分歧较多,呈现多样性,而以上研究也局限在对史料的梳理中,未从中剥茧抽丝,尝试提炼其中蕴含的发展规律,以从根源上消解分歧。

(2) 关于思想政治教育学科定位与学科属性的研究

对于学科定位和学科属性问题的研究,在思想政治教育学科发展过程中占据了十分重要的地位,也正是在这一问题上几经曲折,更加凸显了研究思想政治教育学科发展规律的必要性。

在学科定位问题上,学界经历了一个从不断争鸣到逐步达成共识的过程。思想政治教育学科自建立以来,关于学科定位和归属的问题大致经历了三次论争,其争论的焦点在于政治学与教育学的一级学科归属问题,意识形态性与教育性的学科属性问题。后来,经历了解构基础上的重构,即确立了学科的马克思主义属性和发展方位,最终归于马克思主义理论一级学科之下。至此,有关学科定位和归属的问题得以真正解决,并在学界达成基本共识,认为意识形态性和马克思主义属性是其本质特征。概言之,思想政治教育学科就是一门运用马克思主义理论分析和解决人们思想问题、拓展和提升人们精神境界的学科。在研究过程中,理论界普遍认为应当用综合性的态度去把握这一问题。白显良指出要拓宽视野,从学科视野、意识形态视野和历史视野中进行全面考察和审视,从而在深化对思想政治教育学科属性、学科品质和学科特点的认识中更为精准科学地把握学科的定位。① 黄蓉生、马志霞基于对思想政治教育学科价值的新思考，从思想政治教育作为一门独立的二级学科及其与一级学科关系的视角出发，提出了它的理论定位，即立足二级学科构成和学科职能构筑了实践和教育的双重方位。②

在学科属性问题上，学界对思想政治教育学科属性尤其是本质属性作了较多的探讨，且多从属性外化出来的特征加以描述和概括。例如，张耀灿等认为，思想政治教育学科主要表现为"三个统一"，即科学性与价值性、理论性与应用性、综合性与创造性的统一。③ 也有学者将其特征归纳为"四个统一"，即时代性与科学性的统一、民族性与开放性的统一、理论性与实践性的统一、综合性与交叉性的统一。④ 还有学者提出从形成发展、功能本质和实践三个不同维度把握和认识其学科属性，认为思想政治教育学科是一门多科融合的交叉综合学科、一门马克思主义意识形态学科、一门具有中国向度的哲学社会学科。⑤ 对此，需要注意的是，还应正确认识和处理这些多重属性之间的关系问题，尤其是在此基础上把握学科本质，要明确本质不等于属性，更不直接等同于本质属性，思想政治教育学科的本质应该是其"一般属性、特殊属性及本质属性的有机统一，它不是其中任意的一方，也不是三者的机械综合或简单相加"⑥。

---

① 白显良：《论思想政治教育学科的科学定位——兼论思想政治教育的学科建设》，《思想理论教育》2007年第5期。
② 马志霞、黄蓉生：《思想政治教育学科价值的新思考——基于马克思主义理论一级学科视野》，《思想政治教育研究》2016年第4期。
③ 张耀灿、郑永廷、吴潜涛、骆郁廷等：《现代思想政治教育学》，人民出版社2006年版，第45—47页。
④ 王勤：《思想政治教育学新论》，浙江大学出版社2004年版，第24—28页。
⑤ 赵芳、刘新庚：《关于思想政治教育学科属性的新认识》，《湘潭大学学报》（哲学社会科学版）2018年第3期。
⑥ 张苗苗：《论思想政治教育的发生、发展与未来走向》，《教学与研究》2017年第4期。

(3) 关于思想政治教育学科建设发展基本经验的研究

基于对学科建设发展历程的深入分析和把握,众多学者进一步从成绩的获得、经验的总结等层面进行了经验性研究。

《思想政治教育学科 30 年发展研究报告》提出了四大成就、五大经验,即学科体系逐步完善、人才培养日趋优化、队伍建设不断加强、学科支撑日益强化和坚持以马克思主义和中国化马克思主义理论为指导、坚持正确的政治方向、坚持以实践发展为基础、坚持以相关学科为借鉴、坚持以服务育人为根本。[1] 张耀灿把学科建设和发展的基本经验总结为"四个始终坚持",即始终坚持党的领导不动摇,促进顶层和基层的双向互动;始终坚持党的指导思想不动摇,推进学科建设和学科实践全面协调可持续发展;始终坚持以问题为导向,把加强科学研究和解决现实问题相结合;始终坚持抓好队伍建设,实现三方共赢。[2] 沈壮海认为,坚持方向性、政治性与学术性以及理论研究与人才培养、学科建设与服务社会的"三个统一"是思想政治教育学科能够在短时期内实现跨越式发展的基本经验。[3] 此外,有学者从学科发展的理论源泉、动力源泉和创新源泉等维度对其基本经验加以概括,指出要坚持以马克思主义理论为理论源泉,以改革开放实践为动力源泉,以学术争鸣为创新源泉。还有学者立足高校学科发展的视角进行了历史考察和经验总结。

3. 关于思想政治教育学科发展规律的类型内容研究

对思想政治教育学科发展规律作进一步深入具体的研究,主要涉及类型的划分以及学科发展的规律性内容等。

---

[1] 冯刚、郑永廷主编:《思想政治教育学科 30 年发展研究报告》,光明日报出版社 2014 年版,第 7—12 页。

[2] 张耀灿:《思想政治教育学科专业创建 30 年的回顾和展望》,《思想理论教育》2014 年第 1 期。

[3] 沈壮海:《实现思想政治教育学科的科学发展》,《思想·理论·教育》2004 年第 Z1 期。

(1) 关于规律的类型划分研究

学界在研究规律时，有从一般和特殊来进行划分的，也有从基本和具体进行划分的，在思想政治教育领域中普遍将其划分为基本规律和具体规律两种类型，这种划分的主要依据是其在发展过程中所处的地位。例如，在对思想政治教育规律及过程规律的划分上，都是采取这种划分方式。邱伟光、张耀灿主编的《思想政治教育学原理》（1999 年）以及张耀灿、郑永廷、吴潜涛、骆郁廷等著的《现代思想政治教育学》（2006 年）等均指出，思想政治教育的规律形态主要分为基本规律和具体规律两种，其中，基本规律就是贯穿于始终的、普遍存在的，具体规律则只是其在某个环节、某些方面或某种类型中出现的联系和关系。韦冬雪的博士学位论文《思想政治教育过程矛盾和规律研究》也是从这两种规律样态出发进行阐释，并对思想政治教育过程规律与教育规律、思想政治教育规律之间的关系进行了辨析。此外，有学者从规律的作用领域和范围进行了划分，即分为一般规律和特殊规律，但更多的是从一般意义上进行论述和分析。

(2) 关于学科发展一般规律的内容研究

学科发展的一般规律是研究具体学科发展规律的前提和基础。有学者进行了专门研究，如韩文瑜、梅士伟提出学科发展规律包括内部关系规律和外部关系规律两个层面，外部关系规律揭示的是与本学科之外的其他层面关系相互作用和相互制约的关系，内部关系规律揭示的是学科内部诸要素的本质联系，因而要对其加以全方位的认识和把握，而不能仅仅限定在狭义的内部范围。[①] 那么，从总体上看，现代科学的发展主要呈现为高度分化与高度综合相统一的规律。这也是目前学界所形成的基本共识。

(3) 关于思想政治教育学科发展规律的内容研究

有关思想政治教育学科发展规律的具体内容，目前学界的研究

---

① 韩文瑜、梅士伟：《把握学科规律 培育学科文化 促进学科发展》，《中国高等教育》2011 年第 7 期。

散见于少数论文当中。一是专门性研究。裴学进、程刚、白同平认为，思想政治教育学科发展规律的内容主要有六个，即学科发展要适应实践需要的规律、学科发展要服从并服务于意识形态建设需要的规律、学科发展要适应现代科学发展的规律、学科发展要借鉴和依托相关学科的规律、学科发展要不断推进基本理论再系统化的规律、学科发展要建立和转换范式的规律。① 这是查阅的资料中，目前仅有的一篇以思想政治教育学科发展规律为题作专门研究的文献。二是关联性研究。王桂菊在其博士学位论文中，通过对改革开放以来这一宏阔的历史背景下思想政治教育学科发展的系统研究，提出了适应性和服务性规律以及主体合力发展规律这两大规律。② 也有学者从内部驱动和外部引导两个方面提出了学科系统的演进规律。另外，在少数的思想政治教育学科理论著作中提及一些规律性内容。由此可见，十分有必要对思想政治教育学科发展规律内容进行更为深入系统的研究。

4. 关于思想政治教育学科发展规律的科学遵循研究

研究思想政治教育学科发展规律，就是为了认识规律、掌握规律、利用规律以促进学科更好地实现科学发展。由于目前涉及这一论题的系统性研究不多，多数学者倾向于从学科建设发展过程中存在的问题去回应和解答，抑或是提出了要自觉遵循客观规律以此推动学科发展的要求，但由于缺乏对思想政治教育学科发展规律是何这一前提性问题的准确把握，因此，在遵循规律以推进学科发展问题上的精准性研究成果并不多见。

（1）一般意义上的遵循原则

所谓一般意义上的遵循原则，即学者们在研究过程中从整个现代科学学科发展规律的视角出发提出的遵循原则。如韩文瑜等从学

---

① 裴学进、程刚、白同平：《思想政治教育学科发展规律探要》，《中国高教研究》2008年第3期。
② 王桂菊：《改革开放以来思想政治教育学科发展研究》，博士学位论文，南开大学，2013年。

科发展的基本规律对开展学科建设提出了具体要求，主要体现为适应性要求、交叉创新要求、重点突破要求和以人为本等几个方面的规律性要求。

（2）高校视角上的遵循原则

所谓高校视角上的遵循原则，即学者们在研究过程中主要从高校的学科建设和思想政治教育实践的视角出发提出具体的遵循原则。如宇文利认为，随着思想政治教育专业和学科建设在高校的日益壮大，学科化和科学化仍然是并且始终是其不容忽视的重要问题，在促进两者同向同行的过程中，需要建构学科自信、保持实践自觉，努力克服"唯科学主义"和"伪科学主义"两种不良倾向。①

（3）特定视域下的遵循原则

所谓特定视域下的遵循原则，即学者们在研究过程中主要从某一特定的视域下提出实现思想政治教育学科科学发展的遵循原则。如白显良认为，要在推进学科发展中全面贯彻科学发展观，主动遵循学科发展规律，提升学科建设的自觉态度和意识，以实现学科的科学发展。②平章起、王迎新指出，要按照科学发展观"以人为本"的本质要求、建设和谐社会的目标要求和全面协调、可持续发展的基本要求进行思想政治教育学科建设，从而更好地为全面建设小康社会和中国特色社会主义建设服务。③

5. 关于思想政治教育学科发展展望的研究

学界依据不同时期学科发展的状况对其趋势进行了展望和预判，内含着对学科发展规律走向的认识和把握。

---

① 宇文利：《高校思想政治教育学科化与科学化刍议》，《思想理论教育导刊》2016年第5期。

② 白显良：《用科学发展观指导思想政治教育学科建设》，《思想教育研究》2007年第1期。

③ 平章起、王迎新：《科学发展观指导下的思想政治教育学科建设》，《国家教育行政学院学报》2010年第9期。

(1) 从学科发展的战略高度加以分析并展望

立足于学科发展的战略高度,有学者对思想政治教育学科的未来发展进行展望。例如,佘双好认为,思想政治教育学科既遵从学科建设的一般性规律,又持有其自身的特殊性规律,在新的起点上,应在现有基础上转变发展战略,实现从依附走向自主、从依托走向独立、从外延走向内涵、由内向性转为外向性、从单一功能迈向多元功能的发展,以此推进学科不断向前发展。[①]

(2) 在总结学科发展经验上加以分析并展望

只有回望历史,才能更好地展望未来。对此,学界现有研究大多是从这一层面来分析和展望思想政治教育学科发展趋势的。例如,冯刚、骆郁廷在总结思想政治教育学科建设的成就和经验的基础上,提出需要着重从四个方面来引领和促进思想政治教育学科进一步科学发展,即借鉴与自主:更加注重自主发展;传承与创新:更加注重创新发展;分化与整合:更加注重整合发展;内涵与外延:更加注重内涵发展。[②]

(3) 依据学科发展现状和时代背景加以分析并展望

此外,还有学者从学科所处的时代环境和学科发展的现状出发进行勾勒。例如,在《马克思主义理论学科学术发展报告(2016)》中,学者们分析了统筹推进"双一流"建设的时代背景,提出了思想政治教育学科走向世界的展望,并认为以马克思主义为指导研究、立德树人研究、加强意识形态教育研究、加强对重大现实问题的理论研究、加强新媒体运用的研究依然是理论创新研究的重点内容。基于当前我国社会发展新的宏阔背景和时代场景,黄蓉生指出,思想政治教育学科在新时代的历史条件下

---

[①] 佘双好:《思想政治教育专业发展的一个"曲折"引发的思考》,《学校党建与思想教育》2014年第17期。

[②] 冯刚、骆郁廷:《思想政治教育学科发展30年的回顾与展望》,《思想理论教育导刊》2014年第7期。

迈入了创新发展的新征程。①

### (二) 国外研究现状

经过文献搜集和整理发现,国外学界围绕此选题并无直接的相关研究。但是,国外学者从更为宏观和普遍性的学科及学科建设发展视域,譬如对于学科内涵的界定、科学发展和转型、学科分化与互涉、学科发展影响因素等方面的研究成果是比较丰富的,其中有些内容、观点和方法是可以启发、可供借鉴的。

1. 关于学科内涵的研究

沃勒斯坦(Immanuel M. Wallerstein)在《知识的不确定性》一书中指出学科并不是一个简单的概念,而是同时涵盖了几个方面的蕴涵和内容:它既是一个学术的范畴,包括已经具有了相对清晰的学科边界并获得了公认性的合理的研究方法,这是它的第一层含义,同时,它又是一个组织结构,譬如以某一学科命名的院系所和相应的学位等,这是它的第二层含义;此外,它还是一种文化,科学家们因此而凝聚在一起形成一个共同体,他们拥有着共同的学术阅历和研究方向,遵守着共同的学术准则和研究范式,并在科学研究中不断巩固着彼此之间的情感和行为。② 米歇尔·福柯认为,任何学科都是一个研究领域,同时也是一种社会规范。从这个意义上讲,学科不是一个无所依托或者可以任意而为的研究领域,而是隶属于人类知识生产的社会性范畴,不仅仅创造和生产着某种知识,还构建了某种社会规范,规约和引导着人们的行为。

2. 关于科学转型的研究

在科学史上,对科学转型(或知识转型)进行直接性的研究最早可追溯到19世纪,以创立实证主义的奥古斯特·孔德为主要代

---

① 黄蓉生:《新时代思想政治教育学科创新发展若干思考》,《思想理论教育导刊》2018年第3期。

② [美] 伊曼纽尔·沃勒斯坦:《知识的不确定性》,王昺等译,山东大学出版社2006年版,第104页。

表。孔德倡导要系统而严肃地研究科学史，并提出了人类精神和知识发展的"三阶段论"，即神学的阶段、形而上学的阶段和实证的（或科学的）阶段。与之相适应，人类理解和认识世界所生产出的知识也呈现为三种不同的类型，即虚构的神话类知识、思辨的抽象类知识和科学的实证类知识。而随着知识的不断发展，或早或晚最终都会进入最高层次，即实证知识。后现代思想家是对知识、科学转型问题谈得较多的一个思想流派，在对现代科学、知识、社会的批判的基础上，提出了与前者几乎完全相反的主张，在此基础上论述了一种新的知识类型——后现代知识或后现代科学。福柯还在《知识考古学》中直接提出了"知识型"的概念，在他看来，知识型不是知识的形式或理智的类型，它贯穿于各种知识中，体现着某一主体、某种思想、某一时代的至高单位，是一个时期的人无法逃脱的思想结构。[①] 很显然，知识型概念的提出表明了一种更明确的对知识和科学的反思和对科学转型的意识。1962 年，美国著名物理学家、科学哲学家、科学史家托马斯·库恩（Thomas S. Kuhn）在其代表著作《科学革命的结构》中第一次系统阐释了范式理论，提出了不可通约性、学术共同体、常态、危机等概念，深刻揭示了前科学—常规科学—危机—科学革命—新的常规科学的发展图景，在自然科学领域和人文社会科学领域都产生了深远的影响。

3. 关于学科分化与学科互涉的研究

1945 年，埃尔温·薛定谔（Erwin Schrodinger）开创了生命领域中物理学和生物科学学科交叉的先河；二战期间迈入多门学科联系渗透而产生新的学科的第二代跨学科发展阶段；二战后到 20 世纪 80 年代，有了第三代跨学科的发展，即自然科学和社会科学的合流。也就是说，"自 20 世纪 70 年代开始，人文社会科学、自然科学开始进入一个学科整合和综合化的新阶段，'以问题为中心'的研究范

---

[①] ［法］米歇尔·福柯：《知识考古学》，谢强、马月译，生活·读书·新知三联书店 1998 年版，第 214 页。

式，取代'以学科为中心'的研究范式"①。沃勒斯坦曾经指出："我们今天该正视人类科学趋同的必要性了。"② 他进一步指出，所谓的跨学科研究只是看起来或企图去跨越学科的域界，但从本质上来说，只是反过来又进一步对学科加以强化，它所做的工作不过是事先对现有的学科分类作出了合法性的预设和价值赋义。

4. 关于学科发展影响因素的研究

英国20世纪著名教育社会学家伯恩斯坦指出，制约学科发展的一个重要因素即制度，无论是社会控制还是权力输出都试图通过学科的外在建制尤其是制度的发展变革来实现，而制度的变化会渗透进学科的结构内部，从而引起学科分类以至于整个框架体系的根本性转变，继而又进一步改变着权力结构、布局及其调节机制，这充分说明了学科制度对于现代科学学科的发展而言具有举足轻重的地位和作用。③ 著名教育学家布鲁贝克（John S. Brubacher）从教育实践和教育学学科的关系出发分析了制约学科发展的重要影响因素，认为学科所赖以形成和发展的实践基础至关重要，教育实践就是检验教育科学和理论的唯一标准。④ 由此不难看出，学科的发展既受学科自身发展规律的影响，也受到外在制度等的影响和制约。

**（三）研究现状述评**

经过众多学者专家的不懈钻研与探索，对思想政治教育学科建设发展的研究取得了重大突破，有了显著的成果，相关研究领域也随之拓展和深化，在此基础上衍生出对思想政治教育学科发展规律

---

① 袁曦临：《学科的迷思》，东南大学出版社2017年版，第74页。
② ［美］伊曼纽尔·沃勒斯坦：《知识的不确定性》，王昺等译，山东大学出版社2006年版，第34页。
③ Bernstein, B., "On the Classification and Framing of Educational Knowledge", in M. F. D. Young, ed. *Knowledge and Control*, London: Collier Macmillan, 1971, pp. 47–69.
④ ［美］约翰·S. 布鲁贝克：《高等教育哲学》，王承绪等译，浙江教育出版社2001年版，第2页。

开展研究的理论增长点。

1. 已有研究取得的成就

综上,学界从对思想政治教育这一特定实践领域中各种规律的研究逐步进入对学科发展及其规律的研究论域,呈现出良好的态势,为后续进一步的深化研究贡献了扎实丰厚的成果。

(1) 研究思想政治教育学科发展的历史经验成果颇丰

在对学科建设发展的现状、历史考察、阶段划分、经验总结、问题梳理、对策建议及发展趋势等方面的研究,都有系统研究成果。代表性著作有张耀灿、徐志远的《现代思想政治教育学科论》,张耀灿等的《现代思想政治教育学》,冯刚、郑永廷主编的《思想政治教育学科30年发展研究报告》,吴强主编的《思想政治教育学科三十年》,北京大学马克思主义学院组编的《马克思主义理论学科学术发展报告》,张耀灿的《思想政治教育学科建设研究》等;代表性论文有张耀灿的《思想政治教育学科创建30年的回顾和展望》,冯刚、骆郁廷的《思想政治教育学科30年发展回顾与展望》,佘双好的《关于思想政治教育学科的战略思考》等。在学科发展历程和阶段划分上,形成了"两阶段"说、"三阶段"说、"四阶段"说和"五阶段"说等几种划分方式,并在关键时间节点上达成了基本共识。同时,在总结思想政治教育学科建设与发展的基本经验上,已经初步呈现出了规律性的经验形态,如坚持科学性和政治性相统一、坚持理论研究和实践发展相协调等。这些都为清晰地画出学科发展脉络和现实图景,进而从中准确地把握学科发展规律奠定了重要的研究基础。

(2) 研究思想政治教育学科发展规律的路径方法成果丰硕

学界对于思想政治教育领域众多规律的研究路径和研究方法,对于本书具有重要的借鉴意义。在研究方法上,把唯物辩证法作为研究的总的方法论,具体而言,就是从过程和矛盾运动的切入来研究和把握规律,把联系的观点和发展的观点,以及对立统一、质量互变、否定之否定三大规律引入具体的研究中,进行了有益的探索,成效显著。在研究路径上,有从思想政治教育具体实践以及特定研究领域出发来提炼规律的,如张蔚萍、张俊南的《思想政治教育概论》,从党的思想政治教育领域提出了相应的工作规律;有从思想政治教育过程及其阶段环节出发来概括提炼的,如胡凯从教育者与受教育者心理发展角度,分析概括出思想政治教育过程的心理规律;也有从外部环境或外在因素来开展研究的,如毕红梅从经济全球化的视野切入展开相应研究;还有作跨学科研究的,如从经济学视角对规律进行图形分析的;等等。这些都为进一步探寻思想政治教育学科发展规律、分析规律形成的内在矛盾运动提供了科学思路、有效途径和具体方法。

(3) 研究思想政治教育规律及过程规律等成果丰富

学科自建立以来,对于该方面的研究一直是学界重点的关注领域,给予了持续深入的研究,涌现出众多的研究成果,如已出版面世的诸多课程教材,都有独立的章节作专门论述,如陈万柏、张耀灿的《思想政治教育学原理》;也有以此为题开展研究的进行深耕细作的硕博学位论文,取得了许多具有创新性的成绩,如张丽华的《思想政治教育过程规律论》、江晓萍的《思想政治教育基本规律研究》;还有从不同维度和视角作分论性研究的理论著作,如张世欣的《思想政治教育接受规律论》等。在概念界定上,学界对与此相关的概念展开了充分的研究,一致认为,思想政治教育规律指的是思想政治教育运动发展过程中固有的本质的、必然的、稳定的联系,而其过程规律则是指具体的实践过程中诸要素间和运行阶段的本质联系及其内在矛盾运动发展的必然秩序,这种内在趋同性有助于从中找到共通之处从而界定清楚思想政治教育学科发展规律的内涵;在规律的呈现形态上,学界达成的共识是:思想政治教育规律及其过程规律可划分为基本规律和具体规律,或是一般规律和特殊规律;在规律的具体内容上,对思想政治教育基本规律和具体规律的内容呈现、思想政治教育过程基本规律和具体规律的内容呈现以及不同形态思想政治教育有关规律的内容呈现上异彩纷呈,如适应超越律、服务服从律、主导性与多样性统一律、双向互动律、协调控制律等，这些对于研究和把握思想政治教育学科发展规律具有较大的借鉴意义。

2. 已有研究存在的不足

目前学界的已有研究成果，为思想政治教育学科发展规律的进一步研究奠定了良好的基础，但也存在一些问题和不足，主要体现在以下几个方面。

（1）研究力度不大

在认识上，学界在对研究学科发展规律有无必要、学科发展规律是否重要等问题上达成了普遍共识，认为，要促进思想政治教育学科科学发展，只有深刻理解和把握学科发展规律，并在此基础上自觉遵循学科发展规律，才能真正实现科学化和学科化的同向同行，促进学科发展质的提升；而在实际研究中，大多止步于对学科发展实践进行回顾式、梳理式、总结式的研究，对于如何去挖掘思想政治教育学科发展规律的丰富内涵，从多方面进行切入以推进研究向前发展等问题上却少有人触及，而唯有如此，才能让研究变得更加立体且有力度，从而把学科发展与学科发展规律的认识与实践真正统一起来。

（2）研究深度不够

一方面，现有研究大多是相关性的或融入式的，直接的研究也只是在具体内容的呈现上有所涉及，而其是否都能上升到规律的高度，还有待商榷，因此，对现有的论域还有进一步追问的空间。另一方面，还有许多问题未能得到解决，比如思想政治学科发展规律到底是何，如何界定清楚它的科学内涵；除了其本身的价值向度，研究本身的必要性和重要性体现在哪里；思想政治教育学科发展规律是如何形成的、从何而来，应如何把握其形成的内在机理；相较于其他学科，思想政治教育学科发展的一般性和特殊性在哪里，具体有些什么样的规律，呈现出哪些形态；在科学揭示其规律的基础上，如何切准发展趋势以更好地促进学科的发展；等等，都需要从多方面深化和突破，进行系统性探究和整体性思考。

（3）研究精度不足

思想政治教育学科化与科学化的问题早已提出，但尚未得以真正解决。现有研究对思想政治教育学科的建设与发展，多从表征上的问题，如学科边界问题、学科建设标准问题、基础理论研究问题、学术探究空泛问题、理论和实践脱节问题、队伍建设问题等方面提出相应对策建议，难免有头痛医头、脚痛医脚之嫌，却少有立足于学科，从学科发展规律的视角进行把脉问诊，通过系统性分析和根源性探究，有针对性地解决和回应学科在发展过程中存在的一些错误认识和不良倾向，从而形成连贯的运作回路，不断提升学科的学科化和科学化水平。

3. 未来研究展望与设想

对于思想政治教育学科发展规律的研究既是新的理论增长点，空间巨大，同时，又有相当大的难度。在已有研究成果基础之上，本书以为，还应着力在以下几个方面进一步深化和拓展。

（1）深化思想政治教育学科发展规律的学理阐释

研究思想政治教育学科发展规律，既要透过思想政治教育的实践发展史尤其是学科发展史去把握，也要客观呈现出现实的研究图景，对其存在的局限性进行深入分析，在此基础上作出正确的方位研判，为进一步的深化研究提供基本理路和逻辑指引。从目前的研究现状来看，需要从以下几个方面进行深化：其一，深化核心概念研究。即准确界定思想政治教育学科发展规律的科学内涵，回答清楚其是什么的问题，这是贯穿研究始终的核心概念，也是深化研究的基本前提。其二，深化基本属性研究。也就是说，除了规律所共有的特性之外，思想政治教育学科发展规律又具有哪些基本属性，应该如何去精准把握这些属性。其三，明晰研究的必要性。即弄明白研究的问题指向，对思想政治教育学科发展规律作专门的研究，其之所以必要到底体现在何处，具有怎样的重要意义和价值指向，等等。这些问题都有待进一步的深化研究，使之得以有效解决。

（2）探究思想政治教育学科发展规律的形成机理

只有从根本上解决规律从何而来、如何形成的问题，才能更为准确地认识和把握思想政治教育学科发展规律，就此而言，找到规律产生的内在机理和存在缘由是题中应有之义。思想政治教育学科发展是一个历史性的生成过程和实践性动态系统，其关键点在于对其矛盾谱系及其矛盾运动的剖析与把握，概括和抽象出思想政治教育学科发展内在的本质联系及其基本矛盾运动、具体矛盾运动的必然趋势等，从而确证规律的存在，并为揭示规律及其具体呈现形态奠定根基，切实增强研究深度。

（3）勾勒思想政治教育学科发展规律的呈现形态

思想政治教育学科发展规律是多侧面、多层次、立体的。以上对思想政治教育学科发展规律诸问题的考察，就是为了揭示并概括出思想政治教育学科发展的规律，既有贯穿学科发展全过程并从根本上规定学科发展总方向和历史进程的基本规律，又有从诸要素以及分阶段论述其不同发展阶段的具体规律，它们的层次不同、功能各异，组合在一起共同构成了思想政治教育学科发展规律的样态，同时，分别对基本规律和具体规律进行深入的分析，以有效避免研究的低质化、模糊化、浅层化，从而在研究深度上取得实质性的进展。

（4）展望思想政治教育学科发展规律的趋势走向

思想政治教育学科发展规律，是这一特定学科实践现象不断向前发展的规律，离开学科发展本身，抑或是离开学科发展的过程，思想政治教育学科发展规律就无从依托，也无法体现。因此，这一发展规律本身不是永恒不变的，尤其是其具体内容和表现形式必然将随着社会发展和学科发展而不断发展。这就需要对思想政治教育学科发展规律走向作出科学预判，分析思想政治教育学科发展处于怎样的时代境遇中，从而准确把握学科发展趋势及其规律走向，运用科学的思维方法，努力克服并有效避免目前存在的一些不良倾向和错误认识，更好地实现思想政治教育学科发展的科学化、精致化和时代化。

## 三 研究思路及方法

所谓思路，是思考的逻辑理路和条理脉络。厘清研究思路，是开展任何研究的逻辑前提和基础。所谓方法，是为达成研究目的而采用的方式和手段。本书以马克思主义唯物辩证法为指导，以问题为导向，综合运用多种方法展开研究。

### （一）研究思路

思想政治教育学科发展的规律问题是一个颇深且难的基础理论问题。本书将着重围绕思想政治教育学科发展规律的四大理论问题进行谋篇布局，即从"是为何物"出发，对思想政治教育学科发展规律进行学理上的阐释；沿着"从何而来"进行逻辑展开，对思想政治教育学科发展规律的形成问题进行理论探源；循着"如何体现"作出逻辑推演，呈现思想政治教育学科发展规律的主要内容；最终落到"走向何处"，展望其未来美好图景。

1. 关于思想政治教育学科发展规律"是为何物"的问题

这是本书首先要解决和回答的问题。从学理上阐释思想政治教育学科发展规律的科学内涵、基本属性和研究必要性，明确立论基础，这是本书的逻辑起点，构成了研究的第一章——思想政治教育学科发展规律的学理阐释。

2. 关于思想政治教育学科发展规律"从何而来"的问题

这是思想政治教育学科发展规律形成的根源性问题，换句话说，就是思想政治教育学科发展规律从哪里来、如何形成的问题。事物发展规律的根源只能从其运动变化的矛盾中来。因此，本书将走入思想政治教育学科发展系统内部、历史深处，揭示并分析思想政治教育学科发展规律形成的基本矛盾运动和具体矛盾运动。这是本书的逻辑展开，构成了研究的第二章——思想政治教育学科发展规律形成过程的矛盾解析。

3. 关于思想政治教育学科发展规律"如何体现"的问题

在对思想政治教育学科发展规律形成的基本矛盾运动和具体矛盾运动的分析中，概括抽象出反映思想政治教育学科发展过程中的本质联系和内在逻辑趋向，获得对规律本身的认识。更为重要的是，具体研究思想政治教育学科发展有些什么样的基本规律和具体规律，分别呈现什么样的形态，在学科发展过程中具有怎样的效用，以反映其整体样貌。这是本书的逻辑推演，构成了研究的第三章——思想政治教育学科发展的基本规律和第四章——思想政治教育学科发展的具体规律。

4. 关于思想政治教育学科发展规律"走向何处"的问题

围绕思想政治教育学科发展规律开展专门系统的研究，除了回溯历史征程，还应立足当下、把握未来；除了探究和揭示规律，更要投射到现实场景及其建设实践中，究其根本，最终是要准确把握思想政治教育学科现今所处的历史发展方位，在深刻分析其置身的新时代语境中，研判预测思想政治教育学科发展规律的未来走向，为新的历史条件下提升学科发展战略、加强学科建设提供科学遵循，达成"合目的性"与"合规律性"的统一，促进思想政治教育学科实现更高质量和更高水平的发展。这是本书的逻辑终点和归宿，构成了第五章——思想政治教育学科发展规律的趋势展望。

### （二）研究方法

本书坚持以马克思主义唯物辩证法为指导，综合运用矛盾分析法、文献分析法、比较研究法、逻辑与历史相统一的方法展开研究。

1. 以马克思主义唯物辩证法为指导

唯物辩证法是一种研究自然、社会、历史和思维的哲学方法。本书以唯物辩证法为根本指导，坚持联系和发展的基本观点，坚持理论与实践相结合，在研究过程中始终立足于马克思主义理论一级学科视域，探究思想政治教育学科发展规律，使之更加严谨科学。

2. 综合运用多种研究方法

研究思想政治教育学科发展规律既是一项艰巨的任务，又是一个非常复杂的过程，需要综合运用多种研究方法，以期达成最终的研究目的。

矛盾分析法。矛盾分析方法是唯物辩证法的方法论体系中最根本的方法，是观察研究和具体分析客观事物矛盾运动并解决它的一种方法。要科学揭示出思想政治教育学科发展规律，必然要从其发展过程中的矛盾运动入手，特别是把握矛盾的普遍性与特殊性及其辩证统一关系，进行系统的分析，从而层层抽出其中存在的客观规律，有效解决学科发展中的实际问题。

文献分析法。古语有云，站得高方能看得远。通过对现有研究资料的搜集、分类、整理，在占有大量文献资料的基础上，呈现学界现有的研究状况，了解研究前沿，总结当前研究取得的成绩，为本书提供理论借鉴，并找到其中的问题和破解的方向，为深化研究提供重要支撑和方向指引。

比较研究法。比较研究法是在一定的参照系中，对两个及以上的关联性对象进行比较和分析，从中准确把握其共性规律和个性特征，进而更为深刻认识事物的方法。思想政治教育学科隶属于哲学社会科学，同时又不同于一般知识性的学科而具有特殊的质的规定性，运用比较研究方法，对其所属的马克思主义理论一级学科、其他二级学科及相近的学科，包括思想政治教育规律及其过程规律进行比较和分析，有助于我们更加清楚地认识到思想政治教育学科发展的本质特征及其规律。

逻辑与历史相统一的方法。逻辑与历史的统一是辩证逻辑的方法之一。认识思想政治教育学科发展规律，是基于对思想政治教育学科发展的现状及其历史进程，也就是说，既要把学科发展的客观历史进程同我们对思想政治教育学科发展的内在逻辑进程认识统一起来，又要在逻辑上概括、揭示这些历史事实背后隐藏的客观规律。

只有深入这一现实历史过程中总结学科发展丰富的经验，进而以理论的、抽象的形式加以一致性的反映，才能在纷繁复杂的学科发展现象中揭示其本质联系和必然逻辑趋向。

## 四　研究重难点及创新点

任何研究都有其重点、难点和创新点。重点即指向和达成研究目标的关键点；难点即在具体的研究过程中难以把握的地方；创新点即研究所作出的具有原创性或突破性的贡献。本书的重点、难点及创新点如下。

### （一）研究重点

本书的重点在于概念的界定及矛盾的分析，主要表现如下。

第一，准确界定思想政治教育学科发展规律的概念内涵。要揭示思想政治教育学科发展规律，首先必须明确回答思想政治教育学科发展规律"是为何物"，既要从学理层面阐释清楚思想政治教育学科发展规律的研究视域、内涵界定及其基本属性，又要从总体上把握其研究本身的重要意义和价值指向，这是达成本书目标的前提和基础，也是本书的重点。

第二，深入分析思想政治教育学科发展规律形成的固有矛盾。要想准确揭示思想政治教育学科发展规律，对学科发展过程及其矛盾运动的深入分析就是实现这一目标的关键与核心。这直接关涉解决思想政治教育学科发展规律从何而来、如何形成的问题，是探究思想政治教育学科发展规律的题中应有之义。如何把握思想政治教育学科发展这样一个持续动态的现实过程及其内在规定，如何切入思想政治教育学科发展的固有矛盾，以何种理论视角、用何种思路分析思想政治教育学科发展规律形成的基本矛盾和具体矛盾，这些都是本书需要逐一分析并解答的重点内容。

### （二）研究难点

本书的难点在于准确揭示思想政治教育学科发展的基本规律和具体规律。主要表现如下。

第一，如何通过对思想政治教育学科发展过程的内在规定来把握学科发展的固有矛盾，进而从思想政治教育学科发展的基本矛盾运动和具体矛盾运动中抽象和概括出思想政治教育学科发展的基本规律和具体规律，这是相当有难度的。

第二，规律本身不能直接为人的感官所感知，既看不见也摸不着，而是藏在事物或现象发展之中的，只有通过抽象的思维去发现、概括和把握；而思想政治教育学科本身还处于一个高速、开放、动态的变化发展过程中，人们对它的认识还在随着实践的发展而不断深化，要系统全面地呈现思想政治教育学科发展规律内涵、规律形态、规律内容及其效用，同样具有相当的难度。

### （三）研究创新点

本书在学界已有文献资料和研究成果的基础上，从思想政治教育学科发展系统与历史视角出发，对思想政治教育学科发展规律的理论蕴涵、形成机理、呈现形态及其趋势走向展开研究，以期回答思想政治教育学科发展规律"是为何物"、"从何而来"、"如何体现"以及"走向何处"等理论问题，主要在以下三个方面有所创新。

第一，科学界定"思想政治教育学科发展规律"蕴涵。本书在明确了分析视域的前提下，沿着"学科—发展—规律"的逻辑理路进行概念考察和厘定，并从三个维度阐释其中的内在蕴涵，指出其具有的基本属性。

第二，揭示思想政治教育学科发展基本规律和具体规律。本书从思想政治教育学科发展过程入手，分析了其所固有的基本矛盾及具体矛盾，由此揭示基本规律和具体规律，将思想政治教育学科发展基本规律概括为思想政治教育学科的发展必须适应并服务于党和国家发展需要的"适应服务律",提出思想政治教育学科发展的具体规律由思想政治教育学科发展要素规律和演进规律构成,并分别从内涵特性、呈现形态和实践效用等方面加以分析研究。

第三,拓展思想政治教育学科发展的理论研究视界。目前,学界大多数围绕着学科发展现状、历史考察、阶段划分、存在问题、对策建议及发展趋势等方面,或是聚焦于某个具体环节、要素等进行研究。本书立足于学科视角,注重整体性和过程性,从学科发展整体和实践过程出发,试图拓展现有的研究论域和视界,把学科发展作为一个整体性对象进行规律性研究,并在学科发展的当代语境中进一步预测其趋势走向,就学科和原理方面给出思想政治教育学科发展规律的分析框架和整体布局,以走进学科研究和学术前沿阵地,探索学科发展理论新空间,从而更好地将学科发展规律融入学科发展实践进程中。

# 第 一 章

# 思想政治教育学科发展规律的学理阐释

所谓规律，是指事物发展过程中固有的本质的、必然的、稳定的内在联系，是事物运动发展的确定秩序，也是其矛盾运动所呈现的必然趋向。思想政治教育学科发展规律是学科建构发展过程中的本质规定及其逻辑呈现，对其展开研究和探讨，首先要弄明白思想政治教育学科发展规律究竟是什么，从何种视角来展开分析，从而清晰界定其内涵，深刻把握其基本属性，以此廓清认识的迷雾及研究的必要性。这是本书的立论前提，也是整个研究的逻辑起点。

## 一 思想政治教育学科发展规律的内涵界定

近年来，随着学科实践和科学研究的纵深推进，学界的研究已深入思想政治教育学科发展规律领域，但相较于本学科其他的基础理论研究而言，对于思想政治教育学科发展规律"是何"的探讨并不多。对此，有必要确定分析这一问题的研究视域，继而沿着"思想政治教育学科—思想政治教育学科发展—思想政治教育学科发展规律"的逻辑理路来厘清这一核心概念。

## (一) 思想政治教育学科发展规律的研究视域

研究思想政治教育学科发展规律,并不是就规律的问题泛泛而谈,而是有其明确的指向性和自身的特殊性。因此,要回答清楚思想政治教育学科发展规律的具体定位,既要立足思想政治教育多维视域,又要基于系统思维视域,还应鉴于马克思主义理论一级学科视域。唯有如此,才能科学揭示思想政治教育学科发展及其规律的内涵要义。

### 1. 立足思想政治教育多维视域

思想政治教育既是思想政治教育学科的"理论硬核"[①],亦是其作为一门学科形成发展的前提条件和实践基础。一直以来,思想政治教育通常被人们置于实践活动的范畴加以认识和理解。但是,随着理论研究和实践工作的深入,对它有了更多的理解维度和释义空间。例如,有学者提出了把握当代中国思想政治教育的三重维度,即从实践维度、学科维度和事业维度加以分析和阐明。[②] 实际上,随着思想政治教育实践活动及其科学化进程的发展演变,已经形成了实践、理论、专业、学科同向同行的四维发展空间。因此,从"思想政治教育"的多维视镜入手,准确把握思想政治教育的学科维度,进而更好地研究和阐明学科发展规律。

(1) 立足思想政治教育的实践之维

通常而言,思想政治教育是人类自有阶级社会以来客观存在的带有普遍性质的社会实践活动,因而具有天然的阶级属性。换句话说,从不同的阶级立场出发,它的具体指向各有差异。正如马克思恩格斯所言:"统治阶级的思想在每一时代都是占统治地位的思想。

---

[①] 参见陈秉公《论思想政治教育学科基本理论的再系统化》,《思想理论教育导刊》2006 年第 8 期。

[②] 白显良:《思想政治教育的马克思主义理论基础研究》,人民出版社 2014 年版,第 29 页。

这就是说，一个阶级是社会上占统治地位的物质力量，同时也是社会上占统治地位的精神力量。"① 从广义视角来看，人们把这项实践活动理解为一定社会或社会群体通过宣传教育等方式，将特定的思想观念、政治观点、道德规范和法治意识等传播给其社会成员，并使之成为与之相适应的思想政治品德主体这样一种特殊的社会实践活动②。本质上来说，就是一定的阶级、政党、社会群体进行主流意识形态的生产、传播与教化的活动。从无产阶级及其政党来看，思想政治教育是其为实现自身解放和全人类解放的目标而进行的社会实践活动，从而揭示出促进人的自由全面发展和社会全面进步的价值取向。据此，可以得出，"马克思主义思想政治教育是人类历史上第一个具有正义性的思想政治教育社会实践活动"③。再有，从狭义视角来看，是说人们论及思想政治教育这一话题时的特定指称，即我们党和国家的思想政治教育，它特指中国共产党及其领导下的各级各类组织，用马克思主义理论教育党员干部和人民群众，提高其思想政治素质，动员广大干部群众为实现党和国家的发展目标而奋斗的特殊实践活动。概言之，就是贯彻党的指导思想的系列实践活动。本书所论及的思想政治教育学科，就是诞生于这一特定的特指的思想政治教育实践中，亦是在这种实践中发展壮大的。

（2）立足思想政治教育的理论之维

毛泽东在《实践论》中指出："认识过程中两个阶段的特性，在低级阶段，认识表现为感性的，在高级阶段，认识表现为论理的，但任何阶段，都是统一的认识过程中的阶段……它们在实践的基础上统一起来了。"④ 这种实践和认识的辩证唯物论，在思想政治教育

---

① 《马克思恩格斯选集》第 1 卷，人民出版社 2012 年版，第 178 页。
② 刘建军：《寻找思想政治教育的独特视角》，中国人民大学出版社 2017 年版，第 120 页。
③ 张智：《论思想政治教育学意识形态性与科学性的统一》，《教学与研究》2018 年第 4 期。
④ 《毛泽东选集》第 1 卷，人民出版社 1991 年版，第 286 页。

中具体呈现为：经过长时期感性的思想政治教育实践的累积，人们对其认识逐步转向更高级阶段，有了强烈的思想政治教育科学化的理性需求，即在实践中形成的感觉和经验达到抽象思维和理性认识的阶段，继而才有了对思想政治教育实践活动的规律性认识和研究，也就是对社会实践和社会现象中的思想政治教育进行科学化、系统化的理论表达。这些表现为论理的思想政治教育认识，通常被称为思想政治教育学，指的是在思想政治教育科学领域中具有相对稳定性、根本性和共识性的基本理论，是确证思想政治教育这一特殊研究对象并实现理论掌握和实践服务的专门知识体系，由此在实践基础上、在实践过程中不断实现着相应知识体系和理论体系的建构与发展，并使之走向统一。正因如此，现实中人们常把它与学科当作相等的表达方式进行使用，在一段时期内也成为学界研究学科的主要视角。事实上，这二者并不能完全等同起来。

（3）立足思想政治教育的专业之维

从语义学来看，《现代汉语词典》中关于"专业"的释义主要有以下几个方面：其一，高等学校或中等专业学校划分的学业门类；其二，产业部门的各业务部分；其三，专门从事某种工作或职业；其四，具有专业水平和知识。① 在当代中国的高等学校中，就有根据知识分类和科学分工需要而划分出来的一种学业门类，即思想政治教育专业。1984 年 4 月，随着教育部专门文件的颁布，全国十二所高等院校开始设置思想政治教育专业；随后，又在六所高等院校着手开办第二学士学位班，开启了思想政治教育专业化建设的时代。在这种语境下，思想政治教育指的是为培养又红又专的思想政治工作专家和人才而创办的新型专业。但彼时，人们对思想政治教育的认识尚未真正进入学科的层面，因而也不能直接把"思想政治教育专业"的设置作为"思想政治教育学科"创立的标志。当然，不可否认的是，自 1984 年设置思想政治教育专业以来，为社会主义建设

---

① 《现代汉语词典》第 6 版，商务印书馆 2012 年版，第 1708 页。

和改革的各个领域输送了大批思想政治工作专门人才，思想政治教育作为一种新型学业门类的专业价值逐步得到确证，为而后真正意义上学科的形成发展给予了重要支撑。

（4）立足思想政治教育的学科之维

通过实践、理论、专业的步步推进和深入，思想政治教育最终成为一门学科，始于1987年9月，经过近40年的时间，这一学科走过了极不平凡的发展历程。随着思想政治教育专业的设置和招生，虽然在短期内并没有形成学科的概念，但由于改革开放新的历史时期思想政治工作的需要，思想政治教育已经从工作形态、实践经验上升为理论、科学、专业，也为学科形态的跨越式发展作了充分的准备和铺垫。以培养思想政治教育专业的硕士研究生为肇始，思想政治教育学科至此建立，在人才培养域内从思想政治工作专门人才深入思想政治教育的专门人才及高级专门人才的培养；在知识域内开始了学科理论体系建设，出版了一批有影响力的理论著作和专业教材，基本形成了一支学科带头人和骨干队伍组成的学术梯队。而后中央提出要把思想政治教育学科作为国家重点学科加以建设的战略任务，随之开始通过融合式的发展模式相继实现了博士点、国家重点学科的建立，获得了积极稳步的发展。随着国际国内新形势下的深刻变化，尤其是对高校思想政治理论课教育教学提出了严峻挑战，党和国家提出了设立马克思主义理论一级学科的新任务和新要求，并于2005年12月正式增设该一级学科，思想政治教育经调整后成为其所属的独立二级学科，这一具有开创性意义的学科大调整，既为思想政治教育学科和专业的大繁荣和大发展奠定了坚实基础，同时又为一级学科及其所属的其他二级学科的建立和发展给予了不可或缺的学科支撑。

可见，思想政治教育作为一种立体多维的客观存在，在当代中国，它既是一项内容丰富、涵盖面广的社会实践活动，又具有在此基础上形成的专门知识域及其学业门类，同时，还是一门发展势头强劲的中国特色学科，这四个方面互相依存、彼此观照，共同构成了"四维一体"的思想政治教育发展图景。那么，本书所论及的思想政治教育，主要是从学科的视镜进入来展开探讨的，也就是说，立足于这一学科及其整个的发展过程来研究其发展规律。对此，需要说明的是，这并不意味着要撇开其他几个方面孤立地谈，相反，作为在时序上最晚出现的产物，思想政治教育学科必须以其他三个方面为前提和基础，研究思想政治教育学科发展规律也离不开其他三个方面的内在规定，这是对思想政治教育学科发展规律这一特定领域规律实现透彻认识和把握的必然要求。

2. 基于系统思维视域

学科并非一直都有，而是人类社会知识生产和分工发展到一定阶段的产物。随着人类对科学研究的深入，人们对学科的理解也更加全面深刻。

（1）学科的多层含义

综观国内外学者的研究，学科的含义至少包括以下几个层次：第一层次是学科知识体系和知识分类，指的是按照知识的内在逻辑范畴划分出来的学术领域。恩格斯曾说："每一门科学都是分析某一个别的运动形式或一系列互相关联和互相转化的运动形式的，因此，科学分类就是这些运动形式本身依其内在序列所进行的分类、排序，科学分类的重要性也正在于此。"[1] 第二层次是学科组织，可以称之为学术共同体或"制度化学科"[2]，指的是承担教育教学职能、从事科学与研究的一种组织形态，也是社会分工的具体表现形式。比如，以学科命名的院系所、学位、专业、平台等。第三层次是学科文化。任何一门学科在建立和发展的制度化过程中，都伴随着一定学科文化的产生。作为一种客观存在，它渗透于学科的知识、人和组织机构之中，具体表现为精神文化、制度文化、行为文化等，并由此形成特定的文化环境和存在空间，影响着处于其中的人的思想和行为。

---

[1] 《马克思恩格斯选集》第 3 卷，人民出版社 2012 年版，第 943 页。
[2] 袁曦临：《学科的迷思》，东南大学出版社 2017 年版，第 3 页。

第四层次是学科权力。指的是隐藏于学科建设与发展过程中行为主体之间由高度的单向依赖走向复合的多向依赖的不断变化的"关系势能"。① 在这几个层次中，第一层次和第三层次属于学科的内在观念建制，第二层次和第四层次则属于学科的外在社会建制，因此，学科是这两种建制的有机统一。

（2）思想政治教育学科的多种说法

就思想政治教育学科而言，学界对于学科内涵的把握存在不同看法，主要有以下三种：一是基于科目的"学科专业说"。从词语语义的意义上，把学科视为人才培养领域的一门专业，在某些场合和语境下甚至将二者作为同义词或连词使用。历史地看，先有思想政治教育专业的设置而后有学科的创立，因而在一定时期内把学科建设等同于专业建设，甚至简单地用教材体系的构建模式来建设学科的专门知识体系。二是基于科学分类的"知识体系说"。即从学术范畴和知识生产的视角去理解、把握思想政治教育学科，因而在探讨学科建设发展的问题时多注重从学科的知识体系和理论体系上去构建和深化学科体系。三是基于结构功能论的"综合要素说"。即以学科的构成要素为基础，综合学科的多重单元及其所具有的特定功能去理解思想政治教育学科。四是基于系统论的"学科系统说"。即把思想政治教育学科视为一个系统，运用系统思维对学科内涵进行阐释和分析。

以上几种观点折射出学界认识和考察思想政治教育学科的内涵域："学科专业说"充分体现出思想政治教育专业建设和学科发展的伴生性，侧重从关系意义上强调二者的齐头并进，却存在一定的认识模糊。实际上，学科的核心要义在于对思想政治教育这一特定领域规律性理论知识的集聚、发展和创新，但同时也需要支持这一工作的相应条件和资源，譬如专门人才的培养。所以说，专业就是依

---

① 周守军：《学科与权力：以国家重点学科建设为例》，武汉出版社2015年版，第11页。

托思想政治教育学科知识来培养这类实践型和研究型专门人才的实体机构，反过来它也需要借鉴融合多门学科知识来解决复杂性问题。由此观之，学科成为培育专业的学理前提和知识沃土，专业又是推动学科发展的实体支撑和人才基础，两者相互作用、相互制约，从某种程度来说，思想政治教育专业建设是学科发展的重要构成。"知识体系说"则注重系统化的知识体系对学科建设发展的基础性和重要性意义，有利于促进理论形态和专门研究的发展完善，却容易使之等量齐观，不足以涵盖学科的全部内涵。"综合要素说"强调的是对学科若干基本要素和主要成分的整体性概括和归纳，相较而言更为全面；而"学科系统说"在要素综合的基础上将其视为一个系统化整体，并观照其系统化建设，使之更为深刻。当然，在研究过程中，既要避免窄化思想政治教育学科内涵，同时，也要明晰其具体的边界，避免使之成为"空大泛"的概念。

(3) 思想政治教育学科定义

综合以上分析，本书从系统思维视域出发，认为，思想政治教育学科是指在思想政治教育这一特定实践基础上产生的理论、学问、知识发展到一定阶段而有的科学化、系统化、专门化的知识体系，以及为满足这一知识体系的完善性需要而衍生的主体要素、理论要素、组织要素、实践要素等所构成的集合体。在当代中国，是指在社会主义制度下研究中国共产党领导的以马克思主义理论为指导的思想政治教育实践的科学。对此，可从以下几个方面加以理解。

首先，思想政治教育学科是在思想政治教育实践活动的胞胎里孕育成熟的。毛泽东曾深刻指出："理论的基础是实践，又转过来为实践服务。"[1] 思想政治教育实践是孕育该门学科产生形成的母体，学科理论和知识的建构发展以其为基础，并从中汲取营养不断发育，经过运用而得到反复验证后进一步上升为科学层面的相对独立体系，使学科得以孕育成形，一旦离开了这一特定实践，思想政治教育学

---

[1] 《毛泽东选集》第1卷，人民出版社1991年版，第284页。

科也就失去了活的灵魂。反之，思想政治教育学科把这些丰富的实践经验上升为理论形态、学科形态，从而为思想政治教育实践提供了理论指导，有效促进了思想政治教育的科学化进程。可见，"思想政治教育的学科内涵在本体的层面上应该是纯粹理性与实践理性的统一，是认知与实践的结合"①。需要明确的是，尽管这门学科胎生于思想政治教育实践，且研究域可以涵盖人类普遍的思想政治教育实践活动，但并不意味着要以泛化的研究来构建所谓的具有普适性即适用于所有阶级社会的思想政治教育或泛指人类社会所有思想政治教育的学科，立足当代中国，尤要研究中国共产党领导的以马克思主义理论为指导的思想政治教育实践，标示其在马克思主义理论一级学科中的建设方位和发展方向，并在融入中国特色社会主义事业的伟大实践中加深对学科的理解、推进学科的科学化进程。

其次，思想政治教育学科是为实现特定目标而存在的历史和社会范畴。思想政治教育作为一项社会实践活动，以不同的性质和形态普遍存在于阶级社会之中，甚至以一定的功能形式存在于原始社会和未来社会，但是，它作为一门学科，从诞生之日起就打上了最鲜明的马克思主义底色和中国特色社会主义烙印，并随着中国特色社会主义建设事业的发展而不断发展跃升，其具体目标在不同时期也有不同的指向性。历史和实践证明，社会主义在中国不仅转化为现实的道路、理论、制度和文化的统一，而且焕发出强大的生机活力。思想政治教育学科的存在必然反映了无产阶级和人民群众的集体意志，要求学科在服务于社会主义事业发展的同时，不断深化对人的解放、人是人的最高本质这一终极命题的不懈追求和探索。

最后，思想政治教育学科是一个系统化集合。也就是说，思想政治教育学科是一个复合型概念，由其各个要素构成动态化的发展圈层：以知识体系存在的理论形态作为内部基础层，主要包括理论

---

① 刘鑫淼：《关于思想政治教育学科发展的哲学思考》，《江苏高教》2011 年第 2 期。

基础、基础理论（论、史、原理、方法论、比较等）和应用理论等。以发起、组织并实施学科建设与发展的主体形态及其学术生产和再生产存在的组织形态作为中间动力层，主要包括不同层级的主体队伍和学术组织，承担相应的研究、教学、管理、服务等职能并由此凝结特定学科权力的学科共同体。以知识应用存在的实践形态为外部创新层，主要包括思想政治教育学科进入社会系统和现实生活中转化而成的特定实践方式，以外化形式表达并实现学科自身的价值和功能。因此，思想政治教育学科内涵丰富，既有知识体系，又有知识生产，还有知识应用，思想政治教育学科的发展，不仅指涉学科知识体系和理论体系的创新和发展，而且包含了组织、队伍、人才、科研、意识、文化、资源、权力、实践等在内的系统化的创新和发展。

3. 鉴于马克思主义理论一级学科视域

要准确理解和把握思想政治教育学科及其发展规律，还需进一步明确其归属和属性的问题，即在马克思主义理论一级学科下回归思想政治教育学科的本源性。这是因为，从学科的归属看，思想政治教育学科是在马克思主义理论一级学科下拥有一席独立位置，一方面，由内规定着其作为一门二级学科的马克思主义属性，且唯有如此才能获得合法性位置；另一方面，又由外表征了它的学科定位和学科职能，思想政治教育在其中搭建一架实现各二级学科互联互通的学科桥梁，发挥着通向教育和实践的独特价值。因此，思想政治教育学科的本质在于促进和实现思想政治教育科学性和社会主义意识形态正向性的最高统一。本书所要论及的思想政治教育学科发展规律，就是从马克思主义理论一级学科的整体视域来具体分析思想政治教育学科在发展过程中呈现的学科属性。

（1）科学性是思想政治教育学科的一般属性

所谓一般属性，是指某一类事物的共有属性。学科化是对科学化的回应和升华，任何一门学科的兴起、独立和成熟，都是对自然界、人类社会和思维活动等领域的现象、问题进行对象式的追问过程和系统化的认识过程，从而揭示出某种规律，使得人类认识和实践富有科学依据，产生促进社会发展和人类自身发展的积极效能。因此，科学性是所有学科首先所具有的一般属性，无论是马克思主义理论一级学科还是其涵括的二级学科，皆是如此。马克思主义理论一级学科是我国哲学社会科学中孕化出的新的科学领域，作为从整体上研究马克思主义基本原理和科学体系的学科，它的建立和发展就是基于马克思主义理论研究和教育传播领域的现象和问题进行理论化回应的认识过程，并从中揭示和把握规律，不断推进马克思主义中国化理论与实践的发展进程。具体到思想政治教育这一独立二级学科，就是用马克思主义的科学世界观和方法论来研究和指导思想政治教育的实践过程和教育活动，使之纳入科学程序，按照科学规律发展，不断增强思想政治教育的理论传播和教育创新能力。当然，科学性只是它作为学科所具有的普遍的、共同的属性，这种共有属性并不足以显现它的特殊性质。

（2）实践性是思想政治教育学科的特殊属性

所谓特殊属性，是指为某一类事物特有而为别类事物所不具有的属性。思想政治教育学科不是纯粹"书斋里的学问"或"书院派的研究"，在马克思主义理论学科体系中，不同于其他各二级突出的理论色彩，"思想政治教育学科有着较强的实践特征，学科的发展必须以思想政治教育实践为基础，在实践中推进和深化"[①]。这在深层意义上指明，实践性是思想政治教育学科的特殊属性，表现为通过思想政治教育实践进行实际应用，并实现自主建构的过程。也就是说，思想政治教育学科把自身及各二级学科共同研究的理论成果向外进行输出，并按照党和国家的需要生产和再生产符合特定意识形态要求的知识以及具有相应思想政治教育工作能力和研究能力的专门人才，促使社会和个体掌握马克思主义的科学理论，将这种精神

---

① 冯刚：《不断探索思想政治教育学科建设与发展的科学路径》，《思想理论教育导刊》2014年第4期。

力量转化为物质力量，由此促进学科自身的发展和完善。这是思想政治教育学科之所以最终确立并归于马克思主义理论一级学科之下、处于实践和教育方位的特殊规定。

（3）社会主义意识形态性是思想政治教育学科的本质属性

所谓本质属性，是指一事物区别于其他事物并成其为该事物的质的规定性。从一级学科归属方位的一般意义上讲，它决定和塑造了思想政治教育学科的马克思主义理论基础、理论依据和理论品格；从二级学科前置条件的特殊意义上讲，思想政治教育学科从一出现就站在无产阶级及其政党的立场上，带有显著的社会主义意识形态的实践出场、实践理性和实践品格。因此，与一般的知识性学科不同，思想政治教育学科是一门"姓马言马"的特殊学科，具有突出而鲜明的社会主义意识形态本质属性，其目的就在于"为人民服务，为中国共产党治国理政服务，为巩固和发展中国特色社会主义制度服务，为改革开放和社会主义现代化建设服务"[①]；其使命就在于适应服务社会主义意识形态建设的现实需要，适应服务社会主义意识形态的价值追求，不断维护和发展马克思主义在我国意识形态领域的指导地位，并由此构筑思想政治教育学科建设发展的独特景观。这是思想政治教育学科不同于其他学科而成其自身的质的规定性，对其生成和发展具有前提性意义，是定方向、管根本的，一旦偏离这一本质属性，必然将不成其为思想政治教育学科。

综上所述，分析和研究思想政治教育学科发展规律，是要立足一级学科来看思想政治教育二级学科，将其置于所属的一级学科中加以把握，并在这种"一般"中认清思想政治教育学科发展的"特殊"，即通过以上三个属性的分析来理解思想政治教育学科本质。只有这样才能透过现象认识学科发展过程中本身所固有的、内部相对稳定的性质及其所包含的特殊矛盾，从而揭示思想政治教育学科发展规律，最终确立思想政治教育学科的价值旨归。

---

[①] 《习近平谈治国理政》第 2 卷，外文出版社 2017 年版，第 377 页。

### （二）思想政治教育学科发展要义

如前所述，已对思想政治教育学科发展及其规律的研究视域作了交代，在此，以此为依凭，揭示思想政治教育学科发展要义。这是本书论题中的一个基本概念。因而，有必要先拧清"发展"的含义。

1. "发展"的含义

发展是唯物辩证法的重要哲学范畴。从哲学意义上说，是揭示事物运动变化的整体趋势和总体方向的范畴。《马克思主义大辞典》中对发展作出了如下概括："事物由量变到质变、由低级到高级的前进、上升的过程。"[①] 因此，发展指的是事物从小到大、由简至繁、从低级到高级、由旧质转新质的具有变革性的运动变化过程。列宁深刻指出了唯物辩证法中发展的特点和规律："发展似乎是在重复以往的阶段，但它是以另一种方式重复，是在更高的基础上重复（'否定的否定'），发展是按所谓螺旋式，而不是按直线式进行的；发展是飞跃式的、剧变式的、革命的；'渐进过程的中断'；量转化为质；发展的内因来自对某一物体、或在某一现象范围内或某一社会内发生作用的各种力量和趋势的矛盾或冲突；每种现象的一切方面……极其密切而不可分割地联系在一起，这种联系形成统一的、有规律的世界运动过程。"[②] 可见，在马克思主义哲学视域中，联系、运动、变化、发展是一组紧密关联、前后承续的范畴，联系的观点和发展的观点构成唯物辩证法的基本特征和基本观点，其中的"发展"有以下深刻的蕴意。

第一，发展的前提在于事物联系的普遍性。世界是普遍联系的，因而也是永恒发展的，联系的普遍性和客观性对事物运动发展具有前提性意义。正因为彼此之间存在这样或者那样的联系和关系，才

---

[①] 徐光春主编：《马克思主义大辞典》，崇文书局2017年版，第29页。
[②] 《列宁选集》第2卷，人民出版社2012年版，第423页。

产生了事物的运动、变化和发展，并形成了其在事物存在和发展中的地位和功能，即事物固有的内在的、本质的、必然的、稳定的和主要的联系在其发展过程中居于主导地位，对该事物的基本性质和运动发展的趋势走向具有决定作用，而其他关乎外部的、现象的、偶然的、暂时的和次要的联系只是发挥非决定性的作用，它们或是加速事物的发展进程，或是延缓事物的发展进程，抑或对其发展的趋势走向带来一定影响和干扰。①

第二，发展的动力根源于事物的内部矛盾。发展作为从一处到另一处、从一个状态到另一个状态、从某些部分到复杂整体的更为深刻和丰富的运动形式，它之所以能实现的根本动力源自矛盾，即事物发展的内因在于事物自身包含着各种相互作用的矛盾，这些内部矛盾不断产生、发展和解决的过程构成了事物的发展。正因如此，事物才不会永远只是它自身而毫无变化的可能。正如毛泽东所谈到的："事物发展的根本原因，不是在事物的外部而是在事物的内部，在于事物内部的矛盾性。"② 这表明了事物所包含着的矛盾方面的相互依赖和相互斗争是决定一切生命、推动一切发展的根本原因，即从头至尾存在于、贯穿于事物发展的任何过程、任何阶段的矛盾运动。因此，对不同质的矛盾分别加以判定、分析和解决，才能推动事物的转化和发展。

第三，发展的途径方式是质与量的互变转化。事物的发展是量变和质变的辩证统一。质量互变关系本质上还是归属于矛盾，它既表征着事物内部矛盾双方关系的真实状态，也表征了事物发展的真实途径。换言之，事物的发展不仅仅是数量的增减和场景的变更或简单的重复，而是事物在量变基础上由一种质态向另一种质态的飞跃性的根本转化。因而其中必然包括量的变化，也包括质的变化；

---

① 王伟光：《照辩证法办事》，人民出版社、中国社会科学出版社2014年版，第31—32页。

② 《毛泽东选集》第1卷，人民出版社1991年版，第301页。

既含有结构的变化，也含有特性和功能的变化。它的基本方式就是从量的变化着到质的变化着，从质的变化着又到量的变化着，如此无限循环往复直至无穷推动事物不断向前发展，充分体现出事物发展的渐进与飞跃、连续性与间断性、前进性与曲折性的统一。

第四，发展是事物的一种特殊运动变化状态和过程。恩格斯指出："除了生成和灭亡的不断过程、无止境地由低级上升到高级的不断过程，什么都不存在。"① 换言之，无论是整个宇宙还是宇宙中的万事万物，都不是僵死不变的，而是一直处在永无止境的运动、变化和发展的过程之中，这才是其最一般的存在方式和状态。然而，发展作为过程而存在，既是事物运动状态中的一种，但又不是一般的运动状态，不能笼统地把所有的变化都称为发展，它特指前进的变化或进化，反映的是事物螺旋式上升的、向前的、从低级向高级进步的、从无序向有序前进的、不断推陈出新的运动变化过程，由此而揭示出世界物质运动的整体趋势和总体方向。因此，无论是自然界、社会还是人类发展，它们的实质都是新事物的产生和旧事物的衰亡，它们的总方向和总特征都是上升性的。

2. 思想政治教育学科发展的含义

对唯物辩证法的"发展"范畴加以分析和把握，有助于正确界定和理解思想政治教育学科发展的要义。这种发展的哲学模型和理论被广泛用于心理学、教育学、社会学、政治学等学科，提供了全面系统地认识和把握事物的运动变化过程和发展轨迹全新的方法论和哲学视域。譬如，让·皮亚杰（Jean Piaget）提出的认知发展理论，认为心理发展是主体与客体相互联系、相互制约、相互作用、相互转化的结果，主要是（内因）在环境（外因）影响下不断同化、顺应（或异化）而达到平衡的主体自我选择、自我调节的主动建构过程。从唯物辩证法发展观出发，所谓思想政治教育学科发展，是指思想政治教育学科从无到有、从小到大、从弱到强、从旧质到

---

① 《马克思恩格斯选集》第4卷，人民出版社2012年版，第223页。

新质的运动变化过程状态。也就是说，思想政治教育学科发展是作为一个涵括历史、现实和未来的过程而存在，它既表征了思想政治教育由实践到理论、专业、学科的新质态的生成过程，又体现了思想政治教育学科在波浪式前进和螺旋式上升的发展过程中所产生的不断向前、向上、向好的积极成果，同时还蕴含了这一过程中所形成的不可抗拒的必然性和规律性。

第一，思想政治教育学科发展是"对立统一"的状态。这是指思想政治教育学科发展的根源动力在于其内在矛盾运动。不可否认，思想政治教育学科的发生发展就某种程度来说，是一个自然发生的客观历史进程，但是我们更应该看到，思想政治教育学科发展的根本原因是内部的矛盾及其矛盾运动，即思想政治教育学科的有机组成要素之间及其在不同阶段演进中的相互联系、相互依存又相互制约、相互斗争是推动学科发展的内在动因。而学科的发展过程也是其内在矛盾不断出现、发展并得以解决的过程。同时，学科的发展在一定程度上也要受外部的影响，包括社会环境和政策条件的影响、依托学科及其理论发展的影响等，特别是思想政治教育学科因其自身的特殊性，在很长一段时期内依赖于行政规划和强有力的政策支持，使其在短时期内实现了飞速发展。而从整个社会有机体来看，它们都属于社会发展系统域界内并与之产生交互作用的对立统一关系。

第二，思想政治教育学科发展是"质量互变"的状态。科学的发展和突破是在不断积累、不断进化的基础上，按照必然的逻辑曲线周而复始、无限循环、螺旋式上升地进行着。而这个无限循环的过程，就是知识和规范的积累、承继、渐变和变革、革命、飞跃相互交替发展的过程，这种积累—变革的结合揭示了现代意义上科学发展的一般规律。同样，思想政治教育作为一门科学，它的形成和发展也是一种积累—变革的过程，即在思想政治教育实践量上的积累、发展和渐变中实现的质的飞跃。马克思主义的诞生及科学社会主义从理论到实践的发展，标志着人类社会进入一个新的历史纪元，人类思想政治教育也由此进入了一个崭新的阶段。而随着社会主义在中国的确立，特别是中国特色社会主义的开创，使之强烈要求实现对其自身的根本转变。思想政治教育学科的出现就是思想政治教育实践要适应变化了的环境和历史条件的必然结果。这就是说，思想政治教育学科这门新兴学科，是在当代中国的时空境遇下，为了适应改革开放历史新时期党和国家事业的发展、人民幸福事业的需要而出现的新事物。由此，思想政治教育的存在形态实现了从原有的经验质态和工作质态向新的理论质态和学科质态的飞跃，并形成了满足这种需要的学科结构和学科功能。正因如此，以马克思主义理论体系为学科理论基础，"以无产阶级及其政党组织、广大人民群众参与、灌输和教化共产主义意识形态、致力于人的彻底解放和全面发展的马克思主义思想政治教育"[①] 为内核的思想政治教育学科的产生，是人类思想政治教育史上具有划时代意义的重要里程碑。

第三，思想政治教育学科发展是"否定之否定"的状态。在这里，一方面是指思想政治教育学科发展总体方向和基本趋势是前进的、上升的，即通过在思想政治教育"母腹"中吸取和继承了实践经验的合理内核与积极成分，这是消除工作经验主义和认知盲目主义的过程，同时又肯定、保留、借鉴了之前所依托的教育学、政治学一级学科中的有效因子，思想政治教育学科在这种扬弃过程中实现了从无到有、从边缘到重点、从本科专业到硕士博士授权点的发展。另一方面，则是指思想政治教育学科发展过程的相对性和曲折性。学科发展至今，能有如此大的规模，并非一日之功，中间经历了一段曲折的发展过程，主要表现在学科定位上。从最初的"教育学"，再到"政治学"，最后锚定在"马克思主义理论"一级学科之下而具有了崭新的面貌，历经 20 年的时间，才在模糊中真正确立了清晰的学科定位，虽然在一定程度上限制了学科高质量发展的进程，

---

① 张智：《论思想政治教育学意识形态性与科学性的统一》，《教学与研究》2018年第4期。

但也是在这个过程中不断实现了自身的发展壮大。因此,要认识思想政治教育学科发展,还需从过程出发进行考察,了解现状、弄清历史、掌握它的来龙去脉,科学认识它发展前进的前提和必然性。只有这样,才能立足于全局和整体,正确看待并系统分析思想政治教育学科的发展,把握它在这一发展过程中所呈现的客观规律性,遵循学科发展的必然趋势,推动更高基础上的科学发展进程。

### (三) 思想政治教育学科发展规律定义

揭示思想政治教育学科发展规律定义,同样以前面分析研究视域为参照。思想政治教育学科发展规律是本书的基本概念,更是本书的核心概念,起着前提性、基础性的作用,关涉本书的论域,贯穿本书的全过程。基于以上种种分析,在把握规律之所"是"的逻辑前提下,回答思想政治教育学科发展规律之所"是"。

1. 规律的定义

规律是事物发展必须遵循的实轨,表达的是事物和现象的内在逻辑及其抽象概括。《辞海》中对规律作出了如下释义:"规律是事物发展过程中的本质联系和必然趋势。具有普遍性、重复性等特点。"[①] 在唯物辩证法中,规律是一个重要的科学概念和哲学范畴。马克思曾在揭示"利润率趋向下降的规律"时指出:"这个规律——我指的是两个表面上互相矛盾的事物之间的这种内在的和必然的联系"[②],即事物之间的矛盾运动及其内在的必然的联系。列宁对"规律"作了较为系统的阐释,指出:"规律是宇宙运动中本质的东西的反映","规律和本质是表示人对现象、对世界等等的认识深化的同一类的(同一序列的)概念,或者说得更确切些,是同等程度的概念"[③]。归结起来,"规律就是关系。……本质的关系或本质之间的

---

① 《辞海》(缩印本),上海辞书出版社1999年版,第741页。
② 《马克思恩格斯文集》第7卷,人民出版社2009年版,第250页。
③ 《列宁全集》第55卷,人民出版社2017年版,第127页。

关系"①。《马克思主义大辞典》中给出的定义是:"事物运动、变化和发展过程中的本质的、必然的、稳定的联系。"② 由此表明,规律就是一种联系和发展的范畴,既是事物发展过程中必然的、本质的联系,又是其内在矛盾运动所决定和反映的一种必然趋势。

第一,规律是本质的联系和关系。联系是普遍的,但不是所有的联系都是本质联系或都可视为规律,只有本质或本质之间的联系和关系才能视为规律。恰如毛泽东所指出的:"客观事物的内部联系,即规律性。"③ 因此,规律反映了事物发展过程中固有的、内在的本质或本质之间的联系和关系,并具有普遍的形式。无论是自然界、人类社会,抑或是人的思维活动,在其运动变化和发展的过程中,都遵循着固有的规律,对其所反映的同一本质的事物和现象具有普遍的支配作用。这样,规律便具有了普遍性的特点。

第二,规律是必然的联系和关系。某种程度上,规律和必然性亦是同一序列的概念,规定着事物矛盾运动发展寻定不移的方向、道路和趋势。因而,它既表征了事物发展的内在联系,又反映了事物矛盾运动的必然趋向和确定秩序。正如马克思、恩格斯在分析资本主义基本矛盾运动的基础上,揭示出人类社会发展历史"两个必然"规律,即"资产阶级的灭亡和无产阶级的胜利是同样不可避免"④ 的规律。也就是说,"本质的联系和规律是一般的东西,这种一般的东西把这些现象存在的一切个别的循序渐进的阶段联合成为一个统一的发展过程;规律是一般的联系和关系,这种联系和关系形成这一类现象的基本发展趋向"⑤。这种必然性,规定着它不以人的意志为转移,客观地存在于一切事物中,人们只能能动地发现它、认识它并利用它。因此,客观性成为规律的根本特点。

---

① 《列宁全集》第55卷,人民出版社2017年版,第128页。
② 徐光春主编:《马克思主义大辞典》,崇文书局2017年版,第49页。
③ 《毛泽东选集》第3卷,人民出版社1991年版,第801页。
④ 《马克思恩格斯选集》第1卷,人民出版社2012年版,第413页。
⑤ 华岗:《规律论》,人民出版社1982年版,第134页。

第三，规律是稳定的联系和关系。规律是就事物的发展过程而言的，反映和把握着千变万化的现存世界和现象世界中相对静止的、稳定的、持久的内容。譬如，自然领域的日夜循环定律和四季循环定律、生产领域的价值规律等，在相应条件具备的情况下，某种合乎规律的现象就会重复并有效地出现。所以说，规律不是间歇性、突发性或偶然性出现的东西，而是在事物的发展过程中反复出现的东西，恰恰因为这种重复性的存在，才能够被人们认识并在实践中确证规律本身。故而，重复有效性也是规律的一个基本特点，人们也才有认识和把握规律的可能。

第四，规律有不同的类型划分方式。就其对象的特点而言，可分为自然规律、社会规律和思维规律三种类型，分别指向的是关于自然界、人类社会和人的思维活动的规律，自然规律是指自然界中诸现象本身固有的、本质的、必然的、稳定的联系；社会规律是指通过人们的自觉活动所表现出来的社会生活诸现象中固有的、本质的、必然的、稳定的联系；思维规律是指人类特有的高级认识活动对事物发展过程中的本质联系和发展的必然趋势的反映和再现。就其作用领域和作用范围而言，可分为一般规律（或普遍规律）和特殊规律，一般规律为事物和现象所共有的普遍适用的规律，如唯物辩证法的规律就是自然、社会和思维运动的共同规律；特殊规律则是指某一事物或现象所特有的规律。就其在事物发展过程中所处的时序和地位而言，可分为基本规律和具体规律，基本规律是指在事物发展过程始终存在的、决定事物发展的性质和方向，在整个规律系统中处于支配地位并发挥主导作用的规律，因而也是事物发展过程中具有贯通性的、基本的矛盾（有时也表现为主要矛盾）运动的规律；具体规律则是指事物发展某一阶段、某一环节、某一方面，处于被支配和被规定的地位的规律，因而也称之为事物发展过程中非基本的、具体的矛盾（又常常表现为次要矛盾）运动的规律。[①]

---

[①] 肖光荣：《研究共产党执政规律的范式》，《中共长春市委党校学报》2008年第4期。

所以说，规律还表现出丰富的层次性特点。承上所述，本书是立足于马克思主义理论一级学科来把握思想政治教育二级学科，并从发展过程中探寻其相对的、特殊的矛盾性及其规律性的，即在于找到思想政治教育学科发展的基本规律和具体规律。

2. 思想政治教育学科发展规律的定义

以上分析，有助于更为精准地界定思想政治教育学科发展规律这一核心概念。综合起来，笔者以为：思想政治教育学科发展规律，是指思想政治教育学科在产生、形成、发展过程中固有的本质的必然的联系及其内在矛盾运动的确定趋势。它所揭示的是"思想政治教育学科如何发展"的问题，即思想政治教育学科在发展过程中必须严格遵循的内在逻辑趋向和实有轨道，也是其在运动变化发展过程中诸要素和各阶段矛盾运动的必然结果。具体可从以下几个方面理解这一界定。

第一，思想政治教育学科发展规律是一种联系和关系。这种联系和关系指的是事物内部或事物之间，两个或两个以上要素（部分）之间互相依赖、互相作用的联系和关系，而非孤立地存在。主要表现为：一是思想政治教育学科发展要素和演进阶段及其之间的本质联系和关系。在此，需要指出的是，并不是一切客观的联系和关系都具有规律的意义，比如外在的、现象的、直接的一些联系和关系等都是普遍意义上多样的联系和关系。思想政治教育学科发展过程是一个系统的、复杂的过程，其中必然会有诸多的联系和关系，但不是在思想政治教育学科发展过程中的任何关系和联系都属于规律，而只有本质的联系或本质之间的联系才能称得上思想政治教育学科发展规律。二是思想政治教育学科发展要素和演进阶段及其之间的必然联系和关系。必然性寓于偶然性，偶然性背后隐藏着必然性。规律"起初只是在大量偶然现象中作为某一类现象总体的主要的和指向最后结果的发展趋向表现出来"[1]，因而要避免把思想政治教育

---

[1] 华岗：《规律论》，人民出版社 1982 年版，第 24 页。

学科发展过程中的偶然联系直接等同于必然联系，只有那些确定不移、必定如此的联系及其发展的必然逻辑趋向，才是其发展规律。三是思想政治教育学科发展要素和演进阶段及其之间的稳定联系和关系。思想政治教育学科发展规律不是发展过程中处于非稳定状态的、突发的、临时性的一些联系和关系，而是指诸要素、各阶段之间相对稳定和持久的联系和关系。换言之，这种联系和关系存在贯穿于思想政治教育学科发展现实过程的始终。

第二，思想政治教育学科发展规律是反映学科发展矛盾及其矛盾运动的态势。事物发展规律只能是从物质的这种永恒运动、变化和发展中来，而矛盾是其变化发展的主要内容与运动形式，也是事物不断产生变化、向前发展的根本原因和内在动力，规律就是对事物发展过程中矛盾运动的必然反映及其进一步展开。从此意义上讲，思想政治教育学科发展规律，就是从行进着的学科发展过程所固有的矛盾运动中而来，是对这一过程的矛盾和矛盾运动态势的深刻反映。正如恩格斯所说："矛盾的连续产生和同时解决正好就是运动"[①]，"除了永恒变化着的、永恒运动着的物质及其运动和变化的规律以外，再没有什么永恒的东西了"[②]。认识、研究和把握规律，其实质就是深入事物的本质、认识事物的矛盾运动。因此，要搞清楚思想政治教育学科发展规律，首先就要对思想政治教育学科发展过程及其中诸多矛盾加以揭示，深入分析其发展过程中的矛盾运动，从而正确揭示学科发展规律。

第三，思想政治教育学科发展规律是一个有层次差异的系统结构。前文论述中已指出，规律既有一般的规律，也有特殊的规律；既有基本的规律，也有具体规律，而本书的规律域是基本规律和具体规律。从整体来看，这些规律不是单一的存在，而是复合体的形式，表现为一个规律的系统或体系，有必要分类型、分层次研究

---

[①] 《马克思恩格斯选集》第3卷，人民出版社2012年版，第498页。
[②] 《马克思恩格斯选集》第3卷，人民出版社2012年版，第864页。

和把握思想政治教育学科发展的基本规律和具体规律。思想政治教育学科发展的基本规律，是指存在并贯穿于思想政治教育学科发展全过程的本质联系及基本矛盾运动的必然趋势。它属于第一层次的，在规律系统中处于最高阶位和主导地位，这一规律所表达的是思想政治教育发展过程总体性和全局性的规律，从根本上规定了学科发展的总方向和历史进程，所要解决的问题就是学科发展过程中的基本矛盾问题，对整个过程和各个方面具有决定性、概括性的意义，影响和制约着具体规律的存在与发展。思想政治教育学科发展的具体规律，则是指思想政治教育学科发展过程中诸要素及要素之间、演进阶段及其之间的本质联系和具体矛盾运动的必然趋势。它属于第二层次的，在规律系统中处于次级阶位和从属地位，这一规律所要表达的是具体和微观层面的规律，揭示的是除最基本、最普遍的本质关系之外其他的本质关系，并围绕基本矛盾的展开和解决而呈现具体化的形态，反映的是某一部分、某一层面、某一阶段的规律，所要解决的是局部或阶段性的矛盾问题，就某种程度而言是对基本规律的具体表现和充分展开。可见，基本规律和具体规律所处的层次不同，具有的功能各异，它们彼此联系、相互作用，共同构成了思想政治教育学科发展规律的总体样态，思想政治教育学科正是依循其固有的不移轨道而不断向前发展的。

## 二 思想政治教育学科发展规律的基本属性

基本属性是指事物本身所固有的基本性质，亦是与其他事物的区别性及其质的规定性。要充分认识并走进思想政治教育学科发展规律的深处，就要对其基本属性作进一步的分析和研究。作为一般意义上的规律，思想政治教育学科发展规律必然具有规律的共有属性，而作为特殊意义上的规律，又有不同于其他规律的特有属性。这种思想政治教育学科发展规律的基本属性具体表现为存在的客观性、属人的主体性、运行的过程性、目标的有效性等。

### （一）存在的客观性

存在的客观性，是指思想政治教育学科发展规律具有不以人的主观意识而存在、不因人的主观意志为转移的性质。客观性是属于所有规律的根本特性，也是一切规律具有的普遍特性。无论是自然、社会还是人类思维规律，抑或是宇宙运动规律，它们都具有不依赖于人的意识和意志而存在的客观特性。马克思在阐明现代社会的经济运动规律时这样说道："一个社会即使探索到了本身运动的自然规律，……它还是既不能跳过也不能用法令取消自然的发展阶段。"[①]也就是说，即便我们已经掌握了事物发展的必然规律，也不代表我们可以打破它、改变它甚至是取消它，这是由其存在的客观性所决定的。思想政治教育学科发展规律，虽然是人们所要认识和研究的对象，但其本身具有了存在论的性质，必然包含着客观性的一面，主要表现为以下几点。

1. 客观性来源于实践本身

马克思主义的实践存在论认为，客观存在是实践的内在必然。思想政治教育学科从酝酿准备到具备雏形，从完全形成到不断发展的过程本身就是一个客观存在，契合于整个社会历史发展进程尤其是中国特色社会主义的开创和发展进程，而非存在于人的实践"实事"之外的东西。那么，既然学科发展这一"实事"本身就是客观存在的人类实践，必然就会涉及如何去认识和把握它的问题，这就需要我们去"求是"，亦即探索它的规律性的问题，揭示出思想政治教育学科的建设发展活动这项人类实践活动的内在联系。因此，虽然说认识对象和人的存在及其具体实践是不可分离的，但这并不影响思想政治教育学科实践及其发展规律的客观存在性。与此同时，思想政治教育实践是学科得以形成发展的前提条件与实践根基，学

---

① 《马克思恩格斯选集》第 2 卷，人民出版社 2012 年版，第 83 页。

科发展进程依凭于这一实践状态，学科发展水平有赖于这一实践水准。可见，思想政治教育学科发展既是对其实践发展客观需要的积极回应，又是自觉总结和提升实践经验的结果，因而也需要从思想政治教育的客观实践中去探寻和把握思想政治教育学科发展规律本身。

2. 受客观条件的限制

思想政治教育学科的构建和发展是作为整个社会系统的有机组成部分而存在并运行的，因此，它必然是与一定社会的经济、政治、文化相联系的，并受这些客观条件的规定和限制。对此，马克思、恩格斯在《德意志意识形态》中进行了深刻阐发："一切划时代的体系的真正的内容都是由于产生这些体系的那个时期的需要而形成起来的。"[①] 同理可见，思想政治教育学科亦是由于时代的需要而形成和发展的，是对于社会发展和人的发展进入新阶段的客观要求的积极回应，是我国经济社会发展的结果；而随着时代的变革和经济社会的快速发展，人们的交往方式和精神需求也在更新迭代，如此便又出现了新情况新问题，而学科的理论体系、发展结构、人才队伍、学术活动等各个方面随之都会出现新的失衡和矛盾，思想政治教育学科就是在解决这些问题和矛盾的过程中实现了新的平衡和新一轮的发展。这就是社会系统和社会要求与思想政治教育学科之间内在的逻辑联系和发展张力，由此形成了学科发展过程中客观的规律性内容。

3. 主体的意识具有客观性

思想政治教育学科发展离不开包括社会、集体和个人在内的学科建设发展主体的作用和努力，因此，在学科发展过程中必然会有主体意识的控制和主观性的发挥。但是，这种主体意识并不代表它就不具有客观性，恰恰相反，人的意识是客观和主观的统一，它仍具有客观性。之所以在这里说明人们意识的客观性，一来是给它以

---

[①] 《马克思恩格斯全集》第 3 卷，人民出版社 1960 年版，第 544 页。

本来面目，二来也是为了更全面地理解规律存在的客观性质。"意识的客观性在于，意识中有不依赖于我们的方面。所谓意识是客观的，就是说，意识不是某种超自然的东西的产物，而是人脑的机能和产物，又是社会发展的产物。"[①] 这就是说，学科发展主体不是靠主观臆想来创立学科、建设学科，这一切不外乎是社会发展和客观需要在人脑中的反映，并照此作出客观事实判断，开展相应的实践活动，从而推动了这门学科的产生和发展。事实上，有且只有当参与和推动学科建设发展的主体真正认识并遵循学科发展的客观规律，并深刻觉察到这些规律发生作用和借以表现的客观制约条件的时候，才能够发挥出它们的真实力量。从这个意义上也表明，思想政治教育学科发展的整个过程具有客观的方面，必然会体现出其所反映的客观规律是不以人的意识和意志的统一为转移的。

### （二）属人的主体性

属人的主体性，是指思想政治教育学科发展规律是人们自己的学科实践活动的规律，具有自为的客观性，即人的主体性。人类社会是人的实践活动的产物，离开了人本身及其现实的活动，就不会有人类社会的发展，更不会有社会发展规律可言。思想政治教育学科实践是人们在特定科学领域中进行的社会实践，因而其发展规律归于社会规律，这就决定了其规律存在的客观性不是一种简单自在的客观性，而是一种自为的客观性。不同于自然规律的自发形成性，社会规律的发生方式和作用机制显然还需依据于人的活动。也就是说，思想政治教育学科发展规律具有客观性的同时，也具有人的主体性，它是主客体交互作用的结果。

1. 决定于人是创造者和发展主体

从学科发展的实践系统看，人们创造了思想政治教育学科并在实践中推动着学科的发展，这意味着在此过程中所形成的规律不可

---

① 华岗：《规律论》，人民出版社1982年版，第140页。

避免地具有了这一基本属性。思想政治教育学科发展规律既是人们认识的规律,也是人们进行学科建设活动的规律。人们围绕此而开展的规划、构建、建设、研究等实践活动及作用于其中的需要、意志等就成了学科赖以发展的主体和基础。可见,它已经处在实践的"域内",从一开始就已经有了人的积极性、主动性、能动性和创造性参与其中。基于此,人作为有意识的主体,这就使学科建设活动受人的意识所支配,主体有关思想政治教育学科现有的实然性意识、思想政治教育学科应如何的应然性意识以及他们的自我意识等为学科发展主体及其实践活动提供了需要和动力。审视思想政治教育学科发展的历史和现实,不难发现,人作为学科实际的创造者、建设者和推动者,学科的发展离不开人的主体性,需要通过人的主体性发挥来实现,思想政治教育学科发展规律也需要通过人的主体性进行把握。这是因为,思想政治教育学科发展规律不是一个"点",虽然它们存在的客观性所产生的界限、前提、条件在一定程度上规定了思想政治教育学科建设活动,但这种规定不是单向线性的,而是展示了思想政治教育学科建设活动可能有的广度、深度和高度,并使其在演进过程、前进方向和发展道路上有迹可循,如此这般,人们可以按照自己的意图来选择并实现,因而它始终是人们自己的社会行动的规律。正因如此,思想政治教育学科发展规律的产生和效能不能完全脱离人的主体性。当然,这种主体性并不等于人们可以在实践过程中任意妄为,相反,一旦出现这种情况必然会阻碍思想政治教育学科的健康发展。

2. 决定于学科研究性质

从学科发展的内部结构看,思想政治教育学科归根结底在于人本身,是聚焦于研究人和发展人的科学,因而学科在发展过程中及其所表现的规律中相应地就有了主体性因素。思想政治教育学科的建立,归根结底是要研究人、教化人、塑造人,并通过思想政治教育工作和实践活动实现从理论到现实的转化,以此促进人的全面发展和社会全面进步。这就表明,人的解放和社会的解放、人的发展和社会的发展这一根本性问题将自始至终伴随思想政治教育学科发展过程，为学科的建设发展提供更多的可能性空间，进而使其呈现出发展的某种必然逻辑轨迹，即规律性。这种规律性，内在要求学科发展必须以"现实的人"和"人的思想政治教育活动"为出发点和落脚点。关于这一点，在思想政治教育学科理论体系的建构及其逻辑结构的演进上表现得十分明显。比如，自觉推进思想政治教育研究范式从社会哲学范式向人学范式的转换；从基本的主干学科不断推进分支学科的发展，结合人的需要、人的发展、人的价值问题，对分支学科划分的领域更加精细，相关学科知识和理论在思想政治教育学科及其实践的结合处产生了众多新的分支学科，并随着现实需要的不断释放而得到快速发展，反之，又推动了思想政治教育发展论、本质论、关系论、目的论、价值论、主体论等基础理论的精进。这种规律性作用的方式都是建立在人的主体性及其主体实践发展基础之上的。

### （三）运行的过程性

运行的过程性，是指思想政治教育学科发展规律是在学科发展过程中、在其矛盾运动中形成的，是对学科发展动态的、全过程的客观呈现和本质反映，相对于"规律＝现象的静止的反映"[①] 而言。恩格斯曾在《反杜林论》中高度肯定了黑格尔在他哲学体系中留下的辩证思维方式以及关于自然的、历史的和精神的世界在产生和消失的持续过程中无止境地运动着和转变着的观念，并指出："思维的任务现在就是要透过一切迷乱现象探索这一过程的逐步发展的阶段，并且透过一切表面的偶然性揭示这一过程的内在规律性。"[②] 如此说来，思想政治教育学科发展规律就是透过学科发展过程的历史与现实及其逐步发展的阶段来揭示这一过程的内在规律性，而规律的生

---

[①] 《列宁全集》第 55 卷，人民出版社 2017 年版，第 126 页。
[②] 《马克思恩格斯选集》第 3 卷，人民出版社 2012 年版，第 399 页。

成、作用和实现也必然依附于学科发展的过程。

1. 处于一定的时空环境

从历时态来看，每个历史时期都有它自己的规律。思想政治教育学科发展本身及其在社会大系统中总是处在一定的历史时期和发展阶段，必然要面对并解决内部和外部之间的各种关系和矛盾，并随着这些关系和矛盾的变化而变化，反过来又进一步引起学科发展内部诸要素之间的联系包括本质联系的方式发生改变，这种从过程和阶段揭示出来的矛盾运动及其内在规律就具有了历史性，即在不同历史时期、不同发展阶段会有不同的关系表现和作用方式。毛泽东曾说："过程发展的各个阶段中，只有一种主要的矛盾起着领导的作用，是完全没有疑义的。"① 这种起着领导作用的主要矛盾在一定程度上也是基本矛盾运动的深刻表现，由此生成了各个阶段、各个环节、各个层次的学科发展和演化的规律链，在链的各个节点，彼此之间发生联系，形成了"纵向"的学科规律系，人们据此可以从总体上了解和把握思想政治教育学科逐步运动和发展的规律。从共识态来看，即便是在同一时期、同一阶段，由于规律存在和作用的条件、方式以及学科发展主体对其认识和利用的不同程度而有所不同，主要表现为学科发展内部要素结构性建构方式的发展变化，那么，每发现一个新的现象、问题、领域，或者其运动形式，都有可能在"横向"上出现新的分支。因此，思想政治教育学科发展规律的运行过程从某种程度而言，也是重复性和非重复性的统一。

2. 形成一定的运行机制

思想政治教育学科发展规律运行的过程性还体现在其发生、实现和作用的机制上。思想政治教育学科发展是一个特殊的过程集合体，在这个系统中，有来自其空间内部的诸多要素及其相互作用，也有在时间链条上所形成的各个阶段的演化历程及其相互作用，由

---

① 《毛泽东选集》第 1 卷，人民出版社 1991 年版，第 322 页。

此在历时态和共时态的发展过程中形成种种具体规律，它们总和起来，并通过特定的方式协调运行、发挥功能，从而在学科发展的过程中形成一定的运行机制。譬如，从横向的构成要素上，形成了学科发展诸要素的内在联系和矛盾运动规律的运行机制；从纵向的发展阶段上，形成了学科发展各阶段之间的内在联系和矛盾运动规律的运行机制；从整体上，形成了学科发展各要素、各阶段之间的内在联系和矛盾运动规律的运行机制；等等。从这个意义上来说，规律是反映思想政治教育学科发展系统的整个运动过程和全部的本质联系。除此之外，从上述社会历史角度出发，在不同的时空境遇下，思想政治教育学科发展规律的运行也是存在差异的。

### （四）目标的有效性

目标的有效性，是指思想政治教育学科发展规律是在人的活动中进行，并为特定目标服务、通过人的自觉活动得以实现。恩格斯指出："在社会历史领域内进行活动的，是具有意识的、经过思虑或凭激情行动的、追求某种目的的人。"[1] 由此表明，自然物质存在、发展和消亡的规律是不带有任何意图或者目的性的，自然地发生而后自然地消失，是刚性的；社会规律则是带有自觉意识、追求某种目标和价值取向的社会实践领域的规律，并通过对这种规律的把握和遵循达成"预设目标"，是有效的。简言之，这种有效性表现为"目标"的实现。这里的目标，指的是在人们的头脑中预先建立起来的对实践活动结果的设想，这是联结主客体之间由观念关系转向实践关系的重要介质，作为调控它们之间关系及其作用不可或缺的内部要素，并通过实践实现客体的主体化。[2] 可见，目标的有效性是思想政治教育学科发展规律的又一基本属性。

---

[1] 《马克思恩格斯选集》第4卷，人民出版社2012年版，第253页。
[2] 李淮春：《马克思主义哲学全书》，中国人民大学出版社1996年版，第467—468页。

1. 存在预设的价值目标

"社会规律作为'自为'规律意味着人的活动的最初动因和出发点是价值需要而非规律本身，但人的活动结果不仅表明了价值需求和目的的实现程度，而且也表明了非'自为'因素不以人的愿望和目的为转移的客观性。"[1] 思想政治教育学科发展规律作为一种社会规律，同样意味着学科发展实践具有特定的需求动因和价值目标，而这种动因和目标有赖于社会发展需要和人的发展需要，表现为有计划、有组织、有目的地作用于思想政治教育学科建设实践活动，以期达到发展的预设目标。这里所谓的"预设目标"即为对学科发展结果的预期设想或发展目的，而这种目标是对结果或终态的超前反映，发展结果是以目标的形式超前地存在于学科发展主体的头脑之中。故此，思想政治教育学科得以存续和发展的应然性，如党和国家对学科所要造就的思想政治教育专门知识和专门人才，以及它在提供个体和社会服务方面的质量和规格的总体设想，也就自然而然地构成了思想政治教育学科发展规律的重要方面，等等。这种"预设目标"决定着学科建设的方式和方法，决定着学科建构和发展的基本方向、实施运行和最终结果，制约着整个发展过程。

2. 实现预设的价值目标

自然规律中的"因果关系的运动"[2]，即在不同程度和不同方面为人们所感知、认识和把握的物质运动及其内在的必然的联系，对于社会规律中的学科发展规律同样具有适用性和有效性。但是，在思想政治教育学科发展规律中，却因为在原因和结果之间嵌入了主观性的环节，即党和国家主管部门、思想政治教育科学家和实践者等不同的主体层级共同构设的价值目标，使得这种因果关系运动具有了全新的性质。思想政治教育学科发展规律表现为一定的学科发展目标的实现，但这并不意味着"目标＝规律"，也不是要借此消解

---

[1] 陶德麟：《当代哲学前沿问题专题研究》，武汉大学出版社1998年版，第458页。
[2] 《列宁全集》第55卷，人民出版社2017年版，第135页。

规律的客观存在性。这是因为,"行动的目的是预期的,但是行动实际产生的结果并不是预期的,或者这种结果起初似乎还和预期的目的相符合,而到了最后却完全不是预期的结果"①。换言之,其最终还是要受事物内部隐蔽着的规律所支配。因此,即便是预设的价值目标,仍然是基于对学科发展过程本质联系及其发展必然趋势的正确认识和把握,而预设目标的有效性及其实现过程也是规律所反映出来的必然性及其实现过程。

总而言之,本书提出的有关思想政治教育学科发展规律的基本属性,要旨有四:第一,思想政治教育学科发展规律是客观的,既不为人的意识而存在,亦不以人的主观意志为转移。第二,思想政治教育学科发展规律是主体自觉活动的规律,因而不能把这种自为的客观性与自然规律的客观性完全等同起来。这种主体性属性表明,思想政治教育学科发展规律内含着主观与客观的两个方面,它的发生、实现与人的意志、动机和愿望紧密相关,是这两个方面的统一。第三,科学把握思想政治教育学科发展及其规律的过程性。无论是规律的存在、形成,还是被发现、被利用,都要从思想政治教育实践发展史尤其是学科发展史入手,这也是开展本书研究的重要基点。第四,预设目标及其实现体现了思想政治教育学科发展的客观规律性,要将其作为规律来理解。需要注意的是,在思想政治教育学科发展过程中,人的主观能动性在一定程度上确乎可以限制这些规律的作用范围,并设定预期的"目标",然而,自觉活动的结果不可能总是完全符合预期或达到想要的结果,关键在于发现并合理利用这些规律。

## 三 思想政治教育学科发展规律的研究必要

习近平指出:"坚持问题导向是马克思主义的鲜明特点。问题是

---

① 《马克思恩格斯选集》第 4 卷,人民出版社 2012 年版,第 254 页。

创新的起点，也是创新的动力源。"① 科学研究的生命力在于创新，而任何一项研究和任何一种创新都不是随意而起或置诸高阁，只有深入实际和实践中的问题，以研究问题为起点、以解决问题为终点，才能在这一过程中实现真正的创新和创造，也才有可能产生切实的研究价值。研究思想政治教育学科发展规律之所以必要且重要，就在于思想政治教育学科在发展过程中有诸多的理论问题和实践问题需要从中寻找答案，从而确证规律的理论出场，强化规律的专门研究，遵从规律的实践自觉。

### （一）确证规律的理论出场

所谓理论出场，是指从理论上确证思想政治教育学科发展有其固有的、必然的规律。在任何一门学科中，对于规律的研究和探索都是最基本和最核心的任务。思想政治教育学科自创建以来，学术界、学科界都在乐此不疲地追寻思想政治教育这一特定现象产生和发展的规律，并从学理上对其逻辑必然、形成路径、理论形态等方面进行论证说明，作出了卓有成效的理论努力。与此同时，理论界也在逐步关注学科发展过程中其本身的规律，试图在这一领域实现突破。但是，现有理论性建构和研究的着力点仍然在于经验式的总结，零零散散地出现在某些理论文章或理论著作当中，从理论上讲，更没有切入规律的理论场域中解决其出场的问题。因此，探讨和研究思想政治教育学科发展规律，就在于确证思想政治教育学科发展规律的出场逻辑、出场路径和出场形态，解决学科中的规律认识问题，以澄清思想上的一些认识困惑。

1. 确证思想政治教育学科发展规律的出场逻辑

从理论逻辑来看，"任何事物的产生和发展，都有其规律性，不

---

① 习近平：《在哲学社会科学工作座谈会上的讲话》，人民出版社2016年版，第14页。

论其发展的具体进程如何，最终都不可能摆脱客观规律"①。对于思想政治教育学科的产生和发展而言，同样如此。唯物辩证法认为，世间万物的运动变化发展，无论是自然界还是人类社会都有规律可循，这也是为什么马克思恩格斯能够运用这一科学的理论工具最终揭示人类历史的发展规律。那么，可以肯定的是，作为人类一项具体的科学实践活动，思想政治教育学科的发展必然也有其自己的、内部的运动，也一定有在这一特定范围内支配其发展的规律存在。从历史逻辑来看，思想政治教育学科的发展是作为过程而存在、发展的，一个要素联着一个要素、一个阶段连着一个阶段不断地向前演进，而思想政治教育学科发展规律就深刻地体现在这一历史过程中，同时也是对这一发展过程的自我确证。从现实逻辑来看，思想政治教育学科仍然处在向更高阶段迈进的现实过程中，不可能脱离客观规律的作用和影响。研究思想政治教育学科发展规律问题，首先就是要从学理上搞清楚它的出场逻辑。

2. 确证思想政治教育学科发展规律的出场路径

对于思想政治教育学科发展规律的理论出场，光是进行逻辑建构是远远不够的，还要进一步明确其出场路径。诚然，有关思想政治教育学科发展规律的研究已经成为学界新的现实关切点，昭示着对其厘定和确认的理论自觉，但是，这并不代表已经完全掌握或给定了其出场的必然路径。相反，现有的探究在很大程度上并未深入学科发展内部，也还没有从其历史过程中走出来而上升到规律的表达，因而无法准确揭示其规律到底为何物又是如何出现的。问题就在于，没有分析贯穿学科发展整个过程的固有矛盾，没有沿着矛盾运动的路径将其确定不移的规律显示出来，而这恰恰是研究和解决思想政治教育学科发展规律问题的关键所在，并且只能通过这种合适的路径来实现。换句话说，唯有找到并确定这一出场路径，才能明晰思想政治教育学科发展规律是依何道路而来、向何道路而去，

---

① 《江泽民文选》第 3 卷，人民出版社 2006 年版，第 80 页。

也才能够将不为我们肉眼可见、深刻本质的东西加以正确反映。

3. 确证思想政治教育学科发展规律的出场形态

虽然规律是较为抽象的范畴，但通过人们的不断努力，可以通过合理化的方式对其类别和形态进行某些人为的区别，便于我们更好地认识和把握。如前所述，有在所有领域起作用并占支配地位的普遍规律和基本规律，也有在某些领域起作用并占支配地位的特殊规律，亦有在某一领域起作用并占支配地位的具体规律。不难觉察，现有对于思想政治教育学科发展规律的理论回响，还局限于对规律问题的泛泛而谈，并未澄明或辨析其具体的分析视角，也未充分说明或展现规律出场所应有的形态，如此便更加难以对规律本身的理论出场和理论论证作出一个闭环式的研究。正是以上诸问题的存在，进一步说明了深入研讨、探究思想政治教育学科发展规律的深刻意义和理论价值。本书希望通过上述特定的分析研究视域，进一步确证思想政治教育学科发展规律的理论出场，在研究的过程中探索和解决出场的逻辑、出场的路径和出场的形态。

## （二）强化规律的专门研究

目前，思想政治教育学界已经将有关规律研究的触角伸向了对思想政治教育学科发展规律研究的新领域，这是值得欣喜并为之振奋的事情。在欣喜之余，还应冷静思考，对现有的研究状况有理性的认识。现有研究绝大多数是将该问题的探究融合进学科的发展历程或实践经验的研究之中，鲜少有独立化、专门化的研究。也就是说，从研究上讲，对这一问题的关注和研究仍然存有空白点和薄弱点。比如，缺少对思想政治教育学科发展规律的概念界定，没有对学科发展作为一个过程存在的内在规定的深刻把握，尚未进到思想政治教育发展系统的诸要素和各阶段之间的内在联系及其相互作用的矛盾运动中，缺乏对规律的呈现形态、主要内容和具体效用的深刻剖析，更缺失一种动态的、发展的视角加以分析和把握，等等。为此，加强对思想政治教育学科发展规律的专门研究是非常有必要的。

1. 有助于走进规律研究的理论前沿

"社会实践中的发生、发展和消灭的过程是无穷的，人的认识的发生、发展和消灭的过程也是无穷的。"① 任何研究的过程及从中获得的理论认识同样是无穷的。从思想政治教育学科领域规律研究的宏观层面来说，经过众多理论工作者和研究者的长期努力，思想政治教育学科相关研究已取得了显著成绩。例如，形成了比较多的有关思想政治教育规律研究的议题，形成了一批具有标志性和影响力的理论成果，并跟随实践的发展而不断丰富和发展这一研究的论域和视域。但是，若从学科建设和发展的目标要求出发，不难发现，仍然还有许多事情要做。一方面，尽管随着实践的深入已经在前述的研究领域出现了很多让人眼前一亮的成果，使其又往前迈进了一步，然而，仍然有待进一步深化和完善。另一方面，也更为重要的是，还要进一步走进学科领域中对规律研究的最前沿，即进一步拓展尚未发掘或发掘不够的理论园地。从规律研究的发展来看，思想政治教育学科发展规律是一块很有开发价值而又鲜少有人触及的理论高地，这无疑是开辟了思想政治教育学科在基础理论研究尤其是规律研究另一个广阔的领域。质言之，还要着力揭示胎生于思想政治教育实践的这一特定学科产生、形成、发展的规律，从思想政治教育发生发展的历史特别是学科发展史出发进行整体性考察，从规律层面进行层层剖析，以回应现实问题，分析、揭示并概况出学科发展过程中所呈现的本质联系和必然趋势，从学科和原理方面给出学科发展规律的整体布局和分析框架。这是思想政治教育学科发展规律研究走到今天所必须要面对和回应的现实问题。

2. 有助于丰富规律研究的内容体系

从微观层面来说，对于学科发展规律的研究已经进展到哪种程度？还有哪些领域需要继续深度耕犁？又有哪些方面需要开拓与创

---

① 《毛泽东选集》第 1 卷，人民出版社 1991 年版，第 295 页。

新？毋庸置疑，正如前面提到的，对于这一问题探讨和研究虽然已经进入学界的视野，但仍处于零碎的、浅层次的初始阶段，亟须朝着以完整的视角向整体和纵深推进的态势前进，而要破解学科发展的这一难题，构建成体系的框架结构和研究内容是很有必要的。与此同时，已有的研究还有很多方面值得去挖掘，还有很多问题需要去深入研究。对于这些问题的追问和回答，都将进一步扩充现有的研究论域，完善现有的理论内容。概括起来，主要有以下几个方面：丰富其"内涵"的研究内容，即从规律的哲学高度去对其下一个专门的、具有唯一性的定义，以准确区分它和其他规律；丰富其"矛盾"的研究内容，即从思想政治教育学科发展系统及其过程揭示其所具有的一系列矛盾；丰富其"形态"的内容，即阐明思想政治教育学科发展规律所具有的主要形态及其具体内容表现；丰富其"发展"的研究内容，即突破现有静态化、定格化的规律研究范式，归结于思想政治教育学科发展本身的运动变化过程，作未来式的展望。对于这些内容的研究每跟进一步、每深入一步，都将为思想政治教育学科发展规律整体性的研究打下坚实的基础。

3. 有助于增强规律研究的理论自觉

学科理论的发展是一门学科逐步走向成熟的核心和根本，对学科发展规律的研究本身也是提升学科主体自觉性的重要一环。从研究主体的意义维度来说，在于深入推进思想政治教育学科的理论建设和理论发展，更好地把量上扩张的相对优势转化为质上提升的绝对优势，达成"合目的性"与"合规律性"的统一。从某种程度而言，研究主体的理论自觉就是设置研究的中心议题、推进研究的具体进程、实现研究的目标任务的"研究之眼"。而对于规律性问题的研究，更加离不开这种理论上的自觉。但是，这种自觉力量归根到底来自实实在在的研究实践，只有在不断地开展规律的研究活动过程中才能进一步反馈在理论上的提升，继续达成对规律问题的更高层次的认识和理解。此外，也只有不断在思想政治教育学科发展规律研究上形成一定的规模聚集效应，才能吸引更多的研究主体加入进来，为规律的研究注入更多的力量，反过来，也就会有更多高质量的研究成果不断浮现出来。以上种种，都在表明对这一问题的深入研究所具有的价值蕴涵。

**（三）遵从规律的实践自觉**

在我国，思想政治教育学科建设在较短的时间内高歌猛进并取得显著成绩，得益于党中央的高度重视和坚强领导，离不开理论工作者对规律的遵从和对学科的规划。"要想取得工作的胜利即取得预想的结果，就必须要使自己的思想和方针符合于客观存在的规律性。"[①] 如同前面反复提及的，思想政治教育学科发展有其必然性的规律，要使学科获得完全意义上的合法性和独立性，就要按照固有的、不以人们的意志为转移的客观规律去行事，去有效地推动学科的发展进步。需要强调的是，思想政治教育学科的建设发展必须认识其自身的必然性，遵循其自身的客观规律。因此，加深对思想政治教育学科发展规律的研究很有必要，能进一步提高思想政治教育主体和学科建设主体遵从规律的实践自觉，真正成为助推学科发展的促进派。

1. 增强遵从学科发展规律的自觉意识

在过去一段时期，向内，一些思想政治教育学科的实践主体习惯了来自外部的推动力量，缺乏自觉意识，没有完全、完整地遵从学科发展的规律，也没有充分发挥规律的重要作用；由外，思想政治教育学科存在的合法性问题在理论界和实务界素有争议，而且，这种合法性怀疑的窘境一直伴随着学科发展至今。究其原因，从主观方面来看，是由于思想政治教育学科发展主体（包括社会、集体和个人）尚未充分认识和了解思想政治教育学科发展规律，进而自觉遵循规律涉及甚少，思想政治教育实践的有效性打了不少折扣，思想政治教育难以获得相应的学科地位，这是根本原因；从客观方

---

① 华岗：《规律论》，人民出版社1982年版，第142页。

面来看，社会大众对"什么是思想政治教育"、"什么是科学"、"什么是意识形态"等基本概念和范畴的界定和理解存在想当然的误解、偏颇或狭隘之思，势必会影响人们作出正确的价值判断。一言以蔽之，还在于没有形成广泛而持久的遵照客观规律办事的自觉意识。研究思想政治教育学科发展规律，一方面是从学理上进行拓补，另一方面也是更为重要的，是能增强人们遵从规律的自觉意识。正如有学者指出，在思想政治教育学科获得外在建制上的合法性之后，要更多地依靠内在建构的合法性去巩固自身的位置，特别是要去探究它在发展过程中自己的规律性，如此才是正确的发展之道。①

2. 增强按学科发展规律办事的实践能力

现如今，思想政治教育学科已经有了很好的建设平台和极有利的发展条件，学科未来的发展不是主要寄希望于更多的政策倾斜和优惠条件，而应该深入内部，深入支撑学科的根本。加强思想政治教育学科发展规律研究，一方面，有利于学科主体进行正确的学术定位，提高遵循客观规律的自觉能动性，"有效避免理论'苍白'、学科'肌无力'，真正找到发展规律，把握创新脉搏，在创新实践中有所作为"②，不断提升思想政治教育学科学术思想、学术观点、学术成果的水平，推进学科学术繁荣，把学术发展效能转化为学科发展优势，从而让学科以及学人们更有自信地自立于学科之林。另一方面，有利于强化思想政治教育学科主体高度的科学精神和科学责任，进一步在观察分析覆盖社会各个领域的思想政治教育现象和经验中探索本质和规律，形成"发明真理、应用于术"③的学术文化，运用新思想、新理论和新方法更好地强化服务于思想政治教育实践、服务于社会的全面进步和人的全面发展的价值，在深入的科学研究

---

① 刘建军：《寻找思想政治教育的独特视角》，中国人民大学出版社2017年版，第171—172页。

② 黄蓉生：《新时代思想政治教育学科创新发展若干思考》，《思想理论教育导刊》2018年第3期。

③ 《梁启超选集》上卷，中国文联出版社2006年版，第126页。

和学科实践中得到完善和发展，并以此提升理论传播和教育实践的有效性和转化度，让人们全面、客观、立体地认识思想政治教育学科，真正认识到它的产生和发展与其他学科有所不同，有它自身发展的规律性，从而摘掉"有色眼镜"，正确看待这门新兴学科的发展壮大。

3. 增强遵从学科发展规律的实践效能

这里的实践效能，主要指的是人们在实践过程中按照规律办事所产生的正向的、积极的、切实的效果。也就是说，研究思想政治教育学科发展规律，一方面，能增强学科发展的内生动力。研究并揭示思想政治教育学科发展规律，其主旨和归宿在于遵循思想政治教育学科发展的规律和趋势，更加科学地开展学科建设，促使其向着成熟学科发展。对思想政治教育学科发展规律的理论蕴涵、形成机理、呈现形态、具体内容、趋势展望等展开研究，能够呈现出思想政治教育学科发展规律的整体样貌，在推进学科基础理论研究的同时增强学科自信，提升学科发展的创新能力和内生动力，推动马克思主义理论及其中国化成果的学习、运用和发展，促进当代中国马克思主义最新成果的宣传、传播和教育，为从整体上推进马克思主义理论学科研究和建设提供更强支撑。另一方面，能增强学科发展的协同力量。事物的发展及其规律，归根到底是事物的内部关系和矛盾运动所形成的必然趋向。但是，这并不表明可以孤立地研究某一事物的发展，相反，万事万物都处在一定的联系之中，要深入研究事物的发展，除事物本身内部的矛盾运动之外，还要研究他事物对这一事物的关系和影响，以及一事物对他事物的关系和影响。换言之，任何事物都处于相对的内部和外部相互作用的关系之中。从思想政治教育作为一门独立的学科来讲，它的内部关系归于学科内部的要素关系，与此同时，思想政治教育学科是一门归属于马克思主义理论一级学科的二级学科，从这个关系意义上来说，它是马克思主义理论一级学科系统中的一个子系统。这就说明对思想政治教育学科发展规律的研究既成为其发展的内在需要，也是一级学科产生尽可能大的协同效力的必然。在把握学科一般及其发展规律基础之上，研究思想政治教育学科本身的特殊性及其发展规律，进而深化对其内在的复杂联系和整体发展规律的系统把握，有助于推动思想政治教育学科发展，增强实践效能。

# 第 二 章

# 思想政治教育学科发展规律形成过程的矛盾解析

任何规律都不是虚无缥缈或凭空而来的，研究规律，必须深入事物的系统内部、深入不断变化发展的物质运动过程中，从事物不断向前发展的矛盾运动中找寻规律产生的机理，揭示规律存在的缘由。本章将从思想政治教育学科发展规律从何而来、如何形成的问题出发，探究思想政治教育学科发展规律在思想政治教育学科发展矛盾运动过程中的形成。思想政治教育学科发展是一个过程，在这个过程中始终存在有基本矛盾和具体矛盾。

## 一 思想政治教育学科发展是一个过程

思想政治教育学科发展是一个持续的、动态的、不断深化的过程，这个过程既是各种矛盾的对立统一体，同时也是诸多要素、各个阶段构成的富有层次性的发展系统。其中，包含两个方面的内在规定性：一是时间维的规定，即学科发展的阶段演进；二是空间维的规定，即学科发展的要素构成。这两个方面相互联系、相互作用，影响和规定着学科发展过程中的矛盾存在。

### (一) 时间维：过程的阶段演进

马克思主义唯物辩证法认为，万事万物是作为过程而存在和发展的。列宁曾指出："考察每个问题都要看某种现象在历史上怎样产生、在发展中经过了哪些主要阶段，并根据它的这种发展去考察这一事物现在是怎样的。"① 分析思想政治教育学科发展过程及其内在矛盾存在，首先就要考察思想政治教育这门学科是怎样产生的、在发展中又经历了哪些主要阶段。发展是事物从无到有、从小到大、从弱到强的运动变化过程。因此，在研究思想政治教育学科发展过程的主要阶段时，不能只取其强大的时期，而是从其作为一种历史事实和客观存在发生发展的全部演进轨迹出发，由此才能正确反映它的内在矛盾运动所形成的规律。本书根据学科发展阶段性目标及其要解决的阶段性发展矛盾所呈现出来的发展状态，将思想政治教育学科发展过程划分为学科生成期、学科成长期、学科独立期三个阶段。

#### 1. 生成与依赖式发展阶段 (1978—1995 年)

在学界，有一种代表性观点就是把创建思想政治教育学科的时间节点定为 1984 年。在本书中，将思想政治教育学科的生成阶段往前延伸至 1978 年。这是因为改革开放这一特定的时代背景和发展需要为思想政治教育学科的酝酿形成创造了"天时地利人和"的充要条件，思想政治教育才具有了从实践经验、工作形态上升为理论、科学的发展必然性，迈出了科学化、专业化、学科化齐头并进的重要一步。

第一，思想政治教育科学化讨论。科学化是走向学科化的前提和基础，它是逐步认识、掌握和利用规律，消除盲目性的实践发展过程。1978 年，对于新中国、对于共产党、对于中国人民而言，都是具有伟大转折意义的一年。以党的十一届三中全会为标志，我国

---

① 《列宁选集》第 4 卷，人民出版社 2012 年版，第 26 页。

开创了中国特色社会主义的改革开放格局,开辟了一条发展中国家实现现代化的世纪新路,带来了一场影响中国和世界的深刻变革,标志着中国历史进入新的发展时期。这一时期不仅对加强和改进思想政治教育提出了迫切要求,同时还强烈渴求有一批相应的专门人才,于是有关思想政治教育科学化的问题逐步被提上重要议程。1980年4月,韦国清在全军政治工作会议上首次提出了思想政治教育科学化的命题,认为思想政治工作具有相对独立的专门的知识体系,应将其确立为一门科学,培养相应的专门人才,从事这项工作的干部都应该努力成为该领域的专家。[①] 由此引发了一场持续多年、广为关注的科学化大讨论,众多科学工作者、理论工作者加入了这场讨论。孙友余提议把这门科学称为思想政治工作学,专门研究如何充分发挥人的积极性;钱学森提出应尽早建立马克思主义德育学,并对"马克思主义德育学"的科学内涵与学科定位进行了界定;此外,还有一系列理论文章被刊发出来。1982年11月,时任中央书记处书记的宋任穷在全国党员教育工作会议上,立足党和国家的战略高度充分肯定了"思想政治工作科学化"这一论断及其讨论成效,明确指出思想政治工作是一门治党治国的科学,是一门需要努力钻研、大力培养思想政治工作专家和人才的专业,适应和服务于改革开放历史新时期的各项任务要求。[②] 1983年1月,《国营企业职工思想政治工作纲要(试行)》中提出了筹办政治院校、增设政治工作专业的有关要求,以培养和造就一大批精通思想政治工作的干部、能手和专家。[③] 随后,教育部组织召开了思想政治工作专业论证会,确立这门新型的专业为"思想政治教育专业"。

第二,思想政治教育专业化建设。即在高校的人才培养体系中增列这一新兴的专业类别。1984年4月,教育部颁发《关于在十二

---

① 韦国清:《抓好党的建设加强政治工作》,《人民日报》1980年5月9日。
② 宋任穷:《用新党章教育党员 为整党做好思想准备——九八二年十一月十九日在全国党员教育工作会议上的讲话》,《红旗》1982年第24期。
③ 《十二大以来重要文献选编》(上),人民出版社1986年版,第380页。

所院校设置思想政治教育专业的意见》，决定在南开大学、武汉大学、复旦大学等 12 所高等院校正式增设思想政治教育专业，采取正规化的方式招收培养首批本科生，试点摸索开办此类专业的经验。同时，该意见明确有条件的高校要逐步培养包括大专生、本科生和第二学士生等在内的各种层次的思想政治工作人员；紧接着，为进一步满足高校日益增长的思想政治工作骨干人才需求，批准清华大学等 6 所高校开设首批第二学士学位班。由此，各高校依托思想政治教育领域广大的理论研究者和实践工作者，有序推进思想政治教育专业化建设的各项工作，开创了良好的局面。在此期间，"主要围绕思想政治教育专业的课程设置、教材编写、本科生与第二学士学位学生的培养展开"①，会聚了一批具有深厚理论功底和实践经验的专业建设队伍，为学科基础理论建设奠基，《思想政治教育方法论》《思想政治教育学原理》等专业领域的系列教材相继出版问世。

第三，思想政治教育学科化启航。前文论述中多次提到，不能把学科和专业画等号，有关学理层面的分析在此不再赘述，同时，还应该看到事实层面的规定。在开设思想政治教育专业后，党和国家的重要文献中都还未使用学科这一概念，直至 1987 年 9 月，随着国家教育委员会《关于思想政治教育专业培养硕士研究生的实施意见》的颁发，才第一次明确同时使用了学科建设和专业建设的概念，并提出在复旦大学、南开大学、武汉大学等 10 所高等院校首批独立招收硕士研究生，开辟思想政治教育高层次专门人才招生选拔和培育的有效途径，标志着真正意义上的思想政治教育学科的创建。这也意味着，在人才培养域内开始搭建专门人才——高级专门人才的梯级体系，在知识域内开始学科理论体系建设，体现出学科自身建设和发展的逻辑。由于国家学科和专业目录更新发布时间的相对延迟性，到了 1990 年 10 月，思想政治教育的硕士学位点才正式获得"准入资格"，归属到法学门类当中政治学一级学科下。随着社会的

---

① 郑永廷主编：《思想政治教育学原理》，高等教育出版社 2016 年版，第 11 页。

快速发展和需求的不断升级，专业和学科建设步伐尚不能完全跟上，于是重点学科的建设问题被提了出来，1994年8月，中央提出将其纳入人文社会科学的重点学科加以建设，这直接促成了学科博士点的筹建工作。1995年10月，国家教育委员会《关于高校马克思主义理论课和思想品德课教学改革的若干意见》中明确指出要加快推进人文社会科学领域重点学科建设步伐，尤其是马克思主义理论教育和思想政治教育。① 由此，这两个独立的学科紧紧走到了一起，这种学科间的整合在一定程度上成为孕育马克思主义理论学科、推动其实现门类跃升的"胞胎"，思想政治教育学科由此走向了一个新的发展阶段。

由此可见，在思想政治教育学科生成与依赖式发展阶段，学科成员为获取学科及其自身的合法建制和生存权利而进行了诸多的准备活动，显示出学科组织雏形，开始集结学科发展的各项要素，同时又高度依赖党和国家的有力保障和政策支持，以提供维持学科生存所需的人力、财力、物力及其知识生产和应用的基础条件，促进学科发展的资源获取和学科组织的规模发展，表现出明显的外延式和非自主的发展特征。换言之，学科主要沿着社会逻辑运行，即围绕党和国家的要求选择学科方向、研究内容及人才培养等，而知识内在的发展逻辑相对处于下风，因而知识体系及其产出能力也相对较为微弱。

2. 成长与融合式发展阶段（1996—2004年）

伴随学科建设经验的不断累积以及思想政治教育实践的日益丰富，逐步进入更高一级的发展阶段，即追求建设发展学科博士点和国家级重点学科的目标，以融合联姻的方式促进学科的自我成长和自我提升。

第一，设立和发展"联姻化"学科博士点。在当时，将马克思

---

① 《普通高校思想政治理论课文献选编（1949—2008）》，中国人民大学出版社2008年版，第160页。

主义理论教育和思想政治教育这两个学科进行合并，已经到了非常必要且紧迫的时候，并且具备了现实的可能性和可行性。1996年5月，经过严格的审核程序，武汉大学与华中师范大学联合申报的全国首个"马克思主义理论教育与思想政治教育"博士学位授权点予以获准并公开发布，而后，中国人民大学由相关博士点调整直转以及清华大学、北京科技大学和首都师范大学联合申报的博士点相继获批，由此诞生了第一批该类专业的博士研究生，这也意味着完整构建起了覆盖本科、硕士、博士三个层级的学科人才培养体系。1997年6月，在颁布新修订的研究生培养的学科和专业目录中，国务院学位委员会和国家教育委员会对两个学科的合并发展再次作出变更调整，将二级学科名称明确为"马克思主义理论与思想政治教育"，进一步明晰了学科发展的定位和功能。

第二，确立和创建国家重点学科。进入21世纪以来，适应于经济社会发展的形势要求，党和国家对思想政治教育学科发展提出了新目标和新要求，即"马克思主义理论与思想政治教育"国家重点学科的设立及其依托建设单位的申报、选拔与核准。2001年2月，教育部启动第二轮高等学校重点学科评选工作，该项任务也因此而成为重中之重，历经近一年的时间，将具有完整学科点和学科建设实力的3所高校（分别是中国人民大学、武汉大学、中山大学）确立为首批建设单位。博士点及国家重点学科的建立和发展，在思想政治教育学科发展史上画上了浓墨重彩的一笔，甚至为马克思主义理论一级学科的建设发展创造了有益条件和实践经验。2004年，为进一步加强和改进学校思想政治教育工作，有力推动我国哲学社会科学的繁荣发展，确保中国特色社会主义事业兴旺发达、后继有人，顺利实现国家发展和人的发展的战略目标，党和国家相继出台了一系列专门的重要文献，提出了明确的发展要求和实施举措，为思想政治教育学科的独立复归和深入发展提供了重要支撑和动力基础。

第三，思想政治教育学科得到进一步发展。主要表现为：一是开辟了学科跨界融合的发展模式。尽管就某种程度上而言并不利于学科的独立发展，然而这种"借势借力"的合作攻关，其成效不容忽视，尤其是对于确保学科发展方向、坚定学科发展使命、拓展学科研究领域、创新学科思维方式、搭建学术交流平台意义重大。二是实现了学科实力的整体提升。建立健全了完整的学位、学历、专业和人才培养体系，培养了一批高层次的研究生导师和人才队伍，使思想政治教育学科发展事业源源不断、后继有人。三是促进了学科能力的发展提高。思想政治教育学科随之迈向发展的第二个时期，即学科的快速成长阶段，包括学科主体、理论、组织和实践等在内的各个要素逐步成形，同时，在发展过程中其组织结构、理论体系、学科文化与内部管理的规范化、正式化程度有了明显的提升，学科建设的环境和条件有了较大改善，与之相联系，学科在学术、人才的生产与再生产方面的能力也得以迅速提升。但是，这一阶段学科发展仍然处于半自主半依赖阶段，也未获得真正意义上独立的学科地位。

3. 独立与自主式发展阶段（2005年至今）

通过前两个阶段的艰辛探索和不断尝试，思想政治教育学科实现了从无到有、从少到多的发展蜕变，但是，作为一门学科的内生性、根源性问题始终没有得到很好的解决。因而，以其追求真正意义上独立二级学科的建设发展之路为标志，开始迈向独立与自主式发展阶段。

第一，获得独立二级学科地位。走上独立自主的发展道路，首先需要从融合、降格、缺失的状态中解放出来，获得真正的学科地位，找到正确的学科归属。2005年12月，国务院学位委员会、教育部下发《关于调整增设马克思主义理论一级学科及所属二级学科的通知》作出重大部署：一是增设马克思主义理论一级学科，将其置于"法学"门类；二是调整部分所属二级学科，即把原来合并的马克思主义理论与思想政治教育二级学科拆分重组，独立设置马克思主义基本原理和思想政治教育二级学科；三是新设部分所属二级学科，即包括马克思主义发展史、马克思主义中国化研究、国外马克思主义研究等在内。2008年和2018年又分别增设"中国近现代史基本问题研究""党的建设"两个独立二级学科，至此，马克思主义理论一级学科所属二级学科由 2005 年的 5 个扩至 7 个。正是这一具有开创性的学科实践，逐步对其学科意义、学科定位、研究对象、边界划分、人才培养、队伍建设、科学研究、制度文化等各方面进行了规范。这是思想政治教育学科发展史上又一重要的里程碑，标志着思想政治教育学科重新回归"独立"位置，结束了长达多年的"挂靠"和"与"态，截至目前，全国共建立百余个思想政治教育学科博士点，使之成为研究、宣传和开展马克思主义教育的坚强阵地。

第二，开启学科创新发展征程。党的十八大以来，以习近平同志为核心的党中央立足于中国发展新的历史方位，着眼于当代中国最为广泛而深刻的社会变革，高度重视精神文明建设、意识形态工作和思想政治工作，系统回答了新时代建设和发展什么样的思政学科、怎样建设和发展思政学科的重大问题，极大地丰富了学科的理论知识和实践内容，引领思想政治教育学科在改革中发展，在创新中前进。例如，把教育提升到党之大计、国之大计的战略高度，聚焦"为谁培养人、培养什么人、怎样培养人"这一根本问题，将"立德树人"确立为根本任务和中心环节，开展全员、全过程、全方位的育人实践，着力培养担当民族复兴大任的时代新人；把意识形态工作视为党的一项极端重要的工作，坚持用社会主义核心价值观构筑当代中国精神、凝聚中国力量、传播中国价值，不断增强社会主义意识形态的凝聚力和吸引力；为加强和改进党的意识形态工作、思想政治工作，深入推进全国马院、马学科、学校思政课内涵式发展和强劲支撑，党和国家先后出台了《关于进一步加强高校马克思主义理论学科建设的意见》（2012 年）与《普通高校思想政治理论课建设体系创新计划》（2015 年）、《关于加强和改进新形势下高校思想政治工作的意见》（2016 年）与《高等学校马克思主义学院建设标准》（2017 年）等一系列重要文献，在建党 100 周年之际，又印发了《关于新时代加强和改进思想政治工作的意见》《关于加强新时代马克思主义学院建设的意见》（2021 年）等最新政策文献，成为指引新时代思想政治教育学科创新发展的重要遵循,为开创新的发展局面创造了极佳的生态环境和政策条件。①

第三,呈现繁荣发展的新局面。思想政治教育学科由此实现大繁荣和大发展,主要表现为:一是学科定位精准化。经过多次论争和调整,最终归位于马克思主义理论一级学科之下。虽然历经曲折,但从根本上解决了学科的本源性问题,真正确立了其马克思主义属性和发展方位,实现了由栖息到独立、由边缘到重点、由模糊到清晰的新飞跃。二是学科发展系统化。随着学科的不断发展,它的系统化特征愈加明显,学科系统赖以存在和运行的各个方面有了实质性的提升,得到整体化推进和系统化建设。三是学科发展内涵化。通过多年的知识生产、学术积累和人才培养,思想政治教育学科在各个方面都具有了学科内涵发展的表征和条件,因此,"拓展学科领域、丰富学科内涵、增强学科特色、提高学科水平"② 成为这一阶段学科关注的重点问题:既寻求学科的外延式发展,即学科发展组织在数量和规模上的扩张,比如在学科主体和组织发展方面,学位点数量的增加、学术骨干和学科成员的增加等,又逐步转向学科的内涵式发展,即注重学科发展质量的渐进积累与提升,比如在人才培养方面,有更优质、更有创造力的各级人才,发表更有影响力的研究成果等。但是,现有发展阶段还并未实现真正意义上的自主式发展,也还未进入成熟学科阶段,相较于我国哲学社会科学领域的其他成熟学科,比如教育学、心理学等,思想政治教育学科仍然处于相对年轻和不太成熟的发展阶段。

综上可见,从时间维上看,思想政治教育学科发展过程是一个历史性与社会性相统一的过程。所谓历史性发展,是指思想政治教育学科是建立在长期的特定实践基础上的,以其专门化知识生产的

---

① 参见黄蓉生、颜叶甜《改革开放 40 年思想政治教育学科发展的历史演进、宝贵经验与前行路径》,《思想理论教育导刊》2019 年第 4 期。
② 《加强和改进大学生思想政治教育重要文献选编(1978—2008)》,中国人民大学出版社 2008 年版,第 477 页。

累积而存在和发展;所谓社会性发展,是指思想政治教育学科又是社会实践和社会发展的一部分或一个逻辑环节,是在社会特定的环境中发展起来的;所谓二者的统一进程,是指思想政治教育学科依循适应服务党和国家发展的社会性需要和科学建构的本体性需要而不断跃迁的内在逻辑和实有轨道,显示了蓬勃的发展生机,呈现出喜人的发展态势。在这个过程中,思想政治教育学科一步步实现了从无到有、从小到大、从弱到强的发展和蜕变。

### (二) 空间维:过程的要素构成

"要素"一词,在《辞海》中有以下三种含义:"一是构成事物的必要因素。二是奥地利马赫哲学用语。即认为要素在某种确定的意义上而言就是感觉经验,指出世界第一性既不是物质的也不是精神或心理的,而是这种所谓感觉的'要素',是要素的复合(感觉的复合)构成物体。据此称自己的理论是一种超乎唯心主义与唯物主义之上的'新哲学'。三是同'系统'相对,指的是构成系统的基本单元。"[①] 通常而言,学科应具备以下基本要素:"学科理论体系和专门方法的形成、有关科学家群体的出现、有关研究机构和教学单位以及学术团体的建立并开展有效的活动、有关专著和出版物的问世等。"[②] 具体到本书中,要素是指构成特定系统存在并维持其运动变化和发展必不可少的基本单元、因素。可以说,思想政治教育学科发展过程,是学科系统要素不断优化和完善发展的过程。思想政治教育学科发展系统构成要素,主要包括以学科发动者、组织者和实施者存在的主体要素、以知识体系存在的理论要素、以学科共同体存在的组织要素和以实践转化存在的实践要素。

---

① 《辞海》(缩印本),上海辞书出版社1999年版,第2492页。
② 国家技术监督局发布的《中华人民共和国学科分类与代码国家标准(GB/T 13745—2009)》。

1. 思想政治教育学科发展的主体要素

思想政治教育学科发展的主体要素，是指根据党和国家的发展要求以及学科发展的内在需要，有目标、有规划、有组织地从事学科建设并不断推动学科发展的群体和个人。概言之，他们是思想政治教育学科建设发展的发起者、组织者和实施者，是在学科发展过程中起着主导性、支撑性作用的因素，并形成了"金字塔"形的层次结构（见图 2-1）。

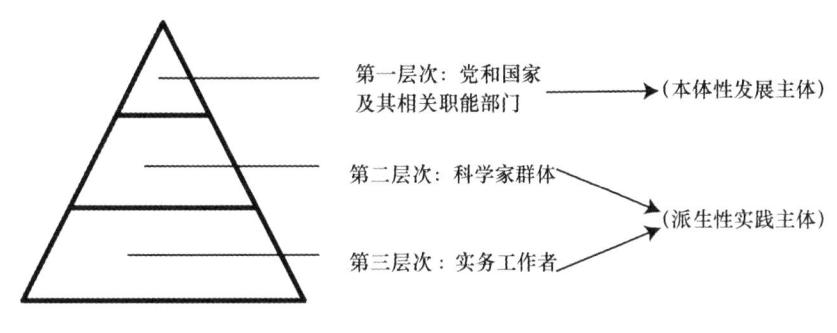

图 2-1 主体要素的层次结构示意图

第一，党和国家及其相关职能部门。这一层级的主体主要包括承担思想政治教育学科创立、建设与发展的战略布局、顶层设计、整体规划和总体指导的职责等在内的组织群体和个人。譬如，党中央、国务院以及国务院学位委员会、教育部社会科学司、思想政治教育工作司、哲学社会科学规划工作领导部门，等等。他们处于"金字塔"的第一层次即最高层次，在学科建设和发展过程中发挥着决定性、根本性、导向性作用。

第二，思想政治教育科学家群体。所谓科学家群体，主要是指经过系统化、专门化训练，具备扎实的马克思主义理论功底和较为广博的科学文化知识，懂得思想政治教育领域规律并专门从事思想政治教育科学研究、人才培养和社会服务的高级人才，[①] 比如思想政

---

① 徐文良：《难忘的历程：高等学校思想政治教育的回顾与思考》，吉林人民出版社 2008 年版，第 364—365 页。

治教育专家、学者和理论家等。他们处于"金字塔"的第二层次即中间层次，是推动思想政治教育学科发展的关键力量。

第三，从事思想政治工作的专兼职实务者。思想政治教育学科在思想政治教育实践中孕育而成，其发展离不开众多的实践工作者。经过多年发展，已经形成了党委统一领导、党政共同负责、党政工团齐抓共管，以专兼职政工干部队伍为骨干、全社会协同参与配合的具有中国特色的思想政治教育大格局，他们处于主体要素的第三层次，是推动学科发展的重要力量。这些主体要素按照各自的角色定位和层次功能发挥作用，其中，第一层次是本体性发展主体，第二层次和第三层次是派生性实践主体，共同构成了思想政治教育学科发展的主体力量。

第四，主体性是思想政治教育学科发展主体要素的核心。就主体要素本身来说，其最为核心的是主体性。这种主体性，指的是人而为人并以实践为存在方式的质的规定性及其作为主体见之于客体的社会实践活动中不断得到发展的自觉能动性和创造性。[①] 主体性既是人作为实践主体所具有的特性，又是人之所以成为主体的依据和条件。一定程度上来说，主体由主体性得以建构并发展，在实践过程中体现为能动性、自主性、自为性。在思想政治教育学科的发展过程中表现为由主体的学科自觉意识经由主动行为开始，而后产生要素间的联系和运动，形成统一的学科实践活动。因此，这种主体性从其内涵来说，体现为主体在思想政治教育学科建设和发展过程中的主动性、主导性、创造性、超越性等属性和特点，即主体的自觉能动性。主动性，是指主体能够积极、主动、有效地实施思想政治教育的各项实践活动，并以此为依托进行学科实践活动，以促进并达成学科建设发展目标。主导性，是指在思想政治教育学科建设和发展实践中具有"舵手"的导航定向作用，保证其始终沿着正确的方向发展，并根据内外部环境和条件的变化及时调整发展策略。

---

① 杨威：《思想政治教育发生论》，中国社会科学出版社2009年版，第197页。

创造性，是指推动学科发展所具有的创新精神和创新能力，不断提供新思想、新理论和新方法。超越性，是指在既定的学科发展水平基础上寻求突破，顺应学科的发展趋势，适应并满足党和国家、社会发展和人的发展对思想政治教育学科发展水平的更高要求。由此，思想政治教育学科主体性要随着主体的对象性活动，即在建设和发展思想政治教育学科的实践活动中不断发展完善主体意识、主体素养和主体能力。而这种主体性的发展完善，一方面，取决于主体自身的意识、素质、能力；另一方面，这种主体性的发展完善并不能随心所欲，而仍然受到社会历史条件的影响和制约，因而各层次的发展也会呈现出一定的不平衡和不充分性。

2. 思想政治教育学科发展的理论要素

思想政治教育学科发展的理论要素，是指在思想政治教育这一实践领域内，以其现象、问题和规律为对象，按照知识的内在逻辑关系而构成的知识单元和理论模块的有机体，主要以理论体系、知识体系的形式存在着，它的实质是思想政治教育专门化、规范化、科学化的知识系统。每一门学科都是知识分类的产物，是一定科学领域或一门科学的知识分支。"一个学科的产生和发展，必然是滞后于其相关知识领域的研究和发展的，因而它也是一个历史的范畴，是在一定历史时空中建构起来的规范化的知识形式。简言之，只有当某个研究领域的知识在一定的历史时期发展到一定程度，形成规范化、专门化的知识体系之后，学科才得以形成。"[①] 这就是说，理论要素及其发展程度对学科理论框架和理论发展水平具有决定性意义，是思想政治教育学科走向独立与成熟的重要支撑和显著标志。

第一，学界代表性观点。对于思想政治教育学科发展理论要素的理解，学界有以下几种代表性观点：一是三部分构成论。有学者提出学科理论体系由基础理论、应用理论、管理理论三部分构成[②]，

---

[①] 袁临曦：《学科的迷思》，东南大学出版社2017年版，第12页。
[②] 陆庆任：《思想政治教育学原理》，高等教育出版社1991年版，第9页。

也有学者认为是由基本理论、研究对象和工作规律三部分构成。二是四部分构成论。这也是目前最为集中的一种观点。有学者提出完整的学科理论体系应包括思想政治教育基本理论研究、形成发展研究、方法理论研究和管理理论研究四部分内容。[1] 三是五部分构成论。即认为由历史部分、范畴体系、基本理论、方法理论和管理理论五部分构成。四是标志论。有学者指出，一门独立学科理论形态最主要的标志应该是"论"、"史"、"原理"和"方法论"。[2] 五是创新发展论。有学者提出了理论要素的创新发展问题，认为要"以当代中国思想政治教育实践及其创新与发展研究为基点与核心，同时以'论'、'史'、'比较'为主要支撑"[3]。六是理论体系建构论。有学者专门针对学科发展的理论体系进行了较为系统的研究，提出了思想政治教育学科理论体系建构、发展和创新的问题，并通过图示予以立体化的呈现，认为其主要包括基础理论和应用理论两大部分。其中，基础理论部分为：（1）按主干学科划分，深化思想政治教育学的基础理论建设；（2）按所运用的学科及其方法划分，建设分支学科。应用理论部分为：（1）根据教育内容进行划分；（2）根据不同群体、教育对象进行细分和深化研究；（3）根据显隐性及非智力因素开发的需要进行划分和建设。[4]

第二，理论要素内涵。综合以上分析，本书认为，思想政治教育学科发展理论要素，主要包括理论基础、基础理论和应用理论（见图2-2）。所谓理论基础，是指能够回答和阐明思想政治教育何以可能、如何发生发展并具有什么样的性质等本源性问题的理论内

---

[1] 张耀灿、郑永廷、吴潜涛、骆郁廷等：《现代思想政治教育学》，人民出版社2006年版，第29页。

[2] 徐文良：《思想政治教育学科建设历程的回顾与思考》，《思想教育研究》2005年第9期。

[3] 沈壮海：《论思想政治教育理论研究的新范式与新形态》，《思想理论教育导刊》2007年第2期。

[4] 张耀灿：《思想政治教育学科建设研究》，中国人民大学出版社2017年版，第127—135页。

容，它对于思想政治教育的实践存在和学科建构具有前提性意义。①具体来说，思想政治教育学科建立和发展的理论基础是马克思主义和不断发展的马克思主义中国化理论成果。思想政治教育学科的发展，根植于马克思主义及其中国化理论成果的沃土中，汲取了丰富的营养以夯实学科发展的理论根基。所谓基础理论，是指在学科理论体系中处于基础性地位，具有稳定性、根本性、普遍性特点的理论原理和理论内容，是思想政治教育学科发展前行必不可少的理论生命力。具体包括思想政治教育基本理论、思想政治教育史、思想政治教育方法论、比较思想政治教育学等。所谓应用理论，是指将原理性内容或是与思想政治教育某一特定实践领域密切联系的相关学科理论及其方法等进行创造性转化和运用而产生的应用性理论内容，主要以分支学科理论的方式呈现，具有较强的延伸性、拓展性和针对性。

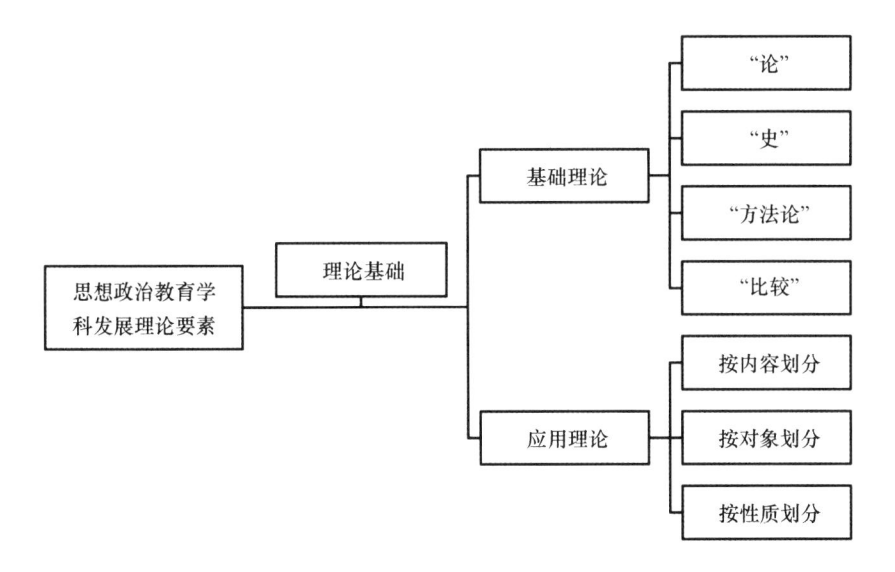

图 2-2 理论要素结构示意图

---

① 白显良：《思想政治教育的马克思主义理论基础研究》，人民出版社 2014 年版，第 44 页。

第三，理论要素的内在逻辑关系。理论基础、基础理论和应用理论这三者之间既有完全不同的内涵，又有紧密的内在关联。其中，理论基础属于上位，如同一座建筑物的地基，对思想政治教育学科发展的整个知识系统和理论建构起着指导作用，视为其灵魂，在有些情况下可以划入基础理论之中；基础理论则是建筑物的四梁八柱，是贯穿始终的，具有稳固性和基础性意义；应用理论是在综合前面两者甚至借鉴其他相关学科理论基础上生长起来的，并随着时代和实践的发展使之成为一栋"高楼大厦"。因此，学科理论建构的任何巨大进步都离不开这三个方面的共同提升，每一部分的发展或是整体的发展都能在某些程度和某些方面推动思想政治教育学科发展，唯有不断巩固、与时俱进，才能为思想政治教育学科的发展提供生机与活力。

3. 思想政治教育学科发展的组织要素

思想政治教育学科发展的组织要素，是指以生产和再生产知识及人才为核心而建立起来的组织体系。具体而言，有以下几层意思。

第一，它是承担思想政治教育学科专业教育教学职能、从事思想政治教育科学研究的一种组织形态，通常以学科命名或依托的院系所、学位、专业、平台为主要构成。譬如，思想政治教育学科所依托的马克思主义学院，以思想政治教育命名的系部、研究所，为培养思想政治教育本科、硕士、博士的专业和学位基本单元，中国高等教育学会思想政治教育分会、高校思想政治工作创新发展中心、马克思主义理论研究中心等各级科研平台，通过举办学术研讨会、座谈会、高端论坛、研修培训所搭建的各类学术交流平台，等等。因此，它涵盖了思想政治教育学科的专业体系、课程体系、教学体系、科研体系、管理体系的建设与发展。

第二，它是以具有趋同或一致的价值观念、理想信念、内在精神和接受专门训练而具有较强专业取向的学术人，为了追求和探索共同的奋斗目标，并且遵循共同的道德行为规范而构成的学术共同体。"学术共同体"的概念最早由英国哲学家托马斯·布朗提出并使用,他把全社会从事科学实践和研究的科学家群体视为一群在学术上志同道合并按照特定规范行事的社会群体,即"学术共同体",以将其与一般的社会团体、组织等区分开来。而托马斯·库恩(Thomas S. Kuhn)认为,学术共同体是由同一个科学专业领域中的工作者组成的,他们因受过近似的教育和专业训练而集结,共同追求一些目标,包括训练他们的接班人,因而也称之为科学共同体。[①] 思想政治教育学科的学术共同体,就是这样一个虚拟组织空间,处于这一组织的思想政治教育学科成员按照一定的行为方式、思维方式、研究范式、学术规范等进行关于精神塑造和人格锻造的理论研究、实务工作和专门人才的生产与再生产,并有高质量的产出和效能,从而共同促进思想政治教育学科不断向前发展。而这一特定社会共同体及其成员的活动过程,亦是其中的成员尤其是新进成员主动接纳并内化认同共有的价值、文化、信念、秩序等的社会化系统过程,[②]那么,在这一过程中,必然会产生维系学术共同体生存与发展的学科情感、意识、文化和制度,以此获得内部成员的自我认同和社会的广泛认可。

第三,它是一个嵌入位置、资源、权力、地位的复杂组织体。具体表现为政府、学校、院系所等机构与个人的关系链而衍生的资源转换和结构同构。比如,政府、学校、院系在一定程度上构成梯级权力关系结构,而拥有较高学术声望和学术权威的人一般也拥有着较高的社会地位,也会占据一定的权力,具有引领示范作用;再如,因其显著的社会性特征和复杂的层级性结构,很容易由于来自内部的成员使命感和外部的社会推动力而在他们之间建构起某种聚合关系和组织嵌套,这样一来,包括个体、群体、组织和社会的各

---

① [美]托马斯·库恩:《科学革命的结构》(第四版),金吾伦、胡新和译,北京大学出版社2012年版,第148页。

② 参见朴雪涛《知识制度视野中的大学发展》,人民出版社2007年版,第165页。

种资源在内实现互通有无和置换,① 从而实现了组织生产和产出的扩张及其效益的集约。

4. 思想政治教育学科发展的实践要素

思想政治教育学科发展的实践要素,是指在进行特定知识生产和传播的同时,进入社会系统和现实生活中应用转化而成的特定实践与服务方式。

第一,实践要素所指。无论何种学科及其科学研究,其存在和发展都需要为一定的社会及处于社会中的人服务。思想政治教育学科本身具有很强的实践性和应用性,它的特定实践和服务方式表现为:一方面,它植根于中国特色社会主义的伟大实践,始终立足于党、国家和人民的利益需求,坚持服务并满足于党和国家的伟大事业以及人的自由全面发展需要,积极解决在改革发展过程中出现的社会性问题和思想性问题,并以此推动思想政治教育理论和实践的创新发展;另一方面,它深根于思想政治教育的宏微实践,以此成为学科生存与发展的坚实基础和丰厚土壤。在马克思主义理论一级学科所属的二级学科谱系下,思想政治教育学科从实践的方位,与其他各二级学科并肩携手,共同研究马克思主义中国化进程中的实践经验和理论成果,同时,凭借着其自身研究和实践领域的丰富成果,肩负着宣传、传播和教育的实践任务,帮助人们从中汲取科学智慧和理论力量,逐步提高人们认识世界和改造世界的能力,并遵循"从实践中来、到实践中去"的路径来检验学科建设的合理性及其发展的实际成效。换言之,在思想政治教育走向科学化和学科化的发展过程中,学科的理论知识在进入实践中所具有的学理支撑性越强,对思想政治教育实践的科学含量和专业程度提升的贡献性就越大,反过来也就说明学科建设的实际效果越好。② 因此,它的存在

---

① 周守军:《学科与权力:以国家重点学科建设为例》,武汉出版社2015年版,第32页。

② 冯刚、郑永廷主编:《思想政治教育学科30年发展研究报告》,光明日报出版社2014年版,第11页。

犹如"中枢神经",把思想政治教育学科发展的各个要素和各个方面联结在一起,构筑理论与实践相互激荡、有机统一的发展整体。

第二,实践要素特征。思想政治教育学科发展的实践要素,有以下几个鲜明特征:一是社会性。毛泽东指出:"如果有了正确的理论,只是把它空谈一阵,束之高阁,并不实行,那么,这种理论再好也是没有意义的。……必须把它再回到改造世界的实践中去。"① 也就是说,学科发展最终要落到思想政治教育的具体实践和实际工作中,把马克思主义所倡导的和人民所需要的联系起来,为解决人们的思想认识和切身利益问题提供有效服务,以此诠释其管用、有用的实践精髓。二是人本性。思想政治教育学科从根本上来说是研究人、教化人、塑造人的学科,并通过思想政治教育实现从理论到实践的应用转化,以此促进人的自由全面发展。因此,不仅要立足广阔的社会生活实践,以全方位的大局视域把握社会整体空间的融入和发展,还要着眼于微观实践,细致入微地对社会群体的共性变化及个体的个性特征进行精准研究,以此提升其广泛性与针对性。三是生活性。思想政治教育学科发展通过实践要素,以各类富有生活气息和清晰可感的具象活动,予以特定载体方法广泛进入社会建设和社会生活的各个领域,融入人们的日常生活中,使之成为塑造精神和灵魂的必要生活方式,满足公共发展性需求。

归结起来,以上四个基本的构成要素,在思想政治教育学科发展的过程中既具有相对独立性,有各自的定位和功能,但又不是彼此孤立的,而是按照一定的规律联系并相互作用、互为依存的矛盾统一体。在实践过程中,不能人为地将其割裂开来,要把四者统一起来理解,形成整体性认知。

### (三)时空维:过程的固有矛盾

万事万物都是在矛盾中存在和发展的,事物变化发展的根源就

---

① 《毛泽东选集》第1卷,人民出版社1991年版,第292页。

在于它本身的矛盾。在发展的过程中，始终潜藏和充斥了这样或那样的矛盾，在矛盾的产生、增长和解决的过程中形成一定的矛盾运动，构成一过程区别于它过程的特殊本质，以此推动过程朝着其应然走向不断演进，促进事物的变化发展。思想政治教育学科发展过程亦是一个存在矛盾并在矛盾运动中前行的过程，思想政治教育学科发展规律就是在学科发展诸要素和各阶段相互联系、相互作用的矛盾运动过程中形成的。因此，对其内在矛盾的揭示是把握思想政治教育学科发展规律的关键。

1. 矛盾的生成

古人云，"往古来今谓之宙，四方上下谓之宇"。可以说，宇宙万事万物都具有时间和空间的双重意蕴，都是空间和时间的辩证统一，任何事物本质自身中的矛盾也不例外。毛泽东在《矛盾论》中深刻揭示了矛盾在时间和空间上是普遍存在和两个规定性：一是从空间方面的规定，指出世间万物都包含矛盾，从其潜在、可能到外显、转化，矛盾无处不在于事物的发展过程中；二是从时间方面的规定，强调矛盾运动纵贯于事物的发展过程始终，矛盾无时不有而成为永恒的运动。[①] 从这个意义上讲，在思想政治教育学科的发展过程中，也必然存在着矛盾，且存在于这个过程的自始至终。具体来说，思想政治教育学科发展既有主体要素、理论要素、组织要素和实践要素等各构成要素的相互联系和相互作用，又有其伴随学科建设活动过程而展开的接续性逻辑演进。因此，这些要素在学科的发展过程中形成了相互关联、相互制约的方式和关系，结合为特定的学科发展系统和有机整体，它们之间的协同关系推动着思想政治教育学科的发展进程。与此同时，要素关系在学科发展的系统中又通过纵向的阶段演进不断变化发展着，产生了横向与纵向交织的作用方式和矛盾关系，即"横的联结是矛盾的两方面在发展中互相依赖

---

[①] 《毛泽东选集》第1卷，人民出版社1991年版，第305页。

与相互斗争的关系。纵的联结是过程经过飞跃向前发展的关系"①。正是诸多要素的对立统一、各阶段的联合统一促使思想政治教育学科按照其必然有的逻辑趋向和轨道前进和发展,由此生成了它自身的矛盾谱系。

2. 矛盾的体现

如此一来,便能反映思想政治教育学科发展过程中的固有矛盾,即基本矛盾和具体矛盾。基本矛盾在时间和空间上贯通于发展过程及其始终,规定其性质、方向和趋势,对思想政治教育学科发展具有决定性作用,影响和制约着过程中其他矛盾的存在和发展趋向;具体矛盾则包括学科发展过程中各种要素及要素之间的诸多矛盾和演进阶段中的诸多矛盾。在思想政治教育学科发展的全过程中,社会要求的学科发展水平在横向空间和纵向空间中保持着不同的张力,它们彼此地依存和交织,相互地作用和影响,不断地发展和转化,这一系列的矛盾运动就是学科得以向前推进、不断发展的根本性、决定性力量所在。其中,思想政治教育学科发展过程的基本矛盾是推动其发展的基本动力和本质规定,也是体现思想政治教育学科发展存在基本规律的源问题;而这一过程中的诸多具体矛盾是其基本矛盾在时空分布中的进一步展开,如此也才有了思想政治教育学科发展过程存在一系列具体规律的可能。

3. 矛盾的运行

任何事物都有其发生、发展和灭亡的过程,而这个过程也是事物本质自身的矛盾不断产生、对立面的共存、斗争及转化的运行过程。事物发展过程中矛盾着的两方面首先是而且也始终是互相排斥、互相对立、互相斗争的,这是绝对的,与此同时,"各以和它对立着的方面为自己存在的前提,双方共处于一个统一体中","依据一定的条件,各向着其相反的方面转化"。② 如此,便产生了矛盾的演变

---

① 《毛泽东哲学批注集》,中央文献出版社1988年版,第116页。
② 《毛泽东选集》第1卷,人民出版社1991年版,第327页。

和运动,也才有了运动变化发展的规律。众所周知,马克思恩格斯通过分析社会基本矛盾运动、资本主义运行的特殊矛盾运动,从而创造性地揭示了人类社会发展的一般规律和资本主义运行的特殊规律。同样,揭示思想政治教育学科发展规律,也需要研究和分析思想政治教育学科发展过程的矛盾运动,其矛盾运行的状态、轨迹及其弥合程度决定和反映着学科发展的必然性与规律性等级。思想政治教育学科在发展过程中所形成的矛盾运动,基本矛盾运动由于贯穿发展过程的始终和各方,它必然引起这一过程内在的矛盾运动,即构成要素及其发展阶段一系列的具体矛盾冲突,使子系统的矛盾得以联结起来,构成了思想政治教育学科发展整个矛盾运动的循环回路,而基本矛盾运动的最终体现和结果就是基本规律,具体矛盾运动的最终体现和结果就是具体规律,从而形成了思想政治教育学科发展规律的呈现样态。

## 二 思想政治教育学科发展过程的基本矛盾

基本矛盾贯穿于思想政治教育学科发展的全领域、全方位和全过程,规定着学科的发展性质、方向和趋势,并制约其他矛盾的存在和发展。这一基本矛盾运动及其必然趋向形成了思想政治教育学科发展过程的基本规律。既然思想政治教育学科发展是作为一个过程存在的,那么,这个过程的基本矛盾是什么?为何存在?这就需要明确矛盾的分析路径、确证矛盾的具体所指、呈现矛盾的两个方面。

### (一)学科视域内分析基本矛盾的理论进路

把握学科发展过程的基本矛盾,有两种分析视域和方法路径:一是一般学科视域内学科发展过程的基本矛盾分析;二是思想政治教育学科视域内的基本矛盾分析。只有把一般和个别、普遍和特殊逻辑进路结合起来，才能更为全面深入地分析思想政治教育学科发展过程的基本矛盾。

1. 一般学科视域内分析基本矛盾的路径

从一般意义上分析学科发展过程的基本矛盾，现有研究路径主要是基于教育学学科的分析视域，聚焦大学或者说高等教育层面的学科发展过程，以此找到这种具有广泛适用性的基本矛盾。譬如，有学者指出，大学学科发展过程中的基本矛盾是：各个学科发展中内在需要的无限增长与大学实际满足的有限供给之间的矛盾，这一基本矛盾永远存在于大学学科建设和发展过程中。[1] 这是因为，随着一门学科自身的发展壮大，它所需要的支撑条件和资源需要在不断增长提升，因而总是寻求最大限度的满足，而在一定时期内每个学校所能提供和匹配的资源总量是相对固定的，必然就会导致这种矛盾的产生。以上分析，是立足于大学学科谱系中各学科之间及其与所在大学发展战略的本质关系和基本矛盾运动，归结起来就是"需要之差"，而这一矛盾贯穿于大学学科发展过程始终，只要有大学和学科的存在，就会有这一基本矛盾的存在。那么，思想政治教育学科作为大学学科的重要组成部分，这种具有普遍性的分析对把握其自身乃至所属一级学科发展的基本矛盾无疑具有重要的启迪意义。需要说明的是，思想政治教育学科有其存在和发展的特殊性，本书所要探讨的是思想政治教育这一门独有的、具体的学科在其发展过程中所呈现的基本矛盾。因而，这种一般意义上的基本矛盾分析，尚不能完全展现思想政治教育这一特殊学科发展过程中基本矛盾的原貌。

2. 思想政治教育学科视域内分析基本矛盾的路径

从具体的思想政治教育学科视域内分析基本矛盾，目前，学界集中探讨的是思想政治教育基本矛盾或其具体过程基本矛盾，主要从发生根源出发，循着寻找"差异"的路径予以揭示。譬如，对于思想政治教育的基本矛盾，马克思主义理论研究和建设工程重点教

---

[1] 周进：《大学学科发展的基本矛盾及特殊矛盾》，《科技导报》2002年第5期。

材《思想政治教育学原理》指出:"思想政治教育的基本矛盾是:一定社会发展所提出的思想品德要求与人们思想品德水平之间的矛盾。"① 还有学者提出,就其本质而言,思想政治教育的基本矛盾就是"社会"与"人"之间的矛盾,这两者分立于思想政治教育这一实践活动的两端,它们之间既相互对立又相互统一的关系推动着整个实践活动的运行和展开。② 对于这一具体过程的基本矛盾,学界普遍认为是教育者和受教育者(或主体和客体)思想政治品德要求与实际水平之差,即矛盾两端的要求之差或需求之差。比如,聚焦微观的过程认为,这一过程的基本矛盾就是有明确指向的教育者本人思想政治品德素养及其对于受教育者的要求与受教育者实际水平之间的矛盾,并由此引发许多的具体矛盾,随着矛盾关系的不断弥合最终趋向于受教育者思想品德的形成和深化。③ 再比如,置于较为宏观的层次,实践的主体或发起方是一定社会或社会集团,那么这一基本矛盾就是他们所需要的思想政治素质要求与受教育者的现状或主观之需之间的矛盾,等等。从以上不难发现,无论是一般意义而言,还是具体到思想政治教育范围内,对于基本矛盾的分析归结起来就是"差异论",正如毛泽东所指出的那样:"世界上的每一差异中就已经包含着矛盾,差异就是矛盾。"④ 这表明学界对这一问题的研究已经有了较多的理论自觉,虽然仍未达成共识,却不乏逻辑共通之处。

3. 思想政治教育学科发展过程中基本矛盾的探寻路径

借鉴以上理论进路,关于分析思想政治教育学科发展过程基本矛盾的路径,需要把握以下几点:一是牢牢守住研究视角。不难发现,在分析基本矛盾时,既可以从一般的学科意义上出发,亦可以从特定的科学领域或实践领域出发,而本书不在于对学科发展的一

---

① 郑永廷主编:《思想政治教育学原理》,高等教育出版社2016年版,第154页。
② 梁海娜、李红亮:《谁之矛盾?何种矛盾性?——思想政治教育基本矛盾再思考》,《思想教育研究》2018年第12期。
③ 陆庆任:《思想政治教育学原理》,复旦大学出版社1986年版,第117页。
④ 《毛泽东选集》第1卷,人民出版社1991年版,第307页。

般性意义上的矛盾作进一步的阐明，也不在于对思想政治教育这项实践活动的基本矛盾作进一步的辨析，而是始终守牢从马克思主义理论一级学科的一般出发，深入思想政治教育二级学科的研究视角，从而揭示其发展过程中的基本矛盾。二是准确界定基本矛盾的两端。矛盾即对立统一，必然有互为依存渗透又相互分离斗争的双方，因而要从思想政治教育学科发生发展的根源界定清楚处于实践和认识的两极，即其供给侧与需求侧。比如，在探讨思想政治教育（过程）基本矛盾时，需要指明这项实践活动的发起者和逻辑起点究竟是特定的社会要求或需要，还是实施过程中经由教育者所掌握或转化的客观要求和内容；逻辑前提和落脚点到底有无受教育者自身的主观需要在内，还是说他们的思想政治状况必然滞后于社会对其所提出的要求？等等。所以说，在分析学科发展过程的基本矛盾时，首先应该明确的是，这一学科的产生深深根植于特定的时代需要和内在需求，起始端即发起者是社会对于建立和发展学科的要求，而末端即接收者是学科自身，它的发展程度及发展主体的发展程度。三是注重学科发展的内在诉求。这是因为，从客观的事实认知角度，其矛盾表现为客观的特定社会要求与学科现有水平之差；从主观的情感需求角度，还表现为客观性要求与主观性需要之差。[1] 这也构成了学科实践和发展的逻辑前提，因而是社会性要求与个体性水平及其自我发展需要之间的矛盾。也就是说，不能忽视学科自身的发展性需要及其为满足这种需要的本质追求，要充分考虑学科发展在不同方面和不同阶段的"优势需要"。可见，它应当是社会性要求和学科发展的内在诉求的有机统一，这也是探寻思想政治教育学科发展过程中基本矛盾的实践指向。

## （二）思想政治教育学科发展基本矛盾的确证

综合以上分析，可以得出，思想政治教育学科发展基本矛盾，

---

[1] 参见卢景昆《思想政治教育过程的基本矛盾新论》，《探索》2006年第2期。

是指党和国家对思想政治教育学科发展的要求与思想政治教育学科现有的发展水平（内含着学科自身的发展性需要及其内在诉求）之间的矛盾。这一基本矛盾反映了学科发展过程的本质联系和必然趋势，主导着学科发展过程具体矛盾的存在和发展，体现着推动学科发展的根本原因和内在动力。

1. 这一矛盾反映着思想政治教育学科发展过程的本质联系和必然趋势

基本矛盾反映着事物运动变化发展的本质联系，其矛盾运动规定了整个过程的基本性质和发展趋势。党和国家对思想政治教育学科发展水平的要求与其发展现状之间的矛盾，决定了学科发展过程中诸要素和各阶段及其之间的相互依存、相互斗争，必然是根据社会要求及其内在需要开展学科实践，促使其朝着特定方向和目标去发展，由此也规定了思想政治教育学科及其发展过程的特殊本质，即实现思想政治教育科学性和社会主义意识形态正向性统一的本质。同时，这一矛盾与学科发展过程中其他任何联系和矛盾都发生作用，制约着整个矛盾谱系的存在和发展，贯穿学科发展全程的每一时序和每一方面，并对其运动变化和发展起着支配性、决定性、主导性的作用，只要思想政治教育学科发展这一过程没有走向终结，它就不会消灭。因此，它是思想政治教育学科发展的基本矛盾。"社会"与"学科"分立于这一实践活动的两极，它们之间的对立统一关系推动其过程的发展。开展思想政治教育学科建设，首先要弄清楚学科自身在哪些方面或要素与社会要求之间存在差距，这个差距有多大，如此才能有针对性地采取措施加以解决。无论是行政规划，还是自觉的学科建设行为，都是为了逐步缩小和最终消除这个"差异"，并在此过程中满足学科发展的自我诉求。每一次的发展阶段或部分提升，都可以看作一次特定的思想政治教育学科发展行为的完结，而后，随着某一阶段或某个方面矛盾的解决，新的更高的社会性要求又会被提出，这二者之间又会出现新的不平衡，即新的"差异矛盾"的产生，使得思想政治教育学科进入下一个发展阶段。譬如，经过长期努力，我国社会发展进入新时代的历史方位，在这种情况下，思想政治教育学科发展基本矛盾及其地位并没有变，但其内涵随着时代的发展而有了新的变化，表现为新时代党和国家对思想政治教育学科发展水平的客观要求与其当前的发展状况之间的矛盾。要揭示思想政治教育学科发展规律，就必须搞清楚制约和贯穿学科发展全过程、决定其本质与趋势并衍生其他矛盾的基本矛盾。

2. 这一矛盾主导着思想政治教育学科发展过程具体矛盾的存在和发展

思想政治教育学科发展的社会性要求与科学性水平之间这种基本矛盾，在整个学科发展过程中居于支配地位，对学科发展的矛盾谱系具有前提性和决定性意义。具体而言，它是全局性、总体性、内含性的矛盾，[①] 是思想政治教育学科发展一切矛盾产生、演变和转化的根源所在，规定或影响思想政治教育学科发展过程要素性和阶段性具体矛盾的存在和发展。也就是说，在学科发展的矛盾谱系中，存在的诸如知识体系、知识生产、知识转化之间的矛盾，各要素在发展阶段之间的转化和内化，即意识形态与科学性之间、发展质量与发展规模之间、权力依赖与自主建构、政治使命与个体发展之间的矛盾等，这些具体矛盾是由思想政治教育学科发展过程的基本矛盾衍生而成并由其决定的，归根到底都是这一基本矛盾在其构成要素和发展阶段上的特殊表现和具体展开，同时，思想政治教育学科发展过程中这些具体矛盾的解决都有赖于并服务于其基本矛盾的解决，如此才有其存在的空间和价值，也才有了反映及其发展必然趋势的具体规律。

3. 这一矛盾体现着推动思想政治教育学科发展的根本原因和内在动力

矛盾是事物之所以不断发展的根源和动力，主要是指事物的内部矛盾。这一矛盾是思想政治教育学科生成、发展的内在根据。正

---

① 参见彭启智《思想政治工作矛盾论》，武汉大学出版社2017年版，第149页。

如生产力和生产关系、经济基础和上层建筑之间的基本矛盾及其矛盾运动之于人类社会发展过程，构成了人类一切社会不断向前发展的根本动力。思想政治教育学科发展也是如此。从某种意义上来说，思想政治教育学科发展过程就是基本矛盾运动发展和不断解决的过程，其矛盾解决的程度体现了学科发展的程度。如上所述，思想政治教育学科发展过程内含有不同的矛盾，是一个错综复杂的矛盾体，这些矛盾在学科发展过程中所处的位置和发挥的作用都是不一样的，其中，思想政治教育学科发展基本矛盾是在整个发展过程中始终起决定作用的矛盾，在这一矛盾体中居于核心地位，如若没有这一矛盾，其他矛盾也就没有存在的可能。思想政治教育学科的建立和发展，究其根本是要造就和生产能够有效运用于思想政治教育领域的专门知识和人才，实现思想政治教育的科学化及其队伍建设的专业化，以适应党和国家事业发展需要以及人的自由全面发展需求。质言之，就是要不断解决学科现有的发展水平与党和国家要求之间的差距，进而逐步发展提升其具体实践的科学性尤其是社会主义意识形态教育的科学性，直至彻底消除意识形态的负效性影响，实现科学性与意识形态性真正意义上也即最高阶段的统一。这是思想政治教育学科之所以存在并始终保持着蓬勃生命力的客观依据和基本动因，也是其发展的本质使然和不移的确定走向。

基于以上，我们可以确证，党和国家的应然性要求与学科自身的实然性状况之差构成了思想政治教育学科发展的基本矛盾域。而在这一对基本矛盾关系及其运行过程中，学科发展的主体及其主体性程度实际则是矛盾的主要方面，这是因为，无论是需求侧的满足程度，还是供给侧的供给能力，再或者具体到学科发展的各要素、各阶段和各环节，都有赖于学科的本体性发展主体和派生性实践主体的参与度和贡献力，这也成为解决矛盾的关键所在。

### （三）思想政治教育学科发展基本矛盾的呈现

思想政治教育学科发展是一个过程，在这个过程中存在基本矛盾。那么,这一基本矛盾又是如何呈现的呢?对此,要从矛盾的两个方面进行具体分析,以期全景式地呈现出基本矛盾的全貌。

1. 党和国家的正向性要求与学科发展之间的矛盾状态

思想政治教育学科发展的应然性要求和实然性状况构成了基本矛盾的两端。其中,党和国家要求的是需求侧,学科实际发展水平是供给侧,由此形成了这种供需关系的矛盾。其中,党和国家对学科发展所提出的应然要求,同时也承载着人和社会以及科学发展的时代需要,这就取决于党和国家作出的合理性选择。在理想状态下,我们认为,需求主体能够作出准确判定和合理选择,供给主体也能够全面深刻地认识和把握社会要求及学科发展的"实然"状态,使外在的这种社会要求进入思想政治教育学科发展程序成为"为我"的"应然"超越。然而事实并不总是如此,随时可能在某一个环节出现不相适应的情况,由此呈现出党和国家的需求值要求与思想政治教育学科发展的状况之间的矛盾情形。如图2-3所示:

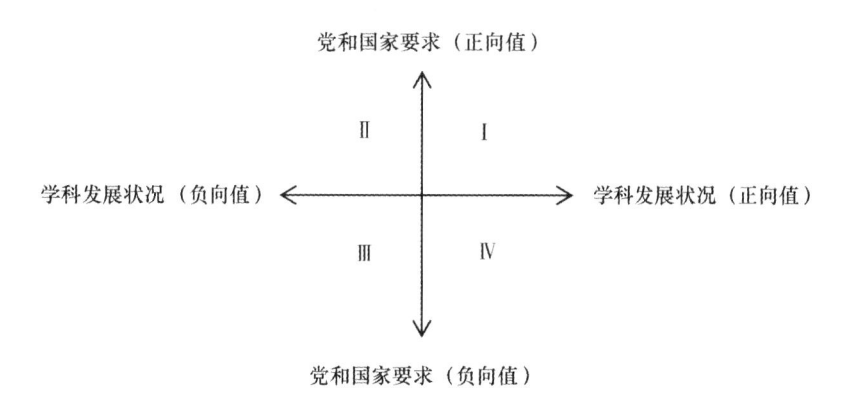

图2-3 党和国家要求与学科发展状况矛盾关系[①]

通常情况下,党和国家对思想政治教育学科发展水平的要求总

---

[①] 参见韦冬雪《思想政治教育过程矛盾和规律研究》,光明日报出版社2011年版,第93—94页。

是高于其实际值，是基于社会发展总体状况和学科发展趋势的深刻把握所给定的正向性要求。那么，在这种情形下，思想政治教育学科发展基本矛盾主要表现为学科发展本身的状况与这种正向的社会要求之间的差异。思想政治教育学科发展水平作为供给侧，从表面来看，供给的主体是学科本身，但其本质力量实则是学科发展主体。因而从根本上说，主要取决于学科发展的主体及其主体性的实际程度。这时，学科发展水平与党和国家要求之间存在两种可能：第一种，两者是同向的（第一象限），即当作为供给侧的思想政治教育学科发展水平的实际供给主体具备了相应的主体意识、主体素质，并自觉地肩负起学科发展使命，此时两者对学科发展的目标和方向在性质上达成共识。当学科发展主体有着规范的学科意识和强烈的学科自觉，供给侧的主体性与党和国家所提出的学科发展水平要求差距较小时，要解决基本矛盾是比较容易的；反之，就算这种差距比较大，只要经过双方共同的努力，基本矛盾依然可以被解决，归根到底在于它们的发展步调是一致的。第二种，两者是反向或者背离的（第二象限），即当作为供给侧的思想政治教育学科发展水平的实际供给主体的主体性和自觉程度不高，而对党和国家提出的要求存在理解或界定上的偏颇甚至有严重错误，特别是与学科发展方向、目标在某种程度上存在相反性，并外化为主体的思想和行为时，那么，基本矛盾解决的难易程度就要取决于两者背离的程度。

2. 党和国家的负向性要求与学科发展之间的矛盾状态

在极个别情况下，党和国家所提出的应然性要求可能也会存在偏差或不合理的地方，这时，其负向性要求与学科发展状况之间也会呈现出两种不同的矛盾状况。主要表现为：第一种，需求侧所提出的具体需求值要求，以及党和国家对学科发展的定位、属性、目标、方向等有偏差或认识不准确，而处于矛盾另一端的供给侧也未有强烈意识或采取一定行动时，于是就进入关系的第三象限，即这时候学科发展可能会遭受曲折。比如思想政治教育学科在发展过程中曾出现过的"借船出海""种地荒田"等发展矛盾，失去独立学科发展的 10 年，经过不断调整才从根源上理顺了"教育学—政治学—马克思主义理论"的学科归属问题，等等。第二种，对学科发展的某些要求可能存在不合理性，而学科本身的发展诉求是正确的，与所处时代、社会和人的发展的需要是一致的，只是在层次上存在一定差异性，就会进入关系的第四象限。以上这两种情形都需要及时进行调整，才能有效解决基本矛盾。当然，在绝大多数情况下，思想政治教育学科发展的基本矛盾是处于第一象限和第二象限的，极少会出现第三象限甚至第四象限的情形。这是因为，思想政治教育学科的建设和发展归根结底隶属于上层建筑领域的自为性社会要求，而学科发展的实际水平和状况有赖于其供给主体，即思想政治教育学科建设这一实践活动内生的发起者、组织者、实施者、调控者，这就要求学科发展主体本身是接受了系统教育、又红又专的思想政治教育理论家和实务工作者，唯有如此，才能肩负起不断促进思想政治教育学科发展的时代重任。

## 三 思想政治教育学科发展过程的具体矛盾

思想政治教育学科发展过程的基本矛盾既生成一系列的具体矛盾，同时又通过这些具体矛盾表现出来。基本矛盾在时间上和空间上具有多种不同的形态，时间上即其演进阶段的矛盾形态，空间上即其构成要素的矛盾形态，由此形成了思想政治教育学科发展过程中纷繁复杂、纵横交错的具体矛盾，其矛盾运动和必然趋向形成了思想政治教育学科发展过程的具体规律。

### （一）学科视域内分析具体矛盾的理论进路

学界目前尚无关于思想政治教育学科发展过程具体矛盾的研究成果，但有两种可资借采的分析视域和方法路径：一是一般学科视域内学科发展过程的具体矛盾分析；二是思想政治教育学科视域内的具体矛盾分析。通过对这些相关性分析的把握,由此找到探寻思想政治教育学科发展过程具体矛盾的理论进路。

1. 一般学科视域内分析具体矛盾的路径

从一般意义上分析学科发展过程的具体矛盾,现有研究主要是基于从一般到特殊的路径,即在把握学科发展过程基本矛盾基础上进一步分析和揭示其在时间演化、空间构成及相互联结上的各个具体矛盾。有学者指出,大学学科发展过程的具体矛盾是其基本矛盾在不同发展时期大学学科的特殊矛盾,比如在转型时期时,既要保持和发展既有的传统优势学科,又要在一定时期内超常规建设发展一批高水平基础性学科和新兴、交叉性前沿性学科,从而形成自身特色和学科优势。那么,学科发展的特殊矛盾表现为:大学学科发展的多重目标及其资源分配能力不能满足其超常规需要的矛盾。[①] 还有学者从一流大学学科发展过程的矛盾入手,从内部和外部两个维度分析了其具体的矛盾谱系,认为,一流大学的学科在发展过程中面临着若干矛盾,主要表现为:学科发展自身内在需要的无限性与大学实际供给能力的有限性之间的矛盾;学术生态环境的共生性和各学科发展的不均衡性之间的矛盾;学科发展趋势的开放性和大学学术组织的人为封闭性之间的矛盾;学科发展的渐进性与大学发展的跨越式要求之间的矛盾。[②] 以上对于学科发展过程具体矛盾的分析,尤其是对学科发展基本矛盾在不同要素和阶段上的具体分析,对本研究分析和把握思想政治教育学科发展的具体矛盾谱系,具有一定的参考价值。然而,本书最终要回到思想政治教育学科上,在一般性基础上更好地概括出特殊性。

2. 思想政治教育学科视域内分析具体矛盾的路径

从思想政治教育学科视域内分析具体矛盾,学界集中探讨的是

---

① 周进:《大学学科发展的基本矛盾及特殊矛盾》,《科技导报》2002 年第 5 期。
② 郭丽君、吴庆华:《一流大学的学科发展及其矛盾研究》,《现代教育科学》2004 年第 3 期。

思想政治教育系统及其实践过程的具体矛盾。有教材指出，思想政治教育的具体矛盾就是其基本矛盾的具体表现，具体来说，包括社会性要求与个体性需要之间的矛盾、主导性教育与自主性内化之间的矛盾、教育正面影响与环境不良影响之间的矛盾等。[1] 还有学者基于中国特色社会主义进入新时代及社会主要矛盾变化这一背景提出新时代思想政治教育的具体矛盾，即立足于教育的目标、内容、方法、环境、队伍和评估等环节上，提出了个体发展的主观性需要和社会发展的客观性要求的矛盾、个体求知范围的广阔性与教育内容本身的相对固定性的矛盾、自主性接受与主导性教育的矛盾、正面性积极影响和负面性不良影响的矛盾、对高素质育人队伍的需求与不充分不协同的实际情况之间的矛盾以及思想观念的动态变化与评价标准的固态稳定之间的矛盾。[2] 对于思想政治教育过程的具体矛盾，有从思想政治教育过程构成要素分析，认为是教育目的、任务、途径、方式方法与教育效果之间的矛盾关系及其内部矛盾，概言之就是主体、客体、介体之间的矛盾；[3] 也有从过程运行的视角进行立体动态的考察，指出是从教育者到受教育者及教育整体运行的程序，其具体矛盾是由教育者的前提性矛盾、受教育者的目的性矛盾、两者互动的核心性矛盾和协同共向的协调性矛盾组成的矛盾体系；[4] 还有从思想政治教育过程横纵共向结构所形成的具体矛盾谱系、宏观过程和微观过程加以解读和建构。以上种种分析从不同路径探讨了思想政治教育及其过程的具体矛盾，总体来看，始终是围绕"过程"进行的，且已深入结构性、系统性的研究。

---

[1] 郑永廷主编：《思想政治教育学原理》，高等教育出版社 2016 年版，第 155—157 页。

[2] 王学俭、顾超：《新时代思想政治教育矛盾的新特点与解决思路》，《思想理论教育》2019 年第 2 期。

[3] 陈万柏、张耀灿主编：《思想政治教育学原理》，高等教育出版社 2001 年版，第 95 页。

[4] 吴林龙、王立仁：《思想政治教育过程具体矛盾体系新解》，《思想政治教育研究》2011 年第 4 期。

3. 思想政治教育学科发展过程中具体矛盾的探寻路径

借鉴以上研究路径，笔者认为，思想政治教育学科发展过程具体矛盾的研究进路是：一要从空间维度把握学科发展构成要素的矛盾。思想政治教育学科发展过程的基本矛盾首先具体表现为要素性矛盾，即学科发展的主体、理论、组织、实践内在的矛盾关系。二要从时间维度把握学科发展演进阶段的矛盾。思想政治教育学科发展过程的基本矛盾还具体表现为阶段性的矛盾，是思想政治教育学科在生成、成长和独立时期阶段所呈现出来的前后相继的矛盾。三要从时空整体的角度把握学科发展过程的具体矛盾谱系。毛泽东指出："一个大的事物，在其发展过程中，包含着许多的矛盾。……只有从矛盾的各个方面着手研究，才有可能了解其总体。"[①] 这就是说，要了解矛盾的总体和全貌，不但要了解贯穿事物发展全过程的基本矛盾运动，还必须了解各个方面、各个阶段的具体的矛盾关系，了解其每一方面、每一阶段的具体特性，以什么样的具体形式和方法彼此之间相互依存、相互斗争又相互转化，来推动其矛盾运动的展开和解决。因此，就思想政治教育学科发展过程而言，其中所包含的具体矛盾是一个横纵共向式结构的矛盾谱系，既要从共时态的思想政治教育学科发展构成要素的矛盾关系来揭示，又要从历时态的思想政治教育学科发展演进阶段的矛盾关系来揭示。思想政治教育学科发展具体规律就是形成于思想政治教育学科发展横向要素协同、纵向阶段共向的矛盾运动过程。

### （二）思想政治教育学科发展具体矛盾的确证

由此观之，所谓思想政治教育学科发展具体矛盾，是指思想政治教育学科发展基本矛盾在不同要素、不同阶段所体现的相互关联的、复杂的、动态的矛盾谱系。进一步而言，思想政治教育学科发展过程的具体矛盾是以思想政治教育学科发展基本矛盾为中枢，立

---

[①] 《毛泽东选集》第 1 卷，人民出版社 1991 年版，第 311—312 页。

足空间维度的构成要素和时间维度的发展阶段的逻辑位面而衍生的相互依存、相互制约的矛盾系统,具体表现为思想政治教育学科发展要素矛盾和思想政治教育学科发展阶段矛盾。

1. 思想政治教育学科发展要素矛盾

这是对基本矛盾横的联结的反映。所谓横的联结,是相对于思想政治教育学科发展过程空间维的规定,是由思想政治教育学科发展的基本矛盾所决定的诸要素逻辑展开及其矛盾运动的过程。也就是说,要素性矛盾反映了社会性要求与科学性水平这一对基本矛盾体在空间载体上的具体形态和运动形式。毋庸置疑,基本矛盾在事物发展过程中具有贯穿性和根本性地位,较于具体矛盾而言,有着更多的抽象性和整体性。思想政治教育学科发展过程离不开其基本的构成要素,因而这些要素在动态的发展过程中承担着对基本矛盾的展开、演化和发展。具体来说,基本矛盾在学科发展的主体要素上表现为,对各主体发展的社会性要求与各主体实际的发展水平之间的矛盾关系;在学科发展的理论要素上表现为,理论生长的外在驱动力与其内在驱动力之间的矛盾关系;在学科发展的组织要素上表现为,对组织发展的开放性社会要求与学科自身组织所需的相对独立性状态之间的矛盾关系;在学科发展的实践要素上表现为,对实践发展的丰富与分众并存的双重社会要求与各要素现有发展状况之间的矛盾关系,等等。以上揭示了思想政治教育学科发展过程的基本矛盾在横向联结上的实体形态。这是因为思想政治教育学科发展的诸要素从某种程度上来讲是具备实体性质和占据实体位置的,它们之间的矛盾运动成为其基本矛盾运动的物质性载体,在整体矛盾体系中有着比较直接和直观的作用,也促使基本矛盾在共时态的空间中显现出来。

2. 思想政治教育学科发展阶段矛盾

这是对基本矛盾纵的联结的反映。所谓纵的联结,是相对于思想政治教育学科发展过程时间维的规定,是由思想政治教育学科发展的基本矛盾所决定的各阶段逻辑展开及其矛盾运动的过程,并进而形成了其阶段演进的具体规律。也就是说，阶段性矛盾反映了社会性要求与科学性水平这一基本矛盾体在其演进序列上的具体形态和运动形式。而思想政治教育学科发展的基本矛盾除了在上述空间载体上的表现，作为一个过程存在，更加离不开其阶段相续的相互作用和相互联结。那么，这些不同阶段在动态的演进过程中同样承担着对基本矛盾的展开、演化和发展。具体来说，基本矛盾在学科发展的阶段性关系上表现为，在不同的发展时期，对于学科发展的目标、路径、规模、质量等都有不同的社会性要求，思想政治教育学科的发展状况也会显示出其自身不同阶段的内在性诉求，比如，对行政规划的依附程度呈现不同的状态，对学科规模数量的渐次累积和学科内涵质量的渐进提升的发展权呈现不同的状态，对政治性要求的服务满足和个体性发展需要的服务满足呈现不同的状态，等等。这样，就产生了时间中的具体矛盾关系，揭示了思想政治教育学科发展基本矛盾在纵向联结上的演进形态。这是因为，无论是学科发展本身还是其构成要素所形成的空间范畴，都与具体的、向前的、接续的各个阶段及其所形成的时间范畴有着密不可分的关系，而基本矛盾和具体矛盾的联结也都需要通过历时态的时间来实现，以此发生纵向的联系和演进，它们互相交织和相继，促使基本矛盾也在历时态的时间中显现出来。由此，思想政治教育学科发展的基本矛盾运动便在这个不断运动和发展的矛盾总过程中实现了自我的整体性发展，思想政治教育学科也在这个不断运动和发展的总过程中实现了自我的整体性发展，完整地呈现出思想政治教育学科发展过程矛盾运动的立体图景。

### （三）思想政治教育学科发展要素矛盾的呈现

思想政治教育学科发展是一个过程，一个由诸多要素和不同阶段相互联系、相互作用推动的复杂运动过程，其间含有多种具体矛盾。从横的联结和横切面来看，思想政治教育学科发展构成要素包括以学科的发起者、组织者和实施者存在的主体要素、以知识体系存在的理论要素、以学科共同体存在的组织要素和以转化应用存在的实践要素,这些要素及要素之间就构成了多样具体的矛盾关系及其矛盾运动。

1. 学科主体发展的多元性与整体性之间的矛盾

承前所言,思想政治教育学科发展主体既有党和国家及其相关职能部门(笔者称之为主体Ⅰ),又有思想政治教育科学家群体(笔者称之为主体Ⅱ),还有思想政治教育实务工作者(笔者称之为主体Ⅲ),概括来讲,就是决策者、管理者和从业者。他们都是思想政治教育学科发展过程中的主体范畴,从主体性本身层面来说并无质的差异,只是各自的地位和作用略有差别。其中,决策者即党和国家,处于支配主导地位,从宏观层面上起着决定性作用,对思想政治教育学科建设发展的总体和全局作出决策和部署;管理者即党和国家的代表和职能部门,承担学科规划和管理的职能;从业者则是具体从事思想政治教育学科建设发展事业的研究者和工作者。由此可见,这些主体不是单一个体的存在,而是复杂与复合的存在,想要通过主体作用的充分发挥来促进思想政治教育学科的发展,就必然要求其形成协调有序的有机整体,才能使其作用大于单个或多元主体间机械式的相加之和。但是,由于主体结构的复杂性和存在的多样态,在思想政治教育学科发展过程中,经常会存在主体发展不一致、不充分、不协调的情况,自然而然地产生了多元主体与整体性发展要求之间不相适应、不相匹配的矛盾,主要表现为以下几点。

第一,思想政治教育学科发展主体的多样性存在与整体性发展之间的矛盾。在学科发展的主体结构中,既有作为政党和社会主体存在的Ⅰ级样态,又有作为集体主体和个人主体存在的Ⅱ级、Ⅲ级样态。一方面,三者是相互依存的统一体。思想政治教育学科的创立、建设和发展是三级主体多边活动的过程,没有Ⅰ级主体,就不会有思想政治教育学科的存在;没有Ⅱ级主体,学科的建设活动就失去了灵魂,无法获得长久发展;同样,没有Ⅲ级主体,就没有了实践的支撑，思想政治教育学科也就失去了存在和发展的真实意义。因此，在思想政治教育学科发展过程中，这三者之间缺少任何一方，都不能形成整体发展。它们互相依存、互相作用，共同存在于思想政治教育学科发展之中。另一方面，三者又相互制约，表现为主导和从属的关系。对思想政治教育学科发展应有水平及其相应的阶段性目标要求都是由Ⅰ级主体所提出的，并反映着社会和时代发展对学科发展水平的需要，而社会和时代的发展进步又不断地向其提出新的要求，Ⅱ级和Ⅲ级主体都是为达成这一要求而不断寻求学科的突破和发展，因而，从这个意义上来说，Ⅰ级主体是矛盾的主要方面，处于主导地位，其他的则是次要方面，处于从属地位，它们的作用效能是呈"Ⅲ＜Ⅱ＜Ⅰ"依次递减的。但是，从结果效能来看，Ⅰ级主体作用的发挥又要受到其他两级主体能力的影响和限制，呈"Ⅲ＞Ⅱ＞Ⅰ"依次递增的。毋庸置疑，只有当三者形成合力，在各自的角色中有效发挥其功能，才能从推动学科整体性向前发展，然而，在现实中，各级主体由于其特定属性和角色的相对划分，很容易产生一定的"圈层文化"，不仅使主体之间的关系效能受到限制，还在反哺实践的过程中造成了预期目标与实际结果、研究成果与应用转化、理论生产与实际工作之间的割裂和脱节，从而阻碍了整体性功能的有效发挥。

第二，思想政治教育学科发展主体的价值取向不一与统一性要求之间的矛盾。思想政治教育学科是具有明确目的的上层建筑领域的实践活动，它的发展目标是根据党和国家的要求而提出来的，它的存在和发展必须遵循并服务于中国特色社会主义事业全局，反映主导的、主流的社会主义意识形态建设的本质要求。Ⅰ级主体作为学科发展的顶层设计者、要求提出者及其"官方"代表，是为学科发展提供条件并实施规约的主体，因而必然从其独特的国家意志性和阶级性出发，对其下级主体进行统一意识形态教化和价值观传递的组织安排。而Ⅱ级和Ⅲ级主体同样是具有主观能动性的人，处于一定社会中受其影响的人，他们有着自己的主观意志和意愿，并以其各自的发展从不同方面作用于学科发展的各项实践活动，或积极主动或消极被动地接受来自上级的影响，抑或不能完全快速地理解、消化和适应处于不断变化发展中的战略策略，有些要求甚至超越了其能力所及的范围，在这个过程中所表现出的各种思想情绪和行为偏差，都有可能在彼此关系上出现某种不一致、摩擦乃至冲突，都会在一定程度上制约和消解其本身发展的整体性要求。

第三，思想政治教育学科发展主体的学科素养差异与整体性要求之间的矛盾。主体要素是学科建设发展的关键要素，在各阶段、各领域和各层次都发挥着不可替代的关键作用。目前，思想政治教育学科已经有了这样一个庞大的主体群，"分布在各个领域、各个层次，真可谓是人山人海、人才济济。在当代中国的哲学和人文社会科学的学科体系中，没有哪一学科具有这样的人才队伍优势"[1]。但是，主体大、人员多并不代表就有足够的力量，关键还在于主体素养能否实现高质量的整体发展。这是因为，任何一门学科的前行和发展，都离不开主体的自我构建，主体本身是否适应社会发展的客观要求和现实需要，是否具有相应的能力水平，是否及时转变观念并探索新的学科范式，等等，而这些都与处于其中每一个人的素养有直接关联，并决定着学科主体整体素养的发展水平。实际的情况是，不管是哪一级主体中的成员，他们自身的学科背景、知识结构、理论水平、个人能力等都有所差异，这些差异表现在他们的思想观念、思维习惯、实践方式等方面的不一致，那么在协同配合的时候不可避免地会产生这样或那样的矛盾。

2. 学科理论发展的自发性与自为性之间的矛盾

思想政治教育理论形态和专门知识体系的构建及其发展，既受制于学科发展的内在逻辑，又受制于社会发展的外在逻辑。所谓内在逻辑，是指按照一般科学生长过程表现出来的知识细胞自身

---

[1] 张耀灿、钱广荣等：《思想政治教育学科范式简论》，安徽师范大学出版社2018年版，第42—43页。

的生长、裂变、移植和重组，以满足学科理论形态和知识体系的自我发展性、完善性需要；所谓外在逻辑，是指思想政治教育学科不同于其他学科的质的规定性，即必须在特有的社会主义意识形态框架体系内去建构理论、发展理论，而不是完全意义上的自发式、放任式的发展方式。这种内在逻辑和外在逻辑必然表现出向内自发性需要和向外自为性要求之间的张力及其矛盾，主要表现如下。

矛盾的一端是，思想政治教育学科的理论基础、基础理论和应用理论根据内在的自发性需要获得发展。这种发展主要是向内式的满足和发展。就理论基础来说，马克思主义作为不断发展的开放的理论，内在地要求其必须随着时代、实践和认识的发展而发展，始终站在时代前沿，才能发挥其真正的作用。就基础理论来说，表现为按照一般哲学社会科学的认知理路和基本逻辑来构建演绎学科的内部结构与知识体系，即"以具体的研究对象为中心，沿着'是什么'、'为什么'、'怎么样'和'怎么办'的内在逻辑展开"[①]，构筑起思想政治教育的本质研究、反思性研究、存在形式研究和对策方法研究的逻辑结构。由此形成了以研究当代中国思想政治教育实践的现象、问题和规律为中心，以"论"、"史"、"方法论"及"比较"为主要支撑的基础理论部分。就应用理论来说，它也是一定时代和社会历史条件下的产物，并不断出现新的研究领域，比如在互联网未出现的时候，人们必然不会想到它会给人类生活方式带来如此之大的变革，并直接推动了网络思想政治教育学这一分支学科的形成和发展，随着互联网、大数据、人工智能甚至是元宇宙等新技术及数字生活空间的持续发展而不断获得理论创新的驱动力，产生一系列新的应用性研究和理论成果。

矛盾的另一端是，思想政治教育学科的理论基础、基础理论和

---

[①] 李辽宁：《思想政治教育学科发展的逻辑规律与内在动力》，《思想理论教育》2010年第5期。

应用理论必须按照向外的自为性要求获得发展。这种发展主要是主动的作为和自我实现的发展。就理论基础来说,"思想政治教育学科理论框架的核心价值取向、指导思想和理论基础具有意识形态属性,有一个国家性质的管理机构和体系"[①]。它的这种自为性要求,体现在思想政治教育学科必须把无产阶级的物质关系以一定思想和观念的形式表现出来,使社会主流意识形态的建构及其主导性的巩固和发展内嵌进思想政治教育学科的知识系统,也就是我们通常所说的以发展的中国化马克思主义为科学指导和理论基石。一代又一代的中国共产党人在不同的历史时期和实践发展中形成了系列的理论创新成果,使之具有了马克思主义的内核和中国形态的外观,成为"为我而存在的"的主体性活动。或者更进一步说,"外在目的失掉了单纯外在自然必然性的外观,被看作个人自己提出的目的,因而被看作自我实现"[②]的过程。很显然,如果不主动确立理论建构、创新和发展的马克思主义世界观和方法论,而是游离于党和国家之外,就不可能有科学的思想政治教育学科体系和理论体系。就基础理论来说,这种自为性要求表现为在思想政治教育学科自身"科学革命"的推动下,其原有的理论框架被不断解构和重构,不再是单纯地按照一般逻辑的推演或常规研究的累积性发展观前进,而是"由于事实或理论的基本新颖性而在质上得到改变,在量上得到丰富"[③]。就应用理论来说,这种自为性要求表现为通过外在因素和条件的影响变化而实现的有效供给和利他式的发展。具体来说,就是不断提升思想政治教育学科进入现实社会和人的精神世界中的有效性和转化力,进行实证性、解释性、评价性、预测性和对策性知识的建构和发展。

---

[①] 张耀灿、钱广荣等:《思想政治教育学科范式简论》,安徽师范大学出版社2018年版,第85页。

[②] 《马克思恩格斯全集》第30卷,人民出版社1995年版,第615页。

[③] [美]托马斯·库恩:《科学革命的结构》(第四版),金吾伦、胡新和译,北京大学出版社2012年版,第6页。

对比矛盾的两端，便有了理论发展的自发性需要这只"看不见的手"和自为性要求这只"看得见的手"，"看不见的手"要依托"看得见的手"来发挥其影响力，而"看得见的手"同样也不能失去"看不见的手"的内在规定。在思想政治教育学科的实际发展过程中，这两只手的力度没有掌握好甚至打架，很容易就会导致两只手不协调的矛盾。

3. 学科组织发展的共生性与离散性之间的矛盾

思想政治教育学科组织体系的形成和发展，有它自身特殊的功能和使命，即是生产和再生产思想政治教育学科知识，生产和再生产思想政治教育学科人才。在此过程中，逐步形成了在学科领域获得普遍认同、广泛流通的理想追求和价值话语，在学科域界内活动的人们因此而会聚为一个从事共同研究事业的学术共同体，有如托马斯·库恩在其《科学革命的结构（第四版）》中所提出的"科学知识的生产者和确认者的单位"这样一种科学共同体，它明确了从事思想政治教育科学研究所具有的共有信念、价值和技术并提供谜题解答的模型与范式，由此确立了思想政治教育学科领域进行学术传扬和人才培养的相对独立的基本体系。但是，现代科学学科的发展，都离不开其他学科的支持，没有一个科学领域是可以完全分离出来的，这样就形成了学科与学科之间的相互依存、互相借鉴、共同发展的"共生现象"和"学科生态圈"，这客观上构成了学科发展组织上的共生性与离散性之间的矛盾，主要表现为两点。

第一，科学发展的共生与学科组织的人为离散间的矛盾。科学的发展是一个开放的系统，整个学科生态系统也在日益扩张，每一个学科都构成一个独立的个体，而又是每一级学科生态圈中的一个子系统。换言之，每一学科在实践中都会向边界处进行渗透、融合与跨越，在没有明确边界的相关领域或已知的互涉区间展开新的活动，如此，科学发展的开放性和流动性便在组织的聚合和演化中得到深刻的反映。① 微观层面，从学科的独立个体来看，思想政治教育学科已经具有了相对固定的组织地盘和较为成熟的共同体；中观层面，从马克思主义理论一级学科组织成员来看，它是其中的一个二级学科；宏观层面，从哲学社会科学体系来看，它还是中国特色哲学社会科学"丛林"中的一棵"学科之树"。对于思想政治教育学科而言，政治学、伦理学、心理学、教育学等就是与之密切互动的主要相关学科，在学科促进自我发展和主体能力提升的过程中，吸收、融合、运用了大量相关学科的理论和方法，使之在借鉴和依托中完成了创造性转化和创新性发展。然而，在学科发展的外在建制过程中，院系和研究所等组成了学术和教学的基本单位，这种学科组织形式日趋稳固，并圈定了本学科进行知识、人才生产与再生产的领地；而在学科发展的内在建制过程中，"一套特定的共有价值与一个专家共同体所共有的特定经验相互作用的方式"② 逐渐形成，并在学科范式的真我寻觅和自觉转换中实现前进，这种特有的规则、范例、术语等使之出现了相应的学科界限，这种人为造成的封闭性显然有悖于学科内在发展的共生性和开放性特征，但是又不得不承认，这是学科在发展过程中自然分化和相对独立的必然结果。

第二，马克思主义理论一级学科组织的相融共生与思想政治教育二级学科组织的相对离散间的矛盾。所谓马克思主义理论一级学科组织的相融共生，是指所属一级学科及其二级学科构筑的组织样态和互动关系，要求其中的每一个分域和每一级组织树立马克思主义整体观，恪守马克思主义的立场、观点和方法从事科学研究活动，并与各二级学科之间实现深层次交流交融，并在此基础上进行知识生产、人才生产的综合和科际整合。所谓思想政治教育二级学科组织的离散，是指它作为一门拥有独立形态的学科，其学科组织形式

---

① ［美］伯顿·克拉克：《高等教育系统——学术组织的跨国研究》，王承绪等译，杭州大学出版社1994年版，第15页。
② ［美］托马斯·库恩：《科学革命的结构》（第四版），金吾伦、胡新和译，北京大学出版社2012年版，第167页。

亦日趋于稳固。这种相对离散性主要表现为：一是学科职能的特殊性。与其他各二级学科侧重于研究马克思主义的基础理论和理论基础不同，思想政治教育学科开辟了马克思主义和中国化马克思主义理论学习和教育、宣传和传播的实践阵地，承载着更多的实践使命，既包括马克思主义的思想政治教育实践使命，还包括为各个领域、各条战线以及马克思主义理论一级学科本身培养和输送专门人才的实践使命。正是由于这种实践性的限定和影响，在一定程度上有了这种倾向或在实际产生了思想政治教育学科发展的学理性水平还不能满足一级学科组织对其学理性需要的矛盾，而主要原因就在于学科组织的马克思主义理论教学与研究的被供给能力不足。二是学科组织的封闭性。正如有学者指出，在学科日趋向好和日益发展的过程中体现出鲜明的学科"自闭性"[①]，表现为本能地持有较为封闭的思路，越来越深入自己的对象进行着自治的学科建设和发展事业，而较少积极主动吸纳相关学科的有益实践经验和成果。这其中，既有天然的知识生产的相对封闭性，也有因此而形成的人才生产中所体现出的封闭性。

4. 学科实践发展的丰宏性与精微化之间的矛盾

思想政治教育学科发展的实践方位，决定了学科的存在和发展需要以特定的实践方式进入现实社会系统并围绕社会和人的发展提供服务。思想政治教育学科发展过程中的各要素也是以实践为联结点和枢纽站，使它们之间形成了密切的关系，在发展过程中也由此构成了要素之间的矛盾关系。这种矛盾关系，主要表现为实践上的丰宏性与精微化之间的矛盾。这是因为，一方面，思想政治教育学科的实践系统关联社会发展中的每一个人和每一个领域，只有普照一切人员和一切方面，才能真正形成社会进步所需要的发展合力，这就是实践上应有的广阔性和丰宏性；另一方面，今天我们在谈论和研究思想政治教育实践时，既有立足高位和整体的宏观之态，亦

---

[①] 沈壮海：《思想政治教育学科的依托发展》，《中国高等教育》2006 年第 18 期。

有聚焦分众的微观之分，人们又越来越注重区分人与人、领域与领域之间的不同，强调思想政治教育形式的多样化发展、主客体的互动式发展、内容的丰富性发展、载体的现代化发展、过程的融合化发展、话语的生活化发展等，以此提升实践的有效性，这就是实践上的精细化和精微化趋势。如此，必然会导致二者之间的不一致或不适应，尤其是思想政治教育学科主体、理论和组织等要素不能满足实践发展的这种需要的时候，这种相互关系和矛盾会更加突出，由此形成了思想政治教育学科发展进步的一种动力。主要表现为以下几点。

第一，学科主体发展不能满足实践发展的需要。要解决实践上这一具体矛盾，使之转化为二者相互融合与促进的方面，离不开各个层级主体能力和关键作用的发挥。一般而言，思想政治教育学科主体发展不能满足实践发展的需要主要表现在：其一，学科发展的Ⅰ、Ⅱ、Ⅲ级主体各自为阵。理论上，学科主体所具有的多元性、广阔性和层次性，既能满足实践的广阔性需要，又能适应实践的精细化趋势。但是，在实际中各主体间却往往容易囿于自己的定位，而不能形成整体有序的耦合态，这种相对脱节和分离的情况致使其不能满足实践的这种需要。其二，学科发展主体所传导的Ⅰ、Ⅱ、Ⅲ级目标任务及其承载的内容要求过于泛化或者无效重复，着重于国家、社会的整体发展，对个体的普照只是一种普遍性的观照，而忽视了个人、群体、领域以及它们之间的特殊性，也是矛盾形成的原因之一。

第二，学科理论发展不能满足实践发展的需要。从理论走向实践、实践转为理论的过程来看，有关思想政治教育的抽象认识、科学理论和专门学问，是对存在于不同时空领域思想政治教育实践经验的升华和凝结，因此，人们对实践发展的需要满足和理论回应尤其是各分支学科和应用理论的嵌入式研究是相对滞后的，只有在某一领域中的具体实践或是针对某些对象的具体实践过程中出现了相应的新情况、新问题，与此相适应的理论才有可能形成。这种滞后就可能导致理论在某一时期内无法满足实践发展的这种精细化需要，产生诸如新实践与旧理论、新实践与旧方法之间的矛盾。例如，网络技术刚兴起的时候，并不会在第一时间就形成网络思想政治教育学这一分支学科。那时，学界还并未意识到这一问题，而是在网络技术对人们生产和生活的各个方面带来巨大的影响与变革，并影响了思想政治教育学科的社会实践时，才有了它的出现和发展，而随着现在大数据、人工智能的深入发展，这些方面的研究、分析、应用以及理论本身的构建等都还不能满足其实际的需要。再如，思想政治教育学科的实践系统在横向上的全覆盖和纵向上的纵深性这两个维度不都是同时间完成且等效的，这种进入和转化的不平衡性，也会激发丰宏性与精微化之间的矛盾。为此，理论发展创新的高度从某些方面来说也取决于对重大时代课题和社会现实问题的关注回应程度，尤其是随着实践的不断发展，反而更加需要强化基础性、专业性理论成果的丰富和发展，应用性、学科交叉的成果要以此为基础，从而不断深化学科理论研究和实务研究。

第三，学科组织发展不能满足实践发展的需要。主要表现在：一方面是现有的知识产出不能满足实践发展的需要；另一方面是现有的人才产出不能满足其现实需要。学科发展实践上的这种矛盾，还必须依靠知识和人才的高质高产来解决，不断扩展科学知识和人才培养的广度和深度。随着社会要素、社会分工、社会群体和社会关系越来越细化和复杂，处于不同领域的群体和个人的差异化特征也愈加明显。譬如，在军队中开展思想政治教育与对企业职工进行思想政治教育的方式和途径必然有所不同，针对学生的思想政治教育内容和面向农民的思想政治教育亦有所区别，此外还有很多新兴领域的出现，等等，[1] 这就对学科知识生产和人才培养提出了多重要求，只有从各个方面、各个群体以及每个方面、每个群体的特殊性

---

[1] 张耀灿：《思想政治教育学科建设研究》，中国人民大学出版社2017年版，第128页。

产能进行匹配并适用，才能为社会实践和现实中思想政治教育的多样变化及其快速发展提供有力支撑和有效服务。但实际上，现有的学科发展水平还并不能完全满足这种需求。

**（四）思想政治教育学科发展阶段矛盾的呈现**

从纵的联结和纵切面来看，思想政治教育学科发展过程是由连续不断、前后相接的阶段构成的，它们之间的对立统一关系即为学科发展阶段的具体矛盾。正如毛泽东在《矛盾论》中强调："如果人们不去注意事物发展过程中的阶段性，人们就不能适当地处理事物的矛盾。"① 这就是说，研究思想政治教育学科发展过程的具体矛盾谱系，不仅要关注学科发展系统内部各构成要素的具体矛盾，还要关注这一动态过程中的阶段关系及其矛盾运动，涵盖权力依赖与自主建构、规模增长与质量提升、政治使命与个体发展之间的矛盾。

1. 学科发展的权力依赖与自主建构之间的矛盾

学科是知识分类和社会发展的产物，但不是所有的知识体系发展到一定程度后都能成为一门学科。学科存在和发展的合法性主要源自两个方面：一是内部知识的合理性，可以依据知识发展的需要和逻辑实现自主发展，即完成科学自主建构的必要性。二是外部权力（譬如社会、党和国家、大学等）的价值选择，也就是它能够满足社会发展的某种需要，即对一定权力的依赖性。在学科的发展过程中，知识和权力表现出不同的张力，亦是一对矛盾体。对于思想政治教育学科而言，权力依赖和自主建构之间的这种张力关系表现得尤为明显。一方面，"思想政治教育学科的存在与发展，是建立在当代中国社会对马克思主义主流意识形态建设与发展的现实需要的基础之上的"②。它不仅要满足马克思主义意识形态教育的需要，而且其学科知识体系天然带有政治和意识形态的基因，因而具有强烈

---

① 《毛泽东选集》第 1 卷，人民出版社 1991 年版，第 314 页。
② 沈壮海：《思想政治教育学科的依托发展》，《中国高等教育》2006 年第 18 期。

的社会主义意识形态属性和权力依赖本能。另一方面，思想政治教育学科依照其自身发展内在诉求的演进逻辑，运动科学的理论武器、实践手段和论证方式进行知识与人才生产的活动。因此，这一对矛盾实际上是思想政治教育学科发展的意识形态性与科学性之间的矛盾，其运动过程主要表现为三点。

第一，学科对权力的依赖性高于对科学的依赖性。在思想政治教育学科生成与依赖式发展阶段，受到它自身的发展状态和组织程度所限，学科对权力的依赖或者说意识形态性的牵引力要明显大于学科对本体的依赖或者说科学性的牵引力。也就是说，学科在这一演进阶段更多地趋向于依凭党和国家的建制权力论证并确立学科的主体性和合法性地位，因而也更侧重于强调主流意识形态的发展和传播；而学科内在的知识探索还处在理论框架和基本理论的建设初期，致使对社会主义意识形态的虚假性、偏见性、幻想性等负效性影响有余而学科的真理性、价值性、客观性等科学性不足。

第二，学科由对权力的依赖逐步走向科学的建构。在思想政治教育学科成长与融合式发展阶段，两者之间的张力发生了变化，思想政治教育学科开始更多地关注其自身发展主体、理论、组织和实践要素的成长，以此不断提升学科发展的科学性，实现学科化与科学化的同向同行。也就是说，思想政治教育学科的发展坚持以党的性质、党的领导、党的要求为基本前提和本质特征，同时，还致力于发现各类思想政治教育现象，正确解答有关思想政治教育的问题，科学揭示其中的规律，不断夯实学科发展的内在基础，建设学科发展的主体力量，优化学科发展的组织生态，从而提升当代中国思想政治教育实践发展的规范化、科学化、现代化水平。

第三，努力实现两者的合理消解。在思想政治教育学科的独立与自主式发展阶段，由于学科系统各要素等方面自我建构能力和创新发展能力得到极速进展，其科学含量获得了显著提升，这两者之间的矛盾冲突在很大程度上得以缓和，但并不是说要逐步退去直至完全消除它的意识形态本质属性而只讲科学本色，实际上，随着思想政治教育学科向着更高阶段演进，在努力进入科学性增强与意识形态负效性弱化的应然境界时，以期两者达成合理的消解。需要注意的是，这种状态到现在并未真正得到实现，所呈现的是矛盾发展的未来趋势和未来状态。

2. 学科发展的规模与质量之间的矛盾

任何一门学科的发展壮大，既包括学科在发展规模和发展速度上的扩张，又包括学科在发展质量和发展水平上的提升；既要有学科在组织、物质、人员等方面的积累，又要有同等的知识产出、人才产出和积极效能，才能在整体上实现生产和再生产能力的提高。理论上，学科发展的规模和质量是渐进式的统一。但是在现实中，这二者往往不能完全同步，主要表现为供给侧与需求侧之间的矛盾。那么，为何会产生发展规模和发展质量之间的矛盾？这是因为，出于当代中国社会发展战略意图和意识形态建设迫切需要的考虑，党和国家在思想政治教育学科发展过程中采取了有别于其他学科的非常规手段，思想政治教育学科发展规模急剧扩张，用几十年的时间走完了有些学科上百年的发展历程，这种"非常规"的发展模式致使学科发展的质量效能滞后于其应有的规模效应。因此，就引发了思想政治教育学科的发展规模与发展质量之间的矛盾，主要表现为三点。

第一，学术研究的水平与学科发展规模不相适应。几十年间，思想政治教育学科硕士学位授权点从仅有的 10 个发展到 300 多个，博士学位授权点从仅有的 3 个（其中还有 2 个属于联合点）发展到现在已逾百个，学科规模扩张速度之快，在我国学科发展史上堪称现象级。如今，思想政治教育学科不仅成为马克思主义理论一级学科所属二级学科最多的博士点，也成为哲学社会科学专业中规模最大的专业之一。从概率学和统计学意义上讲，这种高速扩张，代表着要有更多高质量的学术成果和更高的学术能力与之相匹配。但是，就发展的实际情况来看，深入扎实的科学研究和有深度、有影响、有建树的学术成果在总量和总质上仍然有所欠缺，学科内部知识生产方式以及相关学科之间交叉渗透的知识生产方式也都难以匹配学科现有的发展规模。

第二，人才培养的质量与学科发展规模不相适应。一般来说，学科发展规模的扩大，能够有效优化和提升学科发展要素的结构与存量，从而让学科专门人才的细胞裂变和孵化能力不断提升，产出更为优质的人才产品，并带来社会影响力和认可度的提高，这是一种量变基础上的质变。然而，实际的情况是，尽管思想政治教育学科博士点已经过百，但学科点建设发展的区域差、层次差和结构差状况仍然明显，专门从事思想政治教育教学和研究的教师队伍还未配齐建强，也缺乏长期稳定的研究方向，本硕博一体化培养机制及分层化培养模式仍有待提高，人才培养的整体水平尤其是研究生层次的培养水平仍然需要质的提升。这些都在一定程度上损耗了人才培养的实际产能和整体质量，而出现一定的不相适应性。

第三，思想政治教育的现有有效性水平低于规模扩张应有的有效性产能。总体来看，经过三十余年的发展和累积，思想政治教育学科进入社会实践系统所提供的整体效能有了很大程度的提升，各个领域、各条战线开展思想政治教育工作的能力和水平也取得了质的飞跃，但是与学科发展规模的扩张速度相比，在社会群体及其社会转化的有效性产能上还是不够充分，反映出发展目标与发展结果之间的矛盾。因此，思想政治教育学科的可持续发展不能仅依靠来自外力的强力推动，还必须依靠学科发展的内生动力，才是长久良策。

3. 学科发展的政治使命与个体需要之间的矛盾

思想政治教育学科发展的根本目标，就是促进社会的全面进步和人的自由全面发展，为坚持和发展中国特色社会主义服务，为培养德智体美劳全面发展的社会主义事业的合格建设者和可靠接班人服务，这也是学科发展的政治使命。这就要求协调党和国家的要求与个体发展的需要，将党和国家的意识形态要求内化为个体需要，促使个体发展与社会发展达成完全意义上的统一。

第一，两者的矛盾原因。学科发展的政治使命与个体需要之间的矛盾，主要源自两点：其一，二者地位和角色不同。尽管中国共产党是中国工人阶级的先锋队，是中国人民和中华民族的先锋队，不存在"任何同整个无产阶级的利益不同的利益"[1]，但是这种利益的代表者在社会主义初级阶段绝不等同于每个个体发展的所有需要。独立的个体作为思想政治教育的主体之一，其在追求个人发展的同时必然与社会要求存有差距或不一致的地方，他们是被塑造和被培养的对象。这种地位和角色的差异可能引起多种矛盾。其二，人们对主流意识形态的认识有一个逐步深化的过程。人们之所以会对主流意识形态及其灌输和教化产生误解，从某种意义上来说，就是受到人们的认识、实践程度及其能力等因素的制约，因此无法在短时期内形成对意识形态的正确认知，以及对社会主义意识形态这种先进的、具有正义性的意识形态的深刻认识，也无法使所有人在短时期内对无产阶级领导下的社会发展和个体发展的一致性达成实质认同。在这种情况下，两者的契合度不能总是形成高度的吻合，尤其是在过于强调前者的情况下，很容易将二者对立起来。

第二，两者的矛盾表现。学科发展的政治使命与个体需要之间的矛盾，主要表现为：其一，在思想政治教育学科发展的生成、成长阶段，个体的需要与社会要求的政治使命会存在方向一致或方向相反、程度较深或程度较浅的情况，这是无法避免的，因为思想政治教育学科在当代中国发展的客观环境和时代条件决定了凡此种种情况的出现，这一阶段会经历相当长的一个历史时期，但并不代表其不可调和或者无法解决。其二，在思想政治教育学科伴随历史进步和人类社会的趋势真正走向成熟的阶段，乃至在未来的共产主义社会，仍然需要思想政治教育发挥社会治理和个体发展的功能，真正成为"造就全面发展的人的唯一方法"[2] 而获得完全自由自觉的

---

[1]《马克思恩格斯选集》第 1 卷，人民出版社 2012 年版，第 413 页。
[2]《马克思恩格斯文集》第 5 卷，人民出版社 2009 年版，第 557 页。

形式，为人们所有。可以预见的是，到那时，思想政治教育会以新的更高级的形式继续存在，有关思想政治教育的科学也会以新的更高级的形式继续存在并发挥价值。如此一来，政治使命与个体需要实现了完全统一，既完全服务于社会发展，又完全服务于社会中的人的自由全面发展。

# 第 三 章

# 思想政治教育学科发展的基本规律

思想政治教育学科发展规律形成于学科发展过程中诸要素及各阶段的本质联系和矛盾运动。其中，基本规律是基本矛盾运动的反映和结果，具体规律是具体矛盾运动的反映和结果。思想政治教育学科发展规律是一个由基本规律和具体规律构成的多侧面、多层次的规律谱系。本章在前文阐明思想政治教育学科发展是一个过程及其基本矛盾和具体矛盾的逻辑前提下，着力探讨思想政治教育学科发展的基本规律，论述其核心要义、呈现形态、实践效用等。

## 一 思想政治教育学科发展基本规律的准确把握

把握思想政治教育学科发展的基本规律，不仅要明确思想政治教育学科发展基本规律的涵义所指，还要明晰思想政治教育学科发展基本规律特性所指，并澄清一些认识上的模糊，厘清与其密切相关的基本规律之间的关系。

### （一）"适应服务律"的确立依据

思想政治教育学科发展的基本规律是学科形成发展过程中具有的

总体规律，它反映了这一过程中的本质联系，并由该过程的基本矛盾运动所决定。换言之，思想政治教育学科发展基本规律形成于学科发展过程中的基本矛盾运动，没有这一运动过程，便无本质的必然的联系形成，也就不会有规律的存在，因而是思想政治教育学科发展基本规律得以确立和形成的依据。故此，笔者认为，思想政治教育学科发展的基本规律是：思想政治教育学科发展必须适应并服务于党和国家发展需要的规律。我们称之为思想政治教育学科发展的"适应服务律"。之所以提出"适应服务律"是思想政治教育学科发展的基本规律，就在于它反映了党和国家的应然性要求与思想政治教育学科的实然性状况之间的基本矛盾关系以及这一矛盾运动的全部过程，即在决策过程、传递过程、内化过程、实践过程等四个样态间发展转换而形成相对闭环且完整的运行轨迹（如图3-1所示）。

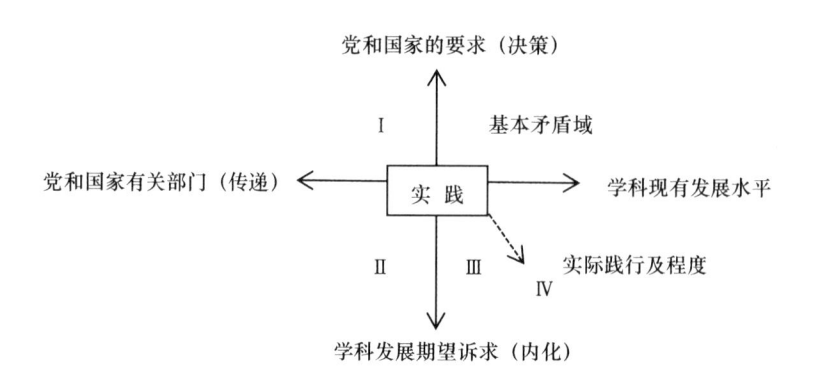

图3-1 思想政治教育学科发展基本矛盾运动及其运行轨迹①

第一，从思想政治教育学科发展基本矛盾运动的发展进程来看，党和国家的决策过程担负着推动思想政治教育学科发展基本矛盾由第Ⅰ样态向第Ⅱ样态转化，即由社会性要求与学科现有的发展水平之间的矛盾向学科建设和发展具体的阶段性目标要求与其发展水平

---

① 参见王颖《思想政治教育过程基本矛盾运动具体形态转换初探》，《理论与改革》2002年第6期。

的实际值之间的矛盾转化的任务。党和国家的研判、确定及决策在这一转换过程发挥着关键作用和助力效能，主要以党和国家对中国特色社会主义事业建设发展、主流意识形态建设发展以及人的发展现状和需要进行分析和研究，并作出准确判断，确立思想政治教育学科要走什么样的发展道路、担负什么样的时代使命、达成什么样的目标任务等具体行为来达成并实现。①

第二，学科发展主体第一层次即党和国家有关部门的传递过程则具体担负着真正实现基本矛盾由第Ⅰ样态向第Ⅱ样态发展演进的职能。这即是说，党和国家有关部门所进行的制定学科发展相应的执行策略、实施方案、总体要求等活动，建立在科学认识和把握党和国家总体的决策信息、战略要求及思想政治教育学科发展整体状况和历史方位的基础上，以此来助推这一转化过程的顺利完成。除此之外，这一过程还担负着推动思想政治教育学科发展基本矛盾由第Ⅱ样态转向第Ⅲ样态的任务，即由思想政治教育学科发展阶段性目标要求与学科现有的发展水平之间的矛盾向学科发展的自我期望和诉求与其主体性实际状况之间的矛盾转化的任务，一言以蔽之，就是社会逻辑要求向知识逻辑要求转化的任务。那么，党和国家有关部门所进行的这种具体化的编制、传递、部署、安排等实践活动，目的就是为了促使其实现从第Ⅱ样态向第Ⅲ样态的顺利转化。以上两次矛盾转化过程，实现了基本矛盾运动从一般、概念、抽象层面向着具体、事实层面的转化，也将推动其外在于学科实践活动的发展样态向内在的本体样态转化，进而为学科契合学科发展内在诉求和主体学科实践活动的展开奠定坚实基础。②

第三，从思想政治教育学科发展基本矛盾运动的转化进程来看，学科发展的其他主体层次即其派生性实践主体对于党和国家所作出的

---

① 参见沈壮海《思想政治教育有效性研究（第三版）》，武汉大学出版社 2016 年版，第 110 页。

② 参见沈壮海《思想政治教育有效性研究（第三版）》，武汉大学出版社 2016 年版，第 111 页。

决策判断及其有关部门传递的决策信息和战略要求等的内化过程实际承担着基本矛盾由第Ⅱ样态向第Ⅲ样态转化的职能。换句话说，这时候基本矛盾的运动已经完全进行到了由外在向内在的转化阶段，即由来自于党和国家的社会性要求和阶段性目标与学科发展实际的、现有的状况和水平之间的矛盾向学科发展主体的、内在的自我期望和诉求与其主体群的主体性程度和状态之间的矛盾转化的任务。由此可见，基本矛盾运动进展到此时，实现了从外在于学科实践和学科主体的存在样态转化为内在于学科主体及其实践活动的自我存在样态，即被视为对思想政治教育科学化不懈追求的自我实现、自我发展的过程。①

第四，从思想政治教育学科发展基本矛盾运动的飞跃进程来看，思想政治教育学科发展的其他主体层次即其派生性实践主体的实践过程还承担着实现基本矛盾由第Ⅲ样态向第Ⅳ样态的发展转化，即由学科发展主体的自我期望和诉求与其主体性实际状况之间的矛盾向学科发展主体对学科发展阶段性目标、要求、任务、使命的政策导向与实际践行之间的矛盾转化的任务。这一向具体实践的转化过程，是整个矛盾运动过程的决定性阶段或其具体性表现的单次完结点，它是学科能否在某一时期或某一方面实现发展性飞跃的重要标志。思想政治教育学科发展就是在基本矛盾运动的推动作用下主动地去解决基本矛盾的自觉反响和能动实践过程，其解决的方式和程度决定了思想政治教育学科的发展状况和水平。并且，在实现第Ⅲ样态转向第Ⅳ样态的同时，这一实践过程还担负着推动新的思想政治教育学科发展基本矛盾第Ⅰ样态的确立及其向第Ⅱ样态转化的使命。这一使命主要源于理论工作者和实务工作者的具体实践活动过程在学科发展的全过程中所具有的检验性、反馈性、评价性流程起点的重要地位。②

---

① 参见沈壮海《思想政治教育有效性研究（第三版）》，武汉大学出版社2016年版，第116页。
② 参见沈壮海《思想政治教育有效性研究（第三版）》，武汉大学出版社2016年版，第119页。

以上，就形成了思想政治教育学科发展基本矛盾运动闭合循环式的运行轨迹，实现交互式、并行式、完全态的次第转换过程，实践证明，正是通过这种可持续性的过程才使得思想政治教育学科连续不断地向前行进、向上生长并向好发展，呈现出其本质自身的"适应服务律"。

**（二）"适应服务律"的科学蕴涵**

由此可见，"适应服务律"作为思想政治教育学科发展的基本规律，既有存在和形成的必然，同时也有深刻的理论蕴涵。要准确把握这一基本规律，有必要对其内在规定及含义、作用方式及实现加以分析和阐明。

1. "适应服务律"的内在规定及含义

"适应服务律"是思想政治教育学科发展的基本矛盾运动中体现出来的必定如此、寻定不移的趋势，体现了它们之间内在的本质关系，是适应与服务的统一。具体来说，可以从以下几个方面理解和把握。

第一，"适应服务律"呈现了思想政治教育学科发展诸要素和各阶段关系中的基本关系。思想政治教育学科的发展，是按照党和国家所提出的应然性发展要求，对思想政治教育学科的主体、理论、组织、实践等各个方面进行自觉能动的建构，促使思想政治教育学科水平不断提高，以更好地适应和服务于改革开放和中国特色社会主义建设、社会主义意识形态建设以及人的自由全面发展的需要，实现由学科发展的"实然"状态不断向"为我"的"应然"状态的超越。思想政治教育学科发展的历史从某种程度上来说就是适应和服务的历史。因此，"适应服务律"从根本上揭示了思想政治教育学科的发展实践与党和国家要求及其内在需要之间的这种贯穿学科发展过程始终而又普遍存在的本质联系，即总是处于"学科现在怎么样"与"党和国家需要它怎么样"的矛盾关系中，它概括了党和国家对思想政治教育学科发展的应然性要求与其实然性状况之间相互作用、矛盾运动的全部关系和内容，就是思想政治教育学科发展必须适应和服务于党和国家发展需要的规律。

第二，"适应服务律"揭示了思想政治教育学科发展基本矛盾运动的必然趋势。基本规律是事物发展过程中的基本矛盾运动的必然趋势和基本走向。思想政治教育学科发展的基本矛盾就是党和国家对思想政治教育学科提出的发展性要求与其实际的发展状况之间的矛盾，其中，党和国家的要求始终是决定性的、处于矛盾的主要方面。从这一基本矛盾出发，必然会显示出学科发展要适应党和国家发展不同阶段上的目标任务和内在需求。也就是说，这一矛盾运动发展的必然趋势是通过思想政治教育学科发展实践使思想政治教育学科不断实现高质量和高水平的发展，以服务并满足党和国家在不同历史时期的发展需要，而"适应服务律"恰恰反映了这一矛盾运动的必然趋势，是党和国家所需的思想政治教育学科发展水平与之现有的发展水平之间的矛盾被克服的必然结果。由此，在这一基本矛盾的不断发展、转化和飞跃的运动过程中，思想政治教育学科发展的本体性主体与其派生性主体在诸要素和各阶段中结成了解决矛盾的互动关系，促使思想政治教育学科达到党和国家对其发展水平的期望值。综言之，无论是思想政治教育学科的发展方向、发展目标、发展要求和发展任务的确立，还是构成学科发展各要素关系的建构完善和各阶段关系的持续演进，都必须遵循这一基本规律。

第三，"适应服务律"彰显了其在思想政治教育学科发展规律系中的绝对地位和主导作用。思想政治教育学科建设与发展的一切具体实践活动都是围绕解决思想政治教育学科发展的基本矛盾而展开的，并由此衍生出了学科发展的诸多具体矛盾。比如，前文所论及的学科发展主体、理论、组织、实践上的矛盾，学科发展的权力依赖与自主建构、发展规模与发展质量、政治使命与个体需要之间的矛盾，等等。众所周知，基本矛盾和具体矛盾在事物发展过程中的地位和作用是有层次性的，基本矛盾是决定该事物之所以具有自身本质而不是为其他本质，标定事物发展所依循的前进方向和必然轨迹，并从整体和全局牵制其发展过程中的具体矛盾运行和发展的矛盾。就思想政治教育学科发展而言，其适应服务的基本规律就是对思想政治教育学科发展基本矛盾运动规则的抽象概括，其具体规律就是对具体矛盾运动规则的抽象概括。因此，"适应服务律"这一基本规律从根本上规定了思想政治教育学科的本质和发展进程，主导着学科发展实践的方向及其效果，并创造了思想政治教育学科发展实践领域中其他一切规律起作用的特定条件，由此影响和制约着它在不同要素关系和演进阶段中所表现的一系列具体规律的实现程度，在整个规律体系中居于第一层次，发挥着主导性作用。

第四，"适应服务律"是适应与服务的有机统一。思想政治教育学科发展基本矛盾含有两个彼此依存和相互作用的方面，一是特定的学科发展需求及要求，二是学科发展的实际状况。那么，其矛盾运动结果所形成的基本规律必然也是两个方面的统一，即"适应"与"服务"的统一。所谓适应，就是思想政治教育学科发展要适应和体现党和国家的要求和状况；所谓服务，就是思想政治教育学科发展又要不断为满足其内在需要和发展诉求提供有效服务。由此，思想政治教育学科发展"适应服务律"的含义是：党和国家的要求决定思想政治教育学科发展的方向、目标、使命和任务，思想政治教育学科的建设与发展必须从党和国家的要求出发，既要适应党和国家发展状况，同时又要为满足党和国家的发展性需要服务，并且这种服务只有在学科的发展实践适应党和国家发展要求及现实状况时才能形成正面效果，否则就意味着失去了存在和发展的必然性与合法性，而社会发展的趋势也绝不会让这种情况长期存在，究其根本就是适应与服务的内在统一。

2. "适应服务律"的作用方式及其实现

从"适应服务律"起作用的方式上看，与自然规律盲目的作用方式不同，思想政治教育学科发展基本规律"得以存在并发生作用有其必不可少的实现条件"①，即学科主体的学科意识和学科自觉，因而它的作用方式是自觉的、自为的，它也只有通过学科主体有目的、有意识的学科建设活动才能实现。换言之，思想政治教育学科发展的"适应服务律"是在学科主体的实践活动中生成的，也是在学科主体的实践活动中实现的。从其实现过程来看，大体包括以下几个阶段或环节。

第一，党和国家必须在正确分析判断社会发展、人的发展和科学发展的现状和趋势基础上，给定正确的需要，并作出合乎理性与价值的选择，这是"适应服务律"起作用并走向实现的基本前提。思想政治教育学科发展是学科成员依据党和国家要求以及社会、个人和科学的发展性需要所开展的主体实践，目的是合力将思想政治教育学科发展成为符合党和国家要求、具有较高水平的中国特色哲学社会科学。如果在这一步出现偏差，而不能准确把握学科发展的现实境遇和机遇挑战等，使其提出不恰当的要求，那么，思想政治教育学科发展必然偏离正确的航线，也就失去了发展的真正含义。

第二，思想政治教育学科发展要适应党和国家的需要，不是消极、被动地适应和服务，而是要积极、主动地作为。也就是说，思想政治教育学科发展的本体性主体与其派生性主体的双向互动中，通过对党和国家要求的四次转换即思想政治教育学科发展基本矛盾运动在四个形态之间的发展转化，促使不同层级的主体加强对社会发展和学科发展的整体认识，提高学科建设发展的自主程度，在主体状态的自我提升与发展需求的自觉适应中共同推动学科向前发展。因此，党和国家的发展需要决定了思想政治教育学科这一特殊学科能否产生以及何时产生，并决定了它产生后变化发展的根本方向和性质，这本身就意味着向它提出了为自己服务的内在要求，而思想政治教育学科又通过学科建设发展主体的有益实践，充分发挥学科

---

① 李秀林等主编：《辩证唯物主义和历史唯物主义原理》（第五版），中国人民大学出版社2004年版，第195页。

功能服务于特定的目标，也正是党和国家发展内在诉求的根本体现。

第三，思想政治教育学科必须不断提高靶向服务的能力和水平。所谓靶向服务，是指思想政治教育学科在发展实践过程中（这里主要说的是学科主体及其实践活动）要瞄准发展要素或发展阶段的关键性目标，坚持精准施策、靶向发力，如此才能有效提升思想政治教育学科发展"适应服务律"的作用范围和实际效果。毕竟，任何一门学科的发展都需要耗散相当的物质资本，如果没有较高的理论阐释、知识生产和人才培育的服务能力，很容易造成资源浪费，也很难达到高质量的服务水准。

**（三）"适应服务律"的应然特性**

马克思主义唯物辩证法认为，规律是事物发展过程中固有的本质的、必然的、稳定的联系及其矛盾运动的实有轨道和必然性结果的反映，普遍性、客观性以及重复有效性是其最基本的特点。思想政治教育学科发展的"适应服务律"既有普遍性和客观性的一般特性，又具有能动性和自为性、社会历史性等个别特性。

1. "适应服务律"的普遍性和客观性

所谓普遍性，是指思想政治教育学科发展的"适应服务律"普遍存在于学科诸要素的发展和各阶段的演进过程中，在思想政治教育学科发展的全过程中具有普遍的意义，自始至终都不能摆脱和违背。所谓客观性，是指思想政治教育学科发展的"适应服务律"不以人的意志为转移，制约整个思想政治教育学科发展过程及其所有的实践活动，这一规律的实现过程也就是学科发展水平与党和国家的发展需要走向统一的过程，因而必须遵守而不能违反。

当然，这里并非说"适应服务律"的普遍性和客观性是脱离于学科发展本身及其内在诉求而存在。应该看到，任何学科的发展也都有其自身的衡量尺度：从质上看，一种新的知识体系或者新的范式、概念、范畴等已经形成；从量上看，学科组织和规模的发展速度已经实现了积累。二者的统一是学科科学发展基本的物质前提，是判断学科是否发展以及如何发展的客观标准。正如有学者指明，任何实践活动要想达到主观预期的结果，只能在人们的思想认识、方案蓝图符合客观时，即遵循其客观必然性和规律性的时候，才能实现，如若不然，其实践活动的结果必然会大打折扣甚至以失败告终。① 也就是说，如果思想政治教育学科发展现有的条件已经要求其实现扩张或者变革创新而又不去做，致使学科发展滞后于党和国家事业发展的实践进程，这无疑是学科发展不适应要求的表现，必然也不能满足党和国家的需要、时代发展的需要，无法发挥应有的作用；反之，如果在学科发展还没有达到完全成熟的条件便依靠行政力量和政策依赖人为地"拔高壮大"，在一定程度上来说也是不适合的。

2. "适应服务律"的能动性和自为性

所谓能动性和自为性，是指通过学科发展的主体方面和自觉实践在适应服务的过程中所体现出来的主客观的统一性。思想政治教育学科发展"适应服务律"的能动性和自为性，主要源于学科发展主体的主体性并最终映射到具体的学科实践。思想政治教育学科发展的基本规律既是客观的，同时也是主体与客体交互作用的结果，因而具有主体的能动性和自为性。恩格斯在论述国家权力与经济发展的关系时，深刻阐明了主客体的辩证统一性，他认为，一方面经济发展具有决定性作用，但另一方面国家权力对其亦具有反作用，在其作用力和作用方向上表现为三种情况："它可以沿着同一方向起作用，在这种情况下就会发展得比较快；它可以沿着相反方向起作用，……或者是它可以阻止经济发展沿着某些方向走，而给它规定另外的方向。"② 很明显，只有当第一种情况出现的时候，才会对经济发展产生积极作用，后面两种情况都会给其带来损害和消耗。

思想政治教育学科发展"适应服务律"的能动性和自为性可归

---

① 华岗：《规律论》，人民出版社1982年版，第142页。
② 《马克思恩格斯选集》第4卷，人民出版社2012年版，第610页。

结为两种基本情形：一种是学科主体的实践行为使得思想政治教育学科发展与党和国家的形势要求相适应，并且能够服务满足经济社会发展的要求时，它便能沿着同一方向起作用，这种情形下学科自身也会获得较快的发展；另一种是如果主体的学科实践行为不能使思想政治教育学科发展满足党和国家对它的发展需要，沿着偏离甚至相反的方向起作用时，就会给经济社会发展尤其是意识形态建设、维护和发展带来巨大的损害。因此，思想政治教育学科发展主体的初心和使命就显得尤为重要，即要反映并服务于党和国家发展的需要，也只有同党和国家的发展步伐及其趋势相适应而不是相违背，学科的发展才能获得持久的生命活力和积极意义。如果不能适应，就会丧失学科存在的必然和服务的价值，甚至在一定程度上延缓或阻碍经济社会的发展和人的发展。

3. "适应服务律"的社会历史性

所谓社会历史性，是指思想政治教育学科发展"适应服务律"的具体内涵、作用方式和实际效能都受特定社会环境和历史条件的制约，在不同时期会有相应的变化而产生不同的结果的属性。恩格斯在《自然辩证法》中指出："永恒的自然规律也越来越变成历史的自然规律。"[①] 并以水为例进行说明，强调只有同时满足三个条件："（1）水，（2）一定的温度，（3）正常压力"[②]，才能使之介于0℃与100℃之间时呈现出液态这一自然界永恒的规律必然有效。这表明，即便是自然规律，也需要置于特定的环境和条件中才能成为可能。作为社会历史和实践领域的规律，思想政治教育学科发展的基本规律同样如此。具体表现为两方面。

一方面，受到特定社会历史条件的制约和影响。这是因为，无论是自然科学还是社会科学，其所追求的目标及其发展的水平都有赖于特定的时空场景和时代条件，中国改革开放40多年气势磅礴的

---

[①] 《马克思恩格斯选集》第3卷，人民出版社2012年版，第934页。
[②] 《马克思恩格斯选集》第3卷，人民出版社2012年版，第934页。

壮阔历程为思想政治教育及其学科的建设发展"创设了广阔的实践平台，提供了丰厚理论滋养，注入了强大动力源"①。这就是说，思想政治教育学科在中国兴起，有着具体的历史和现实背景，如若离开这一特定社会环境，绝不会也不可能在当代中国出现和发展。思想政治教育作为一项实践活动由来已久，但具有学科的形式却是在改革开放后，它的设立和发展都是特定时代背景之下的产物，每一个阶段的发展都要受到当时党和国家的政治、经济、文化等发展状况特别是意识形态领域、马克思主义理论教育现实要求的制约和影响。另一方面，随着社会发展、条件差异和历史阶段的变化而变化发展。这里主要指的是规律的本质内涵和作用形式乃至其所决定的学科发展的规模和水平都各不相同，"适应服务律"所反映和表达的基本规律及其表现形式是具体的、历史的。比如，中国目前仍处于社会主义初级阶段，这种适应和服务更多的是取决于在这一阶段所代表的无产阶级意识形态要求，而在进入更高阶段的共产主义社会后，阶级将不复存在，国家也将不复存在，这种适应服务于政党和国家具体要求的意识形态性将被淡化直至退出历史舞台，但为谋求社会的进步和人的全面发展的需要还将存在，仍然需要社会成员以更高的主体自觉去研究这项真正为我所需、为我必有的实践活动，这一门学科也将完成自我的跃迁，这一规律亦转化为更高阶段的作用形式来推动未来社会的进步和人类的发展。再如，不同领域、不同学校思想政治教育学科发展的水平都有一定差异，不可能在同一时间内达到相同的发展水平，这是受学科所在的不同环境条件影响所致。

### （四）几种规律关系辨析

思想政治教育学科发展的"适应服务律"属于社会规律的范畴，

---

① 沈壮海、金瑶：《思想政治教育研究的新 10 年：回顾与展望》，《马克思主义理论学科研究》2018 年第 5 期。

必然以唯物辩证法基本规律为统领，因而需要明确思想政治教育学科发展基本规律与唯物辩证法基本规律之间的逻辑关系。与此同时，它还受到现代科学学科发展基本规律的影响，与思想政治教育领域的基本规律密不可分，有着千丝万缕的联系。因此，要准确认识和把握思想政治教育学科发展基本规律，有必要对以上关系进行辨析，在比较中澄清可能存在的疑惑并更好地确证其本身。

1. 思想政治教育学科发展基本规律与唯物辩证法基本规律的关系

对任何规律的研究都绕不开唯物辩证法基本规律，只能从其中去认识和把握不同领域中事物运动发展的多样规律性。因此，首先有必要探讨它们之间的关系。

第一，从两者的联系来看，思想政治教育学科发展基本规律与唯物辩证法基本规律二者之间存在紧密的联系。主要表现为：一是思想政治教育学科发展基本规律以唯物辩证法基本规律为前提和基础。在马克思主义唯物辩证法中，世界是处于普遍联系和永恒发展之中的，据此也就有了哲学意义上发展的基本规律：对立统一规律、质量互变规律和否定之否定规律，通常被称为唯物辩证法的三大规律，它们之间彼此形成了内在统一的逻辑整体，始终具有普遍的效力，其他任何规律都可以从中得到理解，正是因为有了它们所揭示的规律内容，才有可能实现对思想政治教育学科发展基本规律的确证和认识。二是唯物辩证法"三大基本规律"是思想政治教育学科发展过程及其基本规律的根本规定。其中，对立统一规律也即思想政治教育学科发展的矛盾运动成为它得以持续发展的动力和源泉；质量互变规律反映了思想政治教育学科发展的两种基本状态及其变化发展的真实途径；否定之否定规律则说明思想政治教育学科通过不断扬弃最终实现了自身发展并决定其曲折性和螺旋式的发展过程。因此，思想政治教育学科发展基本规律的基底蕴含着其所有的内在规定。三是思想政治教育学科发展基本规律是唯物辩证法基本规律在这一特定领域的具象存在和实践展开。就此而言，思想政治教育学科实现从无到有、从小到大、从边缘到重点的发展过程，是唯物辩证法基本规律在思想政治教育学科发展这一运动过程中的特殊形态，是联系和发展基本规律这种最一般、最普遍的规律的一种具体表现和适用形式。需要注意的是，即便是唯物辩证法基本规律（或一般规律）所表现出来的特殊规律，也具有层次的同构性。当唯物辩证法作用于社会历史领域时，即以自为形式的社会运动所形成的人类社会发展规律，也可分为一般和特殊，如生产力和生产关系、经济基础和上层建筑的矛盾运动规律就是涵盖整个人类社会历史领域的具有一般性的基本规律。而人们从事思想政治教育学科建设并促使学科发展的具体实践显然是其特殊的构成，从这个意义上讲，思想政治教育学科发展所表现出来的内在逻辑趋向和必然轨迹必然符合社会发展的基本规律。

第二，从两者的区别来看，思想政治教育学科发展基本规律与唯物辩证法基本规律之间存在明显的区别。主要表现为：一是它们所反映的联系和发展的范围有别。唯物辩证法基本规律从联系的实质、状态和更新，发展的动力、途径和实现等不同方面、不同角度来说明这个世界的普遍联系和永恒发展，揭示世间万物共同持有的本质联系。无论是自然界的存在和发展，还是人类社会的存在和发展，抑或我们思维的活动，都普遍适用于辩证法的基本规律，并统摄这些领域中诸类现象和运动发展所形成的具体规律，也就是说，"辩证法被看做关于一切运动的最普遍的规律的科学"[1]。而思想政治教育学科发展基本规律只是对于这门特定学科在其发展过程中的本质联系和发展趋势的体现，仅适用于人类社会领域中这一具体的学科运动、变化和发展的特定规律，具有非常明确而具体的作用对象和领域。二是它们所处的地位和作用不同。由此不难发现，唯物辩证法基本规律存在于一切事物和一切事物的发展过程之中，它们所揭示的是自然、社会和思维发展的一般规律，是所有事物和一切运动的总的规律，

---

[1] 《马克思恩格斯选集》第3卷，人民出版社2012年版，第978页。

居于最高地位，始终起决定性作用。从这个方面来说，思想政治教育学科发展基本规律所具有的地位和效能是远远达不到的，它仅仅是在思想政治教育学科发展的规律体系中具有绝对性位置，作用于学科发展的全部过程和所有领域。如若放到事物一般的层面，只能是辩证法的整体规律中更为具体的范畴和组成部分。

2. 思想政治教育学科发展基本规律与思想政治教育领域基本规律的关系

在学界现有研究中，人们一提及对规律的研究，就很容易想到思想政治教育领域有关规律的研究，比如思想政治教育的基本规律、思想政治教育过程的基本规律、思想政治工作的基本规律等。因而，有必要在此厘清它们之间的关系。

第一，从两者的联系来看，思想政治教育学科发展基本规律与思想政治教育领域基本规律二者之间有着紧密的联系。主要表现为：一是它们具有共同的实践基础。无论是一般性的思想政治教育、微观的思想政治教育过程、存在于各行各业具体的思想政治工作，还是就其学科的发展来说，它们之间都有一个核心要素，那就是思想政治教育实践活动本身。所有这些规律，都是深入其中找寻答案，揭示不同方面、不同视角、不同层次的规律，从而达到对这项人类特殊的实践活动尽可能全部的深刻认识。尤其是对于思想政治教育学科而言，它根源于这一实践，涵括所有类别，以其为存在前提和发展胚胎，通过对思想政治教育实践领域中各基本规律的把握，才能更好地理解其学科形态的完整意义，进而去研究在其实践基础上建立起来的思想政治教育学科形成和发展的基本规律。二是它们具有共同的作用方式。正是因为上述实践共性的存在，不难看出，上述规律都不是机械的、盲目的规律，它们的存在离不开其实践的主体，它们要发挥作用效力也同样离不开其实践的主体，那就是人本身，或者再进一步讲，是从事思想政治教育实践工作和研究工作的人们进行自组织性的活动，并在其主体实践中得以实现。三是它们有共同的目标指向。人们之所以要不断发现规律、认识规律，就是为了遵循这些客观规律，按照这些客观规律去实践，产生更有价值的结果。对于思想政治教育及其具体过程是这样，对于思想政治工作也是这样，对于思想政治教育学科的建设和发展而言还是这样，它们都有一个共同的目标，就是要提升思想政治教育的学理性、科学性和有效性。

第二，从两者的区别来看，思想政治教育学科发展基本规律与思想政治教育领域基本规律之间存在明显的区别。主要表现为：一是与思想政治教育基本规律有所不同。思想政治教育的基本规律，指的是普遍存在于一切思想政治教育中、贯穿其始终的本质联系及基本矛盾运动的必然趋势，揭示的是思想政治教育作为一个整体在其形成发展过程中所呈现出的规律，从总体上决定其具有的基本性质和演化方向。它所指向的是思想政治教育这一"现象的领域所特有的某一种矛盾的研究"[1]。具体而言，包括以思想政治教育"历史现象"为研究对象的思想政治教育产生发展的矛盾性规律，以"政治现象"为研究对象的社会意识形态形成发展的矛盾性规律，以思想政治教育"社会现象"为研究对象的对人们进行思想政治教育的矛盾性规律，以及以思想政治教育"人文现象"为研究对象的人的思想政治素质形成发展的矛盾性规律。二是与思想政治教育过程基本规律有所不同。思想政治教育过程的基本规律，是指涵盖策划准备、组织实施到评估反馈的宏观过程和具体微观的施教过程中的各个要素和各个环节之间的本质联系及其基本矛盾运动的必然趋势，揭示的是基于这一特定实践具体的运行和展开过程的规律。学界普遍认为，这一基本规律就是人们要适应一定社会发展的思想政治素质要求，成为符合社会需要的思想政治品德主体。三是与思想政治工作基本规律有所不同。思想政治工作的基本规律，是指社会发展的各个领域、各行各业所开展的具体性的思想政治工作的基本规律，是对思想政治教育进入社会系统中具体工作实践的集中考察和概括。

---

[1] 《毛泽东选集》第1卷，人民出版社1991年版，第309页。

很显然，以上这些基本规律都是立足于思想政治教育实践维度加以概括和说明，而本书所论及的基本规律，是立足于思想政治教育的学科之维来揭示它在中国大地上产生形成和建设发展过程中的总体性、全局性规律，既不直接等同于理论研究的基本规律，也不是过程性的基本规律，亦不是工作性的基本规律，更不是它们之间的加减合并，而是思想政治教育作为学科样态，由其发展过程中自始至终的基本矛盾运动所决定的。

3. 思想政治教育学科发展基本规律与现代科学学科发展基本规律的关系

思想政治教育是一门学科，作为中国现代科学学科的一个重要构成，它的发展必定要遵循科学发展的基本规律。但是，又不能只归结于此，还需要从狭义的、特定的"学科"中才能获得完全的理解。因此，有必要加以区分。

第一，从两者的联系来看，思想政治教育学科发展基本规律与现代科学学科发展基本规律二者之间联系紧密。主要表现为：一是思想政治教育学科发展基本规律隶属于学科发展的一般规律。所谓隶属于学科发展的基本规律，是指思想政治教育学科发展规律是其具体体现，在科学发展的范围内受其效力规定，因而思想政治教育学科在发展过程中要依从和遵循现代科学学科发展所体现出来的基本规律。比如"高度分化与高度综合的对立统一规律"，即学科知识体系内部的精细化研究和纵向分化，从不同层面、不同角度分门别类地进行研究和建设，从而不断产生出新的分支学科；同时，又在此基础上实现学科之间的渗透与聚合、借鉴与依托，体现为学科与学科间的整合式研究和横向分化，由此促进学科的整体建设和发展，这一规律反映了现代科学发展的必然趋势。思想政治教育学科的建设和发展就是要做到顺应这一趋势，[1] 在与其他学科、社会发展互促

---

[1] 冯刚、郑永廷主编：《思想政治教育学科30年发展研究报告》，光明日报出版社2014年版，第14页。

中循着由合向分再向合、由低级向高级、由依托向自主、由外延向内涵的学科发展逻辑轨道不断向前发展。二是它们之间相互影响和制约。思想政治教育学科发展规律是现代科学学科发展规律的有机构成，犹如整体之于部分和部分之于整体。在学科建设体系内，现代科学学科发展的基本规律是整体，思想政治教育学科发展的基本规律是部分。一方面，学科发展的基本规律是学科知识体系诸要素内在的、本质的、必然的联系及其基本矛盾运动的必然趋势，形成于学科知识体系内部诸要素及其处于社会系统中的外部关系交互作用过程中，是任何一门学科的发展都固有的、不以人的意志为转移的内在规律，具有绝对的效力，因而思想政治教育学科发展所体现出来的基本规律不能脱离其中的规律而单独存在；另一方面，整体是由各部分组成，是它们的有机统一与集合，其中任一部分的变化都会给整体带来或多或少的影响，因而思想政治教育学科发展基本规律的实现程度也同样制约着学科发展基本规律的整体效能。

第二，从两者的区别来看，思想政治教育学科发展基本规律与现代科学学科发展基本规律之间存在明显区别。主要表现为：一是它们的具体内涵不同。顾名思义，现代科学学科发展的基本规律，主要是指以现代科学的思维方式建立起来的学科体系在发展过程中所呈现的固有的、本质的、始终的、必然的联系及其发展的内在逻辑趋向和确定秩序。思想政治教育学科发展的基本规律固然要遵循其发展轨道才能实现更好的发展，但是，它又不是这种一般意义的学科发展规律，很明显只是通过科学方式构建起来的思想政治教育学科在发展过程中所体现出来的基本规律，因而只是在这一域界内的必然的、固有的、本质自身的联系。二是它们的本质特征不同。如果从科学发展的层面来说，毫无疑问，其基本规律最为本质的特征就是无差别化，即对这一学科有效，对另一学科也是同等适用且有效的。作为众多学科中的一个独立个体，思想政治教育学科发展的基本规律是具有不同于这一规律的独特性所在。它虽然属于学科发展基本规律的范畴，却又与自然科学有着天壤之别，也有别于哲学社会科学中具有浓厚思辨性的哲学科学、纯粹政治性的政治学科、知识性技术性的教育学科等学科发展规律，而是与思想、政治、教育都紧密关联的那种学科的基本规律，是具有鲜明社会主义意识形态性质的那种学科的基本规律。它们之间的差异性通过各自的这种规律性表现出来。正确认识思想政治教育学科发展基本规律，既要结合一般的"科学"去理解和把握包括思想政治教育学科在内的一般学科发展的基本规律，还要从其具体的"思想政治教育学科"中去深入分析，明确"适应服务律"才能反映党和国家要求的学科发展水平和思想政治教育学科的发展现状之间最本质的联系及其矛盾运动的必然趋势，以此获得全部的认识。

## 二 思想政治教育学科发展基本规律的呈现形态

所谓"形态"，是指事物存在的样式样貌，或在一定条件下的表现形式，即"事物的形状或表现"①。思想政治教育学科发展基本规律的形态，意指"适应服务律"的存在样态和表现形式。总体而言，主要呈现为"适应服务改革开放和中国特色社会主义建设"、"适应服务社会主义意识形态建设"、"适应服务人的自由全面发展"三种具体形态。

### （一）适应服务改革开放和中国特色社会主义建设

思想政治教育学科发展的基本规律，即"适应服务律"的呈现形态首先为：思想政治教育学科是适应改革开放和中国特色社会主义实践发展的要求而形成的，并在服务改革开放和中国特色社会主义实践发展的需要中不断发展。也就是说，一方面，这一特定时代

---

① 《现代汉语词典》第6版，商务印书馆2012年版，第1459页。

背景和现实需求是培育思想政治教育学科的土壤并为其提供了发展动力，因而必然受制于其目标、需求和状况；另一方面，思想政治教育学科发展必须服务于国家建设、社会治理和个人发展，充分发挥其对改革开放和中国特色社会主义建设事业的能动作用，有效促进中国特色社会主义的健康持续发展，不断开辟改革开放和中国特色社会主义发展的新境界。

1. 适应服务改革开放和中国特色社会主义建设目标

所谓思想政治教育学科发展适应服务改革开放和中国特色社会主义建设目标，主要指思想政治教育学科发展既要适应改革开放和中国特色社会主义建设发展的阶段性目标并受其制约，同时又要直接服务于该目标和主题并从中获得发展。这是因为，党和国家在领导人民进行改革开放和建设发展中国特色社会主义事业过程中制定的战略性目标，决定了思想政治教育学科的发展方向和阶段性目标任务。

党的十一届三中全会以后，党和国家着力从中国的经济建设去巩固社会主义道路基础和发展方向，提出了"建设有中国特色的社会主义"[1]的新目标。要实现这一目标，首先就需要转变人们的思想观念，提升人们的思想觉悟，凝聚人们的力量共识，也就是要着力解决在改革开放新时期如何科学地开展思想政治工作的问题。为此，才有了适应服务新的发展目标而创建思想政治教育专业、培养具有特定知识结构和实践能力的专门人才的学科发展必然，[2] 以通过思想政治教育理论研究和人才培养来解决改革开放和社会主义现代化建设过程中出现的各种社会问题和人们的思想问题，完成新时期赋予的各项任务，这也成为思想政治教育专业建设获得社会确认和实践自信的重要标志。党的十三届四中全会以后，我国确立了社会

---

[1] 《邓小平文选》第 3 卷，人民出版社 1993 年版，第 3 页。
[2] 《加强和改进大学生思想政治教育重要文献选编（1978—2014）》，知识产权出版社 2015 年版，第 85 页。

主义市场经济体制的改革目标,在国内外形势极为复杂、世界社会主义出现严重挫折、党的执政能力面临严峻考验时,思想政治教育学科不断加强马克思主义中国化的理论和实践研究,夯实基础理论研究,拓展应用课题研究,科学引导人民群众坚定党的领导、社会主义道路和改革开放的前进方向,凝聚了社会发展共识,使得学科价值得到进一步彰显。党的十六大明确提出了我国全面建设小康社会的奋斗目标,在新形势下"实现什么样的发展、怎样发展"等重大问题上,迫切需要思想政治教育学科树立科学发展观,为全面开创中国特色社会主义事业新局面服务,由此,思想政治教育结束了十年学科"联姻",被提升为独立的二级学科,在适应和服务社会各方面发展目标的能力获得显著提升,作出了巨大贡献,学科建设的整体面貌大为改观,学科发展的能力水平大幅提升。思想政治教育学科形成发展的轨迹表明,其在发展过程中具有不断适应党和国家在不同历史时期建设发展中国特色社会主义事业的目标,服务并最终促进目标实现的必然。质言之,思想政治教育学科必须适应党和国家事业的发展需要才能获得自身的发展,也只有紧紧追随中国特色社会主义建设发展的步伐才能不断增强发展动力,充分发挥学科独特价值。这是其发展的必定轨道和逻辑走向,是普遍性、绝对性的存在。进入新时代,思想政治教育学科必须在立足"小康梦"实现的基础上,进一步向着"强国梦"、"复兴梦"、"美好梦"等战略目标迈进,因时而动,顺势而为,把学科发展推向新的高度。

2. 适应服务改革开放和中国特色社会主义建设需求

所谓适应服务改革开放和中国特色社会主义建设需求,主要指思想政治教育学科既要适应改革开放和中国特色社会主义建设发展过程中的新需求和新期待,同时又要围绕解决在这一过程中产生的新矛盾和新问题并从中获得发展。循史而察,可以看到,在思想政治教育学科30多年的发展历程中,贯穿学科发展始终的一条规律性主线就是适应和服务实践的变化发展及其内在需求,而这个实践就是改革开放和中国特色社会主义事业的发展实践,这个需求就是改革开放和中国特色社会主义事业发展的阶段性需求。

时代的变迁、社会的发展总是会有新的变化，有了新变化就会有新的需求。思想政治教育学科生发于改革开放和中国特色社会主义实践，因而必然要求学科反映并服务于改革开放和中国特色社会主义实践发展的新需求，也只有在此过程中才会产生党和国家所需要的实践效应和理想结果。正如恩格斯所说："社会一旦有技术上的需要，这种需要就会比十所大学更能把科学推向前进。"[①] 这种需要，不单单指自然科学技术上的需要，同样也涵盖社会科学技术上的需要。党领导人民在改革开放中开创和发展了中国特色社会主义，创造了举世瞩目的伟大成就，我国的经济实力、科技实力、文化实力等得到了前所未有的提升，人们的思想境界、政治品格、价值追求、精神风范、实践方式等也得到了前所未有的发展。这些提升和发展，同时意味着对思想政治教育的理论性和实践性、有效性和科学性需求越来越高，必然也会对学科发展提出新的更高要求。同时，在中国特色社会主义建设发展的不同时期，新的社会问题和社会矛盾层出不穷，新的信息技术和传播方式更新迭代，客观要求思想政治教育学科理论、范式、组织等不断进行相应调整和变革，落到研究和解决我国社会发展新的重大理论和实践问题上来，既重视理论和实践中的"老"问题，又"关注'新'问题、切准'真'问题、聚焦'大'问题"[②]，从而给出具有说服力的答案，在这个过程中实现自我发展。比如，随着生产力水平和科技水平的突飞猛进，原有的理论内容、教育方式方法等表现出与中国特色社会主义建设实践的一些不适应性，内在要求思想政治教育理论知识、研究方法的发展精进，更进一步探索不同领域的规律，由此，思想政治教育心理学、思想政治教育美学、网络思想政治教育学等分支学科迅速兴起，

---

[①] 《马克思恩格斯选集》第 4 卷，人民出版社 2012 年版，第 648 页。
[②] 沈壮海：《思想政治教育有效性研究》（第三版），武汉大学出版社 2016 年版，第 197 页。

积极关切和回应社会大变革时代下人的心理健康教育问题、现时代真善美的问题、虚拟人的思想政治教育问题，这为学科的发展开辟了更多全新而广阔的领域。足见，思想政治教育学科正是自觉把握了我国改革开放和建设发展中国特色社会主义过程中的新需求，在创新中不断发展了思想政治教育学科理论，丰富了思想政治教育实践，并以鲜明的学科特色和学科功能解决了在此过程中出现的各种问题和矛盾，从而使学科获得了发展的生机与活力。所以，思想政治教育学科在改革开放和中国特色社会主义的建设发展中产生，也必在适应服务改革开放以及坚持和发展中国特色社会主义的新需求中继续发展壮大。

3. 适应服务改革开放和中国特色社会主义建设实际

所谓思想政治教育学科发展适应服务改革开放和中国特色社会主义建设实际，主要指思想政治教育学科发展既要适应改革开放和中国特色社会主义建设发展的现有实际，同时又要在发展过程中具有一定的超前性。不同时代对思想政治教育学科发展要求不同，党和国家提供的建设资源和支持条件也会有所不同，表现为以下两点。

第一，影响和制约学科发展的阶段任务。思想政治教育学科在每一时期应具有的发展水平和具体要求从表面上看是由党和国家及其相关职能部门制定的，但是它的提出却是基于我国基本国情和社会发展的客观现状，即受到同一时期我国社会经济、政治、文化、社会、生态，包括一定的学术传统和外部挑战等因素的制约。只有了解与之相应的每个方面的状态，才能获得对其发展的正确认识。也就是说，中国特色社会主义处于什么样的历史方位、党和国家有什么样的战略目标就有什么样的学科发展目标任务与之相适应，任何脱离客观的历史条件和社会现实基础而盲目追求的所谓的发展，只能是一种不切实际的虚式。第二，影响和制约学科发展的资源空间。党和国家集中掌握着学科发展的总体资源，提供学科发展所需的政策条件和制度保障。例如，与创立初期相比，归于马克思主义理论一级学科后的发展时期，思想政治教育学科获得的财政资金支持、政策倾斜、学术平台等组织物质资本都有了大幅度的增长，这些都是影响和制约思想政治教育学科发展的外在规定，直接作用于学科建设资源的合理有效配置。与此同时，思想政治教育学科发展要具有一定的超前性，主要是指学科的建设和发展还是一项指向未来的实践活动，它的发展目标、任务、要求等不仅应服从于现实的社会需要，还应服务于未来的发展需要。譬如，思想政治教育学科研究和实践本身的前沿性，有助于促进马克思主义理论创新和科学研究的交互交融，以问题导向引领学科能力的提升，提供解决思想根源性问题的决策依据和应对方案；又如，根据现有的经验、逻辑、数据、方法等对未来经济、政治、文化、社会、生态等各个领域中的思想政治教育实践的预测和判断，从而在这些丰富多样的"临床实践"中把握和预见其"未来可能"，以系统性、立体性、超前性思维促进思想政治教育学科适应服务能力的整体跃迁。

### （二）适应服务社会主义意识形态建设

思想政治教育学科发展的基本规律，即"适应服务律"的又一呈现形态为：思想政治教育学科的发展既要适应服务于社会主义意识形态建设的创新发展，并作为指导思想和根本内容，又要适应服务于社会主义意识形态的灌输、教化，并促进社会主义意识形态的传播，这是由思想政治教育学科的本质属性和实践功能所决定的。换言之，思想政治教育学科作为一门面向社会和人的科学，它不是简单地反对或标榜某种意识形态，而是在整体观照的基础上，系统研究和构建完善社会主义意识形态，并科学有效地推进和服务于党的意识形态工作，从而更好地维护和巩固马克思主义在我国意识形态领域的指导地位，以此获得学科存续和发展的生命力。

1. 适应服务社会主义意识形态的发展与创新

思想政治教育学科要适应服务社会主义意识形态的发展与创新，主要指思想政治教育学科既要适应服务社会主义意识形态的与时俱进，又要适应服务党和国家意识形态建设的实践方向，才能更好地实现自我调适和发展。

第一，适应服务社会主义意识形态的与时俱进而调适发展。习近平总书记指出："理论的生命力在于不断创新，推动马克思主义不断发展是中国共产党人的神圣职责。"① 作为观念上层建筑，社会主义意识形态的持久生命力同样来自自我更新和自我完善，来自中国共产党人对马克思主义理论的相承创新。这一点，决定了在上层建筑领域进行实践的思想政治教育学科必然要与之相应地调整发展，不断推进马克思主义创新转化、跟随时代、走向大众的进程。中国共产党诞生后，以毛泽东同志为主要代表的中国共产党人把马克思主义基本原理与中国革命建设的具体实际相结合，创立了毛泽东思想，完成了社会主义意识形态中国化建构的第一次伟大飞跃。党的十一届三中全会后，通过全面的拨乱反正和恢复重建，重新确立了马克思主义意识形态的指导地位，社会主义意识形态的内涵和内容随着改革开放和社会主义现代化事业的不断推进而丰富发展：在改革开放初期和深化阶段，以邓小平同志为主要代表的中国共产党人在找寻、确立和开创中国特色社会主义过程中创立了邓小平理论；改革开放进一步向纵深推进，以江泽民同志为主要代表的中国共产党人创造性地回答了建设什么样的党、怎样建设党等重大理论和现实问题，在开创全面改革开放新局面和推进党的建设中形成了"三个代表"重要思想；党的十六大以后，以胡锦涛同志为主要代表的中国共产党人深刻认识和回答了新形势下实现什么样的发展、怎样发展等重大问题，形成了科学发展观；党的十八大以来，以习近平同志为主要代表的中国共产党人交出了新时代的答卷，形成了习近平新时代中国特色社会主义思想。党在不同历史时期对主流意识形态的创新发展，成为思想政治教育学科发展的根本指引。与此相适

---

① 习近平：《在纪念马克思诞辰 200 周年大会上的讲话》，人民出版社 2018 年版，第 27 页。

应，思想政治教育学科建设和发展的重点也必须随之而调适，不断从中获得理论指导，寻找新的发展生长点，紧密结合马克思主义中国化的新发展开展研究和教育，并积极推进当代中国社会主义意识形态的发展。

第二，适应服务党和国家意识形态建设的实践方向而不断调适发展。意识形态一经形成并不是一成不变的，而是随着社会物质条件和社会实践的变化发展而发展，因而在不同时期的存在方式、实践形式和服务重心都会有所不同。就思想政治教育学科的发展而言，要适应社会主义意识形态的建设方向，这是不可推卸的责任和使命，也是思想政治教育学科应该具有的学科视野。党和国家意识形态建设的生动实践日益丰富和拓展，为其提供了方向指引和基本遵循，并在实践中不断弥合党和国家所需的意识形态掌控力和引领力与思想政治教育学科发展实际的服务力和支撑力之间的矛盾。比如，在社会主义市场经济体系逐步确立后，一度出现了重"物质"而忽视"精神"的现象，党和国家提出要通过社会主义精神文明建设有力推进社会主义意识形态建设，从而开辟了社会主义意识形态建设的又一鲜活实践。据此，开展社会主义精神文明建设理论研究、有效指导社会主义精神文明创建活动，成为思想政治教育学科建设和发展的重要任务，并取得了显著的发展成效。再如，作为社会主义意识形态的本质体现和集中概括，建设发展社会主义核心价值体系和社会主义价值观成为我国意识形态领域中的重要实践，是思想政治教育学科应当肩负的重要使命和发展方向。当前，建设社会主义意识形态的实质就在于坚持和捍卫"两个确立"、增强"四个意识"、坚定"四个自信"、做到"两个维护"，思想政治教育学科必须依此进行大量深入的研究和教育，并作为当前和今后一段时期的发展重任。可以清晰地看到，思想政治教育学科发展唯有与社会主义意识形态建设发展实践始终保持在同一方向上活动，才能促进其自身的调整、改善和发展，反之，则必然脱离正常的发展轨道和运行方向，即便在短时期内能够运行，也是处于离轨的盲目状态。

2. 适应服务社会主义意识形态的灌输与传播

思想政治教育学科适应服务社会主义意识形态的灌输与传播，主要是指思想政治教育学科的发展既要适应服务于中国共产党向自己的内部成员进行社会主义意识形态的灌输与教化，又要适应服务于社会主义意识形态的向外宣传和传播，在为马克思主义理论一级学科及其若干二级学科提供服务支撑中获得发展。众所周知，"思想政治教育学科是维系我们党和国家前途与命运的上层建筑领域极为重要的社会存在物"[1]，它的发展目标是根据党的意识形态要求而提出来的，它的存在和发展不仅要适应和服务于中国特色社会主义事业全局，还要反映主导的、主流的社会主义意识形态建设的本质要求，满足社会主义意识形态灌输与传播的客观需求，有效指引这一特定的政治实践。

第一，适应服务的方向。思想政治教育学科的发展适应服务社会主义意识形态灌输与传播的方向，可以概括为相互联系的两个维度：其一，正面阐释、灌输与传播马克思主义的科学理论，充分发挥真理强大的引领力，千方百计地促进、巩固和发展马克思主义在我国意识形态领域的指导地位；其二，排除社会主义意识形态的对立物，既要帮助人们学会甄别各种错误思潮，又要旗帜鲜明地批判各种错误思潮，在同错误思潮作斗争的过程中完善马克思主义理论学科体系、学术体系和话语体系，特别是促进和提升马克思主义中国化理论成果和学科研究成果对社会主义意识形态的正导向引领，夯实思想政治教育学科在其一级学科中的价值定位和内生动力，从而更好地将社会主义意识形态灌输给党员干部和人民群众，让非马克思主义和反马克思主义无机可乘。概言之，思想政治教育学科适应服务社会主义意识形态的灌输与传播的过程，就是在保护"自己"与消除"异己"的对立统一中实现的。

---

[1] 钱广荣、闵永新：《思想政治教育学科整体性的存在论澄明》，《思想教育研究》2015年第6期。

第二，适应服务的方式。思想政治教育学科适应服务社会主义意识形态灌输与传播的方式，可以从以下几个方面进行理解：其一，用主流意识形态对人们进行塑造和规约，即灌输的方式。社会意识形态有一个传递的过程，列宁将其概括为"灌输"的过程，即社会民主主义的意识、社会主义思想体系绝不会自己跑进工人的头脑中去，"只能从外面灌输进去"①。毛泽东曾在论及农村政治工作时强调："政治工作的基本任务是向农民群众不断地灌输社会主义思想。"② 这充分表明，"社会成员不可能自发形成社会所主导的意识形态，只能通过特定的方式，即思想政治教育，灌输到人们的头脑中去"③。而思想政治教育及其学科正是扮演这一角色、发挥这一作用、架起这一桥梁。一方面，在马克思主义理论一级学科体系中，思想政治教育学科既是主流意识形态、马克思主义科学理论走向实践的中介，又是该领域中各学科研究成果和学科理论走向实践的中介，通过运用马克思主义立场、观点、方法研究思想的规律、个体的规律和灌输的规律，以将无产阶级的、社会主义的科学理论解放、唤醒和掌握群众，确立认识世界和改造世界的正确方式，最终实现学科的整体功能和独有价值；④ 另一方面，既为其他各二级学科高质量的生源和结构优的队伍，又通过应用型的意识形态人才的培养为整个社会所需要的各个领域输送专门人才，实现"灌输"服务的生产与再生产。这些都是其他学科无法直接完成的。其二，创造中国价值观的国际传播场域，即传播的方式。除了对内进行观念秩序和精神世界的重塑，社会主义意识形态的建设发展和学科理论成果还要求思想政治教育学科向社会大众不断宣传、传递

---

① 《列宁选集》第 1 卷，人民出版社 2012 年版，第 317 页。
② 毛泽东：《中国农村的社会主义高潮》（上），人民出版社 1956 年版，第 321 页。
③ 黄蓉生、颜叶甜：《新中国 70 年党的思想政治教育的发展历程》，《马克思主义研究》2019 年第 8 期。
④ 马志霞、黄蓉生：《思想政治教育学科价值的新思考——基于马克思主义理论一级学科视野》，《思想政治教育研究》2016 年第 8 期。

无产阶级政党的思想和价值观信息，思想政治教育学科的理论体系、话语体系、组织体系的国际融合和世界影响力也因此而得到有力提升。随着中国日益走近世界舞台的中央，这种需要变得迫切而强烈，促使思想政治教育学科在积极拓展战略思维和国际视野中不断实现发展。

第三，适应服务的效果。从效果上看，思想政治教育学科适应服务社会主义意识形态灌输与传播过程中所显示出的实际成效有大有小、有强有弱。这主要取决于思想政治教育学科对灌输和传播规律研究与把握的程度，即灌输与传播的规律性、精准性和实效性问题。好的灌输与传播必须以需求为导向，坚持共性和个性的统一，不断拓展途径、创新方法，避免机械式的"硬灌"和"硬播"所产生的排斥，使之如盐一般溶解到受众的思想需求和发展期待中，才能提升灌输和传播的有效性。比如，针对学生的思想政治教育，把课堂教育与日常教育结合起来打好"主渠道"和"主阵地"的协同战、配合战，建立微社群、运用慕课、开通直播，科学精准应用大数据、人工智能 VR 全景等新技术，拓展创新灌输和传播的链条；针对农民的思想政治教育，深入他们的生活中、生产中去，寻找与之最为契合的话语，用通俗易懂的表达方式将这些先进的思想和科学的理论灌输进去、传播出去；等等。归根结底，在灌输、宣传、传播的过程中必须不断彰显其时代感和实效性，才能为建设具有强大凝聚力和引领力的社会主义意识形态发挥服务的最佳效能，思想政治教育学科发展水平与社会主义意识形态之需的差异也才会越来越小。

### （三）适应服务人的自由全面发展

思想政治教育学科发展的基本规律，即"适应服务律"的呈现形态还有：思想政治教育学科发展既要适应契合人在不同阶段对于全面发展的不同需要，又要服务满足人们的这种内在需要。马克思主义理论一级学科所涵括的 7 个二级学科都有各自的研究对象、学科特性和价值功能，思想政治教育学科作为其中的二级学科就是直接服务于"人"和"社会"的学科。马克思主义认为，人的自由全面发展既是人类社会发展确定不移的基本走向，又是处于社会关系中的人本身发展的必然趋势。因此，适应服务人的全面发展也是思想政治教育学科发展的必然趋势。从这个意义上讲，党和国家所需要的思想政治教育学科应该是专门研究人、发展人、服务人的科学，既坚持无产阶级、人民中心的政治立场，也指明思想政治教育科学研究和学科发展促进社会全面进步的同时不断促进人的自由全面发展的必然取向和基本趋势。

1. 适应服务个人发展的内生性需要

所谓适应服务个人发展的内生性需要，就是指思想政治教育学科发展既要守住研究的价值立场，又要真正服务于人对自身发展的内在诉求。

第一，守住研究的价值立场。思想政治教育学科是为特定阶级和社会服务，并以中国共产党思想政治教育实践为主体研究对象的一门特殊学科，从来都不是也不可能是价值无涉或价值中立的学科，而应具有鲜明的政治立场和价值追求。思想政治教育学科的政治立场就是根植于广大人民群众，价值追求就是实现共产主义、实现人的自由全面发展。可以说，作为上层建筑领域和社会意识形式存在的哲学社会科学，在发展过程中自始至终都不可能摆脱这种天然的意识形态纠缠，那种追求所谓纯粹理性的研究充其量只能算作不切实际的幻想。[1] 对于思想政治教育学科来说，它所具有的指引力可见一斑。因此，思想政治教育学科的发展必然要坚持以人民为中心的根本立场，把服务于党和国家发展的需要与服务于每一个人"作为一个完整的人，占有自己的全面的本质"[2] 的这种需要结合起来，

---

[1] 欧阳康：《人文社会科学哲学》，武汉大学出版社2001年版，第437页。
[2] 《马克思恩格斯文集》第1卷，人民出版社2009年版，第189页。

从而奔向个人全面发展的第三阶段,① 即真正建设发展成为实现人的自我发展和自我完善的学科。

第二,服务促进个人的全面发展。这里的个人,主要指现实的、单个的、自为的社会存在物。马克思主义认为,"每个人的自由发展是一切人的自由发展的条件"②。而为每一个独立的个体创造、享有全面发展的一切条件,并最终实现个人自由而全面的发展和完善,即"外部世界对个人才能的实际发展所起的推动作用为个人本身所驾驭"③,这既是未来社会和共产主义者所向的,同时也是肩负这一使命的思想政治教育学科发展所向的,即关怀人本身并促进自身的发展进步。守住马克思主义人学的逻辑思维范式开展科学研究,现在是并且未来也依然是思想政治教育学科发展的目标和方向。因此,要坚持从"现实的人"、"现实的需要"、"现实的关系"出发,善于从国际和国内、历史和现实的角度,深入地对人们的思想、观念、意识即精神生活发生作用的客观环境及其基本特点进行分析,从处于发展变化中的个人内在需求及其实践中发现问题、提出问题并解决问题,切准完整的人的形成发展规律,不断促进个体"新质"的生成,培养和造就德智体美劳全面发展的时代新人。比如,随着改革开放向纵深推进,社会发展带来的实践问题和人的发展问题越来越复杂,人的需求、人的发展、人的价值等问题受到广泛关注,思想政治教育学科实现了由教育学范式、社会哲学范式到人学范式、学科范式的现代转型,对人的需求、人的价值和人的发展及与社会发展关系的规律性认识和把握在不断升华,思想政治教育学科及其实践的靶向服务能力得到了全面提升。故而,可以肯定的是,凡是指向人的德智体美劳全面发展的学科主体、学科行为和学科成果都应被认定为促进思想政治教育学科发展的表现,是适应服务人的内

---

① 《马克思恩格斯文集》第 8 卷,人民出版社 2009 年版,第 52 页。
② 《马克思恩格斯选集》第 1 卷,人民出版社 2012 年版,第 422 页。
③ 《马克思恩格斯全集》第 3 卷,人民出版社 1960 年版,第 330 页。

生性发展需要的必然结果。

2. 适应服务社会发展的公共性需要

所谓适应服务社会发展的公共性需要，就是指思想政治教育学科的发展不但要关注作为独立个体的人的发展需要，还必须适应和服务"类"的全面发展的需要。马克思主义认为，个人的全面发展，绝不仅仅指称单个人或少数人的全面发展，而是一种"类"的概念，是人的类特性、整体性和社会性的全面发展。因此，思想政治教育学科发展的这种适应和服务，具有面向人类社会存在、发展和进步的必然取向。

第一，个人的内生性需要与社会发展的公共性需要之间相互促进、相互转化。这是因为，虽然由于天性使然，每个人首先总是从自我出发来发展自身，但类特性使之并不能纯粹为我，而是每时每刻都处在现实的、相互的关系中，那么，个人的自由发展不仅取决于所需的物质条件，也取决于"和他直接或间接进行交往的其他一切人的发展"[①]，即在现有生产力和交往基础上的必要的团结一致和共同活动方式。换句话说，个人的存在和发展从来都不是孤零零的抽象物，而总是处于通过内在需要和社会实践所构成的这样或那样的社会关系中。当个人的自我发展诉求通过一定的社会实践表现出趋同性时，个人的这种内生性需求就会转变为社会的公共性需求。比如获取进入社会的"通行证"、公共性的精神文化需要等，而这些需求不断反馈折射到思想政治教育学科当中，并被给予相应的理论和实践回应，从而成为促使思想政治教育学科发展的一种社会动力。当然，学科发展主体应当寻求两者之间的平衡点（或契合点），即把党和国家发展的需求与人而成人、为人的需求统一起来，如此，思想政治教育学科才能实现健康持续的发展。

第二，思想政治教育学科通过"宏微并进"的方式服务促进个人和社会的全面发展。思想政治教育学科的发展，既要从微观层面关注具体的思想政治教育实践，研究如何使之成为符合党和国家要

---

[①]《马克思恩格斯全集》第3卷，人民出版社1960年版，第515页。

求的思想政治品德主体，把握其个体发生发展规律，同时还要从宏观层面关注中国共产党所领导的整个社会的思想政治教育的实践发展及其理论发展，研究如何构建主流社会意识形态的建构及其主导性的确立、维护和发展，如何通过社会主义核心价值体系引领和调控多样化社会思想，把握社会意识形态的发生发展规律，① 从而通过这一中间环节使得二者最终走向一致，把人的本能的、自主性的内生需要和维系社会秩序的、自觉性的公共价值规范集合形成一种不同于单个个体的社会整体性。正如马克思、恩格斯在《共产党宣言》中所指出的那样，共产党人及其政党"没有任何同整个无产阶级的利益不同的利益"②。在中国特色社会主义的实践过程中，党和国家把人的自由全面发展终极目标阶段化和具体化，并转为对思想政治教育学科发展的具体要求，促使其不断深化提升协调人与人、人与社会、人与自然之间关系的学科功能和使命，并将全面育人、育人全面的各个方面凝结为推动社会全面进步的统一力量，达成人与社会两个全面、主观与客观两个世界的同频共振。

与此同时，还应关注联结社会发展与人的发展的学科主体，即思想政治教育学科发展的供给主体。在实际的发展过程中，各级主体力量所实现的学科水平和发展质量越趋近社会和人的需要，则越趋近于党和国家对思想政治教育学科发展水平的要求，并以其实现程度作为衡量的价值尺度。因此，学科发展主体也要适应和服务于这种需要，将主体对学科发展的价值转化为学科发展对人和社会的价值，将党和国家对学科发展的目标任务、内容要求、方针原则等转化为主体的本质力量，获得促进思想政治教育学科发展的内生动力，实现学科对促进人的生存、发展、完善及其自我实现的意义，实现学科对促进社会发展进步的意义。

---

① 沈壮海：《思想政治教育有效性研究》（第三版），武汉大学出版社2016年版，第200页。

② 《马克思恩格斯选集》第1卷，人民出版社2012年版，第413页。

## 三 思想政治教育学科发展基本规律的实践效用

所谓效用,就是事物具有的"功效、效力和作用"[1]。规律的实践效用,即由其所规定的本体论意义和方法论性质。作为思想政治教育学科发展基本规律的"适应服务律",揭示了思想政治教育学科在发展过程中基本矛盾运动的必然趋势,决定了思想政治教育学科发展的总方向和总进程,是思想政治教育学科发展基本矛盾运动在整个学科发展过程中的体现和必然结果,具有引领学科发展方向、指导学科发展实践、实现学科发展目标等实践效用。

### (一) 引领学科发展方向

所谓引领学科发展方向,是指思想政治教育学科发展的"适应服务律"具有指引思想政治教育学科朝着正确的方向发展前进的效用。一般而言,基本规律规定事物运动发展的根本性质和总体方向,认识和把握了基本规律,就能在思想认识上明确孰是孰非,在实际实践中知晓行动方向。思想政治教育学科发展基本规律"适应服务律"就像一根无形的指挥棒,指引着学科前进的方向,决定着学科发展的根本内容、基本趋势、基本运动方式和表现形式,使思想政治教育学科朝着党和国家所要求、所期望的方向和水平发展。足见,思想政治教育学科发展基本规律"适应服务律"效用体现为引领学科发展方向,即引领思想政治教育学科坚持正确的政治方向,坚定正确的价值导向,坚守正确的学科趋向。

1. 坚持正确的政治方向

政治方向,是思想政治教育学科为实现既定的政治目的所规定

---

[1] 《现代汉语词典》第 6 版,商务印书馆 2012 年版,第 1439 页。

的根本方向。"适应服务律"这一基本规律所决定的思想政治教育学科存在和发展的行动方向，是为党和国家服务，即始终坚持为人民服务、为中国共产党治国理政服务、为巩固和发展中国特色社会主义制度服务、为改革开放和社会主义现代化建设服务。保证和坚持正确的政治方向，是思想政治教育学科在协调解决基本矛盾中获得发展优势，不断实现发展目标并达到党和国家要求的学科发展水平的基本前提。诚然，思想政治教育学科最终肯定会向前发展，但代表学科发展方向和先进水平的制高点在于最大限度地满足党和国家的发展需要。思想政治教育学科发展基本规律"适应服务律"要求学科发展的本体性主体，即党和国家及其有关职能部门在思想政治教育学科建设和发展过程中，将党的意志和主张贯彻到学科组织成员进而传递到社会的每一个细胞中，制定指导学科发展的"任务书"和"路线图"，明确学科的根本属性和功能定位，规定人才培养目标和路径，圈定学科的研究范围和教学设置，规约学科发展主体在进行科学研究和宣传教育时的行为边界与自由限度，从而引导思想政治教育学科组织的知识生产和人才培养始终坚持党的领导和马克思主义的根本指导，坚守为党、国家和人民服务的学科本性。同时，作为铸魂育人、凝心聚力尤其是事关意识形态安全的特殊性学科，思想政治教育学科从一出生就被上升至党和国家事业发展的战略高度，进行统一规划、建设和管理，确保了思想政治教育学科始终与改革开放和社会主义现代化建设的伟大征程同方向、同步伐、同发展，这为指引思想政治教育学科坚持正确的政治方向发展奠定了坚实的基础。如果违反这一基本规律，那么思想政治教育学科发展必然将走偏走反，也就失去了它存在的价值和生命力。

2. 坚定正确的价值导向

正是思想政治教育学科发展过程所体现的应然性要求和实然性状态之间的"差异"矛盾，才形成了"适应服务律"这一基本规律。它所揭示的不仅包括思想政治教育学科必须适应和服务党和国家的政治实践方面需要的规律，还包括适应和服务个人的人性发展、

"类"整体的意义世界、观念世界的建构以及国家精神品格和软实力的塑造提升等方面的规律，即价值导向。也就是说，思想政治教育学科发展基本规律"适应服务律"要求学科在发展过程中既要保有浓厚的政治色彩，适应于党和国家所期望的发展水平和价值定义，保持为国家发展战略服务的优先性，同时，还要获得被学科成员和社会成员认可的科学实力，适应于学科的独立性、科学性的水平状态和价值定义，从而指引思想政治教育学科发展有效避免时政化过度而学术性不强、工具理性有余而价值理性不足等问题，引导人们坚定对学科的价值信仰。故此，思想政治教育学科的发展一定是政治价值、经济价值、社会价值、文化价值和学术价值的有机统一，才能引领学科走上更高质量、更高水平发展的康庄大道。

3. 坚守正确的学科趋向

从思想政治教育学科发展的基本矛盾运动看，党和国家的需要决定了思想政治教育学科的形成发展。党和国家的实践发展及其产生的需要是根源，无论是作为服务于阶级统治的上层建筑，还是服务于精神塑造的上层建筑，都根源于党和国家发展实践的需要。所以说，思想政治教育学科本质上是适应党和国家的需要而产生的，学科发展的任何现象都能在其中找到依据。进一步说，党和国家的性质从根本上决定了思想政治教育学科的性质和学科发展所向，正如马克思所指出："整个阶级在其物质条件和相应的社会关系的基础上创造和构成这一切。"[①] 思想政治教育学科的根本性质就是由无产阶级政党和社会主义国家的性质所决定的，因而是马克思主义的、社会主义意识形态性的，为无产阶级和广大人民谋求彻底解放而服务的。"适应服务律"从根本上规定了学科发展的必然趋向，内在要求思想政治教育学科在建设和发展的过程中时刻彰显自身特殊的"学科基因"，始终与党和国家的发展同频共振，不断增强社会主义意识形态的先进性、正向性和正义性，帮助人们汲取科学智慧和理

---

① 《马克思恩格斯选集》第 1 卷，人民出版社 2012 年版，第 695 页。

论力量，积极服务于人和社会的全面发展，任何离开这一根本指向的实践方式和实践行为只能是抽象的、无效的。

**（二）指导学科发展实践**

所谓指导学科发展实践，是指思想政治教育学科发展的"适应服务律"对于指导思想政治教育学科发展实践所发挥的效用，主要有提高思想政治教育学科解释实践的能力、规范实践主体行为、增强实践有效性等。

1. 提高解释实践能力

马克思指出："正确的理论必须结合具体情况并根据现存条件加以阐明和发挥。"① 思想政治教育学科发展的基本规律，即"适应服务律"要求思想政治教育学人在建设学科理论、锻造学科概念、从事学术研究的过程中，紧密结合党和国家发展现实的具体情况，并根据改革开放和中国特色社会主义建设事业、社会主义意识形态建设发展和人的自由全面发展的现存条件进行阐明和发挥。这样，学科的发展才能够正确审视在实践中已经遇到或即将面临的重大思想理论问题和实际问题，提供化解现实难题和挑战的理论成果和实践策略，进而使其深层底蕴更为深厚，促进思想政治教育学科在现有发展水平之上实现进一步提升；反之，思想政治教育学科发展一旦脱离了社会的发展和人的发展实际，必然客观地表现出在解释实践上面的乏力。江泽民同志曾在分析改革开放以来的思想政治工作时指出："对新时期思想政治工作如何加强和改进，缺乏深入的研究和有效的手段。"② 这表明，长期以来，思想政治教育的科学研究与党和国家发展形势仍然有不相适应的地方，在理论输出和知识产出上还存在不少薄弱环节，这正是制约学科发展的关键症结，而遵循"适应服务律"就是打开症结、刨除病根的秘药良方。可见，思想政

---

① 《马克思恩格斯全集》第27卷，人民出版社1972年版，第433页。
② 《江泽民文选》第3卷，人民出版社2006年版，第76页。

治教育学科发展的基本规律，即"适应服务律"具有提高思想政治教育学科解释实践能力的效用，且在学科发展的具体演进中逐渐地、越来越深刻地发挥出来。

2. 规范实践主体行为

任何一门学科，无论是要想获得发展，还是已经实现了发展，抑或还要再继续向前发展，都离不开执着于共同奋斗目标、努力推进学科建设步伐的学科人，正是这一群体和其中成员的辛勤付出与自觉实践，才有学科进步和发展的可能。从这一点来讲，思想政治教育学科发展的"适应服务律"有规范和调控的效用。具体表现为对处于学科共同体中的思想政治教育学科人的思想和行为进行引导、推动和纠偏。这是因为，学科主体行为的规范性与思想政治教育学科发展的方向性密切相关。就学科发展而言，尽管"自由"是从事科学活动的必要条件，但是思想政治教育学科发展的"适应服务律"要求学科在发展的过程中首先要有明确而坚定的政治方向，这就决定了学科建设和发展的行为主体的自由是有限的，客观要求他们必须统一意志和行动，确保每一位思想政治教育学科成员都朝着一致的目标开展学科实践，确保每一级思想政治教育学科的组织都能按照既定的任务进行有序运转。更进一步来讲，"适应服务律"犹如一面明镜，促使思想政治教育学科成员自觉形成适应和服务的正确观念，按照符合思想政治教育学科既定的发展方向和发展目标开展学科建设活动，及时纠正偏离、干扰或排斥思想政治教育学科发展方向和发展目标的思想与行为，尽可能缩小主体之间的承诺差异，从而形成共同体成员共同承诺的信念和学科意识，把学科发展主体的思想和行为导向同一个方向，增强建设和发展学科的使命感与责任感。

3. 增强实践有效性

这里所说的有效性，主要指思想政治教育学科在进入社会系统和现实生活中转化成为特定的实践活动与服务方式及其结果所具有的社会性有效、人本性有效和生活性有效。社会性有效，是说对于完善社会关系、满足社会现实需要、促进社会治理和社会发展所表现出的积极效能；人本性有效，是说通过研究人、教化人和塑造人对于帮助人们掌握先进的意识形态并促进人的自由全面发展所表现出的积极效能；生活性有效，是说有助于走进大众生活空间并改善、调适和提升人们的日常生活、精神生活、心理生活所表现出的积极效能。承上所述，思想政治教育学科发展"适应服务律"的形态为适应服务改革开放和中国特色社会主义的建设发展、适应服务社会主义意识形态的建设发展、适应服务人的自由全面发展。这就要求思想政治教育学科广泛进入改革开放和社会主义现代化建设的各个领域和人们生活领域的方方面面，增强其发展的人性情怀和公共关怀，渐次帮助学科在丰富的实践场域中获得整体性的存在和发展，既有更为宏观的关注取向，亦有精细微观的实践回响，推进学科进入社会应用体系的健全完善，以此来强化思想政治教育学科发展的实践品格和独立品性。

**（三）实现学科发展目标**

所谓实现学科发展目标，是指思想政治教育学科发展的"适应服务律"对于促动学科发展目标的实现所具有的效用，这是前两个效用的结果体现。学科的设置和发展总是以实现某一目标为前提，通过具体目标的实现进而实现学科的发展目标。这里的发展目标，主要是指人才培养目标。那么，思想政治教育学科发展的"适应服务律"要求思想政治教育学科实现三类人才生产和再生产的培养目标。

1. 实现造就特殊人才目标

从宏观层面来说，思想政治教育有其存在和发展的特殊性，思想政治教育学科也有其存在和发展的特殊性。而其中的一个重要方面，就是运用特定的学科理论和方法培养党和国家所需要的特殊人才，并将这些专门的人才再投入相应的实践领域，让他们将所学和所研在岗位中加以运用。这类特殊人才就是在意识形态工作中发挥相应价值的特定人群，如具有专业素养的党员干部队伍、宣传思想工作者、党政管理人员、群团工作者等。在学科发展过程中,"适应服务律"客观要求思想政治教育学科不断提升适应和服务主流意识形态建设和发展的能力与水平,简言之,就是为社会主义意识形态的强基固本培养人才。因而必然要促使其加强意识形态专门人才的生产,并通过持续培养本学科和专业的青年大学生,加强培训意识形态工作的骨干人才,善于发现和吸纳有志于从事意识形态工作的优秀人才,实现这类专门人才再生产的不断延续和进步,从而有效参与和服务于社会主义意识形态的建设发展,有效维护、发展和壮大主流意识形态。所以说,"适应服务律"促进思想政治教育学科更好地为培养和造就马克思主义主流意识形态建设发展的各级各类专门人才服务,继而实现党和国家事业发展对这类特殊人才的需求目标。

2. 实现锻塑"能手""专家"目标

从中观层面来说,思想政治教育学科发展的"适应服务律"还促进思想政治教育学科致力于培养"姓马爱马、在马言马",系统掌握马克思主义"看家本领",深谙思想政治教育的基本理论、专业技能和科学方法,切准个体及群体思想政治素养产生、变化和发展的规律,独立自主开展相应的科学研究和实际工作,分析解决人们思想问题与实际问题,为马克思主义理论研究和党的思想政治教育事业奋斗终生的专门人才。[1] 社会生产和发展的不断进步,总是伴随思想政治教育专门人才再生产的不断提升。从一定程度上来讲,思想政治教育学科筹建、创设、发展的几十年,一直不断适应和服务党的事业、国家事业和人民事业对思想政治工作的"能手"、思想政治教育的"专家"乃至"大家"日渐趋高的需要。比如,最开始是在国营企业的有关工作要点中提出了要努力造就精通并从事职工思想政治工作的能手和专家,[2] 而后逐步升级至对思想政治工作专门人才、从事思想政治教育工作的高级专门人才,不同行业领域和不同

---

[1] 《加强和改进大学生思想政治教育重要文献选编(1978—2014)》,知识产权出版社 2015 年版,第 334 页。

[2] 《十二大以来重要文献选编》(上),人民出版社 1986 年版,第 381 页。

群体类别的精细化人才，进行思想政治教育研究、教学和管理的各级专门人才等高层次、多方位的需求，从而开设专业、建立学科，构建人才培养梯队使之接受专门系统的训练，不断满足社会发展对于不同规格和类型的思想政治教育人才需求。正因如此，一代又一代思想政治教育专家、教授、特级教师和理论工作者由此而诞生，有效解决了各系统不重视或不会做思想政治工作的问题，实现思想政治教育学科适应服务于党在不同时期面临的形势和任务需要的发展目标。

3. 实现培养建设者和接班人目标

从微观层面来说，思想政治教育学科发展的"适应服务律"促进思想政治教育学科在其发展过程中接连不断地为大、中、小学等各层次学校思想政治理论课以及不同阶段开展日常性的政治观教育、道德观教育、价值观教育、心理健康教育等提供强劲的学科支撑。质言之，即是为党和国家培养合格建设者和可靠接班人提供专业化、科学化的服务。思想政治教育学科发展的"适应服务律"要求学科将上述在学校教育中的具体实践和具体对象作为研究的对象，使之成为推进本学科建设、促进本学科发展的重要基础和"临床实践"。思想政治教育学科在这些鲜活而又常新的实践中加强理论研究和学科建设，并将这些特定临床数据和结果加以分析应用，提升适应服务不同年龄段学生成长发展的实践效果，使广大学生接受既系统科学又贴近日常的爱国主义、集体主义、社会主义和共产主义教育，坚定对中国特色社会主义的正确道路、指导理论、保障制度和繁荣文化的高度自信，增进对坚持和发展中国特色社会主义事业、建设社会主义现代化事业、实现中华民族伟大复兴的正确认识和使命意识，进而达成培养德智体美劳全面发展的社会主义建设者和接班人的目标。

# 第 四 章

# 思想政治教育学科发展的具体规律

思想政治教育学科发展过程中既有基本矛盾亦有具体矛盾，因而既有基本规律，亦存在具体规律。具体规律是对基本规律的具体表现和展开，是丰富多样的。本章将立足于思想政治教育学科发展过程的构成要素及其演进阶段的具体矛盾，集中探讨并揭示思想政治教育学科发展的具体规律，这对于进一步深化对思想政治教育学科发展基本规律的认识，特别是系统地掌握思想政治教育学科发展规律的全局，无疑十分重要且必要。

## 一　思想政治教育学科发展具体规律的准确把握

研究思想政治教育学科发展具体规律，首先需要回答其具体规律究竟是什么的问题，探究思想政治教育学科发展具体规律的确立依据、科学蕴涵和主要特性，同时还需厘清思想政治教育学科发展的具体规律与基本规律、思想政治教育学科发展要素规律与演进规律之间的关系。

## （一）具体规律的确立依据

思想政治教育学科发展的具体规律，依从于基本规律，反映着思想政治教育学科发展过程中各构成要素和演进阶段的必然联系及其所严格遵循的内在逻辑与确定秩序。如前所述，思想政治教育学科发展过程中包括时间维和空间维两个方面的内在规定，并形成了为该过程所具有的具体矛盾图谱。其中，思想政治教育学科发展的构成要素以及要素之间的矛盾运动是横向的空间维度，思想政治教育学科发展阶段演进的矛盾运动是纵向的时间维度，这些横的联结与纵的联结的具体矛盾运动，就是思想政治教育学科发展具体规律得以确立和形成的依据。

1. 横的联结的具体矛盾运动

众所周知，任何事物的发展都是诸多构成要素及其相互作用的复杂运动过程，其间包含着各要素和要素之间的矛盾运动，即横的联结的具体矛盾运动。依据前文界定，思想政治教育学科发展的基本要素由主体要素、理论要素、组织要素和实践要素构成，它们是推动学科发展进程的主要因素，这些要素及其彼此之间的相互作用和矛盾运动形成了思想政治教育学科发展要素规律。

第一，学科发展主体上的多元性与整体性之间的矛盾运动。它所揭示的是思想政治教育学科发展主体的存在形态多样、价值取向不一、素养参差不齐与整体性发展之间的矛盾关系及其从不耦合走向耦合、从低级耦合走向高级耦合的运动过程。也就是说，学科发展主体的主体性要不断发展完善，使Ⅰ、Ⅱ、Ⅲ级主体之间形成整体有序的耦合态，它们之间的耦合效应越大，所形成的联动作用就越大，其推动学科发展的合力也就越大，由此形成了主体要素发展的规律。第二，学科发展理论上的自发性与自为性之间的矛盾运动。它所揭示的是知识生产的自发性需要与社会发展的自为性要求之间的矛盾关系及其不断走向统一的运动过程。也就是说，思想政治教育学科既按照内在的知识逻辑进行生长和发展，以满足自身在不同时期完善性的优势需要，又按照外在的社会逻辑，即国家主导的自觉自主的力的驱动尤其是在社会主义意识形态框架体系内去建构和发展，表现出一种动态性平衡和张力，由此形成了理论要素发展的规律。第三，学科发展组织上的共生性与离散性之间的矛盾运动。它所揭示的是科学发展的共生和学科组织的人为离散之间、马克思主义理论一级学科组织的共生与思想政治教育二级学科组织的离散之间的矛盾关系及其由聚合走向分化、由分化走向聚合的聚散共生的运动过程。也就是说，思想政治教育学科成员既要在自己的学术疆界中进行知识生产、学术传扬和人才培养，同时又不能故步自封，必须在庞大的"学科生态圈"中进行学术组织、科学研究的交叉与聚合，才能在学科共同体中寻找学科发展的新生长点，由此形成了组织要素发展的规律。第四，学科发展实践上的丰宏性与精微化之间的矛盾运动。它所揭示的是思想政治教育学科的主体要素、理论要素、组织要素在关联实践系统中表现出的多种矛盾关系及其服务转化的运动趋势。也就是说，实践要素是促进学科其他各要素不断发展的动力系统，学科主体、学科理论和学科组织既要不断顺应实践发展的广阔性需要，同时又要满足实践发展的精细化需要，使之转化为相应的实践方式和服务能力，在广度和精度上实现匹配，由此形成了实践要素发展的规律。

2. 纵的联结的具体矛盾运动

思想政治教育学科发展基本要素不是抽象的存在，所有要素功能的发挥必须落到思想政治教育学科发展的具体阶段及其历史演进过程中，在每一个演进阶段诸要素之间的关系都会有相应变化，从而在学科生成期、学科成长期、学科独立期三个阶段的发展演进中产生了它们之间的相互作用及其矛盾运动，即纵的联结的具体矛盾运动，进而形成了思想政治教育学科发展演进规律。

第一，学科发展的权力依赖与自主建构之间的矛盾运动。它所揭示的是思想政治教育学科发展的意识形态性与科学性之间的客观事实矛盾关系，即学科对权力的依赖和意识形态性的牵引力与学科科学性的牵引力在学科发展的不同时期呈现不同张力关系及其获取阈值的演进规律。也就是说，思想政治教育学科在自身的发展过程中，既要不断获取要素自我成长和自主建构的最高值，又要不断消除意识形态和权力依赖的负向性影响，最终实现均势，即其矛盾运动的必然趋势。第二，学科发展的规模与质量之间的矛盾运动。它所揭示的是思想政治教育学术研究的水平与学科发展规模、人才培养的质量与学科发展规模、思想政治教育的现有有效性水平与规模扩张应有的有效性产能之间的矛盾关系及其演进规律。也就是说，思想政治教育学科发展在演进过程中由质与量的不平衡不充分发展最终走向量的不断增长与质的不断提升相统一的矛盾运动过程，因而它的发展必然不是一个线性的发展过程，而是在科学发展量上实现质的飞跃的过程。第三，学科发展的政治使命与个体需要之间的矛盾运动。它所揭示的是党和国家的思想政治要求与个体的全面发展需要之间的矛盾关系及其交互作用的演进规律。也就是说，思想政治教育学科发展过程，是使命引领和服务育人由可能存在的不一致或不完全契合走向一致和完全统一的矛盾运动过程，这种统一的必然趋势是党和国家的意识形态要求内化为个体需要，使个体发展与社会发展达成内在而稳定的完全意义上的统一。

### （二）具体规律的科学蕴涵

由此观之，思想政治教育学科发展的具体规律，是指思想政治教育学科发展过程中诸要素及要素之间、发展阶段演进之间的本质联系和具体矛盾运动的必然趋势。那么，究竟有哪些具体规律？如何作出概括？笔者以为，从横向的要素关系和纵向的阶段演进这两个维度出发，思想政治教育学科发展的具体规律包含思想政治教育学科发展要素规律和思想政治教育学科发展演进规律。

1. 思想政治教育学科发展要素规律

所谓思想政治教育学科发展要素规律，是指思想政治教育学科发展过程中诸要素和要素之间寻定不移的关系及其矛盾运动的必然趋势。综合以上分析，从思想政治教育学科发展的要素关系和横的联结的具体矛盾运动来看，归结起来，其规律有一元整体与多元主体耦合律、优势需要与自觉驱动生成律、聚散共生与动态层级聚合律、实践动力与介体联结转换律，分别反映的是思想政治教育学科发展的主体要素、理论要素、组织要素、实践要素的自我适应性及它们之间的相互适应性。需要指出的是，每一个具体的规律形态，无论它的作用多么显著和重要，都不能反映思想政治教育学科发展系统的全部本质联系，只有总和起来结成有机体，相互影响和彼此提携，充分发挥其作为整体的综合性作用，才能反映思想政治教育学科发展系统的整个运动过程和全部的本质联系。

2. 思想政治教育学科发展演进规律

所谓思想政治教育学科发展演进规律，是指思想政治教育学科发展过程的阶段性关系及其矛盾运动的必然趋向。综合以上分析，从思想政治教育学科发展的阶段演进和纵的联结的具体矛盾运动来看，归结起来，其规律有政治导向与科学建构阈值律、非线性演进与质量效应提升律、使命引领与服务育人交互律，它们所反映的是思想政治教育学科发展的阶段性矛盾及其具体的规律内容。这就需要我们在学科发展的基本要素进入不同阶段演进后所发生的变化中找到动态平衡点，以此推动思想政治教育学科的发展进程，促使其不断向前发展。

### （三）具体规律的应然特性

要全面把握思想政治教育学科发展具体规律的内涵，还需要对其特征和属性进行考察，从某种程度来说，也是对思想政治教育学科发展具体规律客观性、必然性、重复有效性的进一步证明与完善。那么，思想政治教育学科发展具体规律到底有哪些本来的自然的特性呢？

1. 鲜明的实践性

思想政治教育学科发展具体规律是具有鲜明实践性的规律。这种实践性，是指具体规律是人们进行科学实践、开展知识劳动尤其是进行思想政治教育学科建设具体的实践性活动的规律。即是说，作为构成和推动思想政治教育学科发展的基本要素并具体落实到发展的过程和历史演进中，所关注的不是某种自然现象，也不是人们直接改造世界的活动，而是在从事思想政治教育这项具体的科学活动所必要的主体完善、理论研究、组织发展、实践反哺及其阶段性演进所反映出的局部的、具体的规律。

从过程来看，具体规律内蕴于思想政治教育学科实践行为、实践活动和实践过程中。思想政治教育学科发展诸要素及其发展轨迹之间的本质联系生成、内在于科学实践本身，它们之间是一体化的。所谓思想政治教育学科发展具体规律不过是学科建设这一人的社会实践性活动所表现出来的具体要素和运动形式的某种本质联系及其发展的必然趋势，是学科发展主体、理论、组织、实践活动及其在不同的发展阶段呈现为或表现为某种规律性，我们要做的就是把这些规律客观地"呈现"出来，而不是把存在于它们之外的某些先验预成的规律直接"给定"出来。从结果来看，具体规律指向发展和完善学科实践本身。这就表明，对其具体规律的理解方式不能仅停留在与思想政治教育实践活动紧密关联的层次上，还要看到它本身是作为科学实践的构成，而非外在于科学活动的。作为具体的科学领域中实践活动的规律，它的目的不在于揭示思想政治教育形成发展或其具体实践活动的必然性和规律性，而是帮助思想政治教育学科在具体的建设实践中定好位、起好步、走好路，扎扎实实搞好学科建设，从而推动学科在既有基础上实现更好的发展。

2. 突出的多样性

思想政治教育学科发展具体规律是具有突出多样性的规律。所谓多样性，是指具体规律的存在形态和呈现方式多种多样。不同于基本规律的全过程性、宏阔性和整体性，具体规律是局部的、具体的和多样的。这是因为，思想政治教育学科发展过程中所呈现的要素侧面和阶段位面及其具体矛盾皆是多样的，因而，思想政治教育学科发展的具体规律如同其具体矛盾谱系一般，是纵横交错、多元立体的，既是共识态的，又是历时态的。

从横向关系和空间维度看，有共时态的思想政治教育学科发展要素规律，具体包括学科主体发展的规律、学科理论发展的规律、学科组织发展的规律、学科实践发展的规律及其相互之间的作用规律，等等。这些规律是决定思想政治教育学科系统的发展结构的本质性，反映的是学科发展的基本要素在相互作用及其各种组合中使思想政治教育学科更有效地向有序化、总体化方向发展。从纵向关系和时间维度上看，思想政治教育学科发展具体规律的多样性体现为，既有学科发展各要素在演进阶段上具有自己的特殊表现形式及其发展规律，又有在演进过程中学科发展的质与量、学科规划与科学建构、社会与个人之间的相互联系、相互制约、相互转化的规律，等等。这些规律亦可称为历时态规律，揭示的是具体矛盾在时间先后秩序上演变发展的规律，反映了学科发展的运行过程内部及其相互联结上的博弈，因而思想政治教育学科发展过程不是一帆风顺笔直向前的，而是螺旋式上升的曲折发展进程。故此，可以得出的结论是：思想政治教育学科发展的具体规律是两种规律样态的综合性规律，是学科发展整体性规律的展开和体现。这些规律的多样性被综合作用时，思想政治教育学科发展的原动力就会得到充分证实。

3. 显著的协同性

思想政治教育学科发展具体规律是具有显著协同性的规律。所谓协同性，是指思想政治教育学科发展的要素规律和演进规律之间，以及它们与基本规律之间所呈现的协同共进的特性。这是因为，思想政治教育学科的存在和发展方式是思想政治教育学科发展横向要素协同、纵向阶段共向的矛盾运动发展过程，并由此形成思想政治教育学科发展具体规律。

显而易见，这些具体规律概括起来就是三种形式：一是要素与要素之间的本质联系及其矛盾运动；二是阶段与阶段之间的本质联系及其矛盾运动；三是要素与阶段之间的本质联系及其矛盾运动。

因此，在思想政治教育学科发展过程的系统推进中，无论从学科发展的横向要素协同，还是从学科发展的纵向阶段共进，这些具体规律必然也表现出学科整体运行和发展的协调性、协同性、共进性。同时，这种协同性还表现为与基本规律的协同共向。具体而言，无论是学科发展的要素规律抑或是演进规律，都是对于基本规律的进一步展开和具体呈现，从基底上规定了它们之间存在和发展的共向性，使之层层递进、步步深入。正如"人的思想由现象到本质，由所谓初级本质到二级本质，不断深化，以至无穷"[①]。在思想政治教育学科发展规律的体系中，从基本规律到具体规律，就是循着一级规律到二级规律的层次性存在和发展，从这个意义来讲，具体规律必然也绕不开在基本规律域界内的协同共进。

4. 明显的相对性

思想政治教育学科发展具体规律是具有明显相对性的规律。所谓相对性，是指具体规律的存在和发展是有条件的、受限制的。换言之，思想政治教育学科发展的具体规律是这样一些规律，它或不是普遍存在于学科发展过程始终，或不为学科发展的一切现象所固有，而是一定范围、一定层次、一定单元所固有的。

就其存在本身而言，无论是发展要素所呈现的一元整体与多元主体耦合律、优势需要与自觉驱动生成律、聚散共生与动态层级聚合律、实践动力与介体联结转换律等规律形态，还是发展阶段所呈现的政治导向与科学建构阈值律、非线性演进与质量效应提升律、使命引领与服务育人交互律等规律形态，所有这些具体规律，表现的都是学科发展过程中这些或那些要素、这些或那些阶段所特定的。就其变化发展而言，学科是处于一定社会和变化发展中的学科。这一点，对具有鲜明的政治性、阶级性和意识形态属性的思想政治教育学科而言尤其明显。无论是开展学科建设的行为主体还是学科建设的发展战略、组织规模，甚至知识产出都置身和受制于各种社会

---

① 列宁：《哲学笔记》，人民出版社1993年版，第213页。

关系，随着社会关系的不断发展而发展，学科与社会关系的联系包括其他本质联系的方式也会随之变化，而后引起学科发展内部的各要素之间的联系包括其他本质联系的方式也会发生改变。同时，由于社会历史条件的变化和学科发展的演进，即具体规律本身随着由它们所引起的条件变化而变化甚至消失，因而"必须从客观的实际运动所包含的具体的条件，去看出这些现象中的具体的矛盾、矛盾各方面的具体的地位以及矛盾的具体的相互关系"[①] 及其具体的规律，即使规律的性质并未发生改变，但是它起作用的方式却可能发生变化。例如，在思想政治教育学科的生成期，权力依赖和行政规划以绝对优势占据推动学科发展的主导地位，发挥着至关重要的作用，而到了学科的发展期特别是迈向成熟期的阶段，这种依赖会退而其次以相对量的存在发挥作用，因而它们之间始终保持一种张力的变化关系，即政治导向与科学建构的阈值律，这取决于历史条件和学科演进的发展程度。再比如，学科发展的政治使命与个体需要之间的矛盾在进入社会主义高级阶段后会达成完全和解与统一，那么，反映这一具体矛盾关系的规律也会随之消失，以一种新的形式出现。

### （四）几种规律关系辨析

正确认识思想政治教育学科发展具体规律，同样需要把握好几种规律关系，即思想政治教育学科发展具体规律与基本规律的关系，思想政治教育学科发展要素规律与演进规律的关系。

1. 思想政治教育学科发展具体规律与基本规律的关系

思想政治教育学科发展规律是一个由基本规律和具体规律构成的规律系统，因而，在研究思想政治教育学科发展规律时，既要具体分析其基本规律，也要分析其具体规律，还要察其异、究其同，分析二者的联系与区别，如此，才能获得对思想政治教育学科发展

---

[①] 《毛泽东选集》第 1 卷，人民出版社 1991 年版，第 319 页。

规律的全部认识。

（1）具体规律与基本规律的联系

从两者的联系来看，思想政治教育学科发展的具体规律与基本规律存有密不可分的联系。一是两者相互依赖。它们之间内在的密切联系，首先表现为两者之间互为依存，任何一个不能脱离另一个而存在。但是，这绝不是说丧失或可以取消它们各自的独立意义，因而不能简单地把基本溶化在具体之中，也不能简单地把具体归结为基本的特殊表现形式。换句话说，思想政治教育学科发展的具体规律和基本规律的统一关系，并不是意味着它们是完全同一或相互吞没的，因为它们都是对学科发展过程中横向联结、纵向深入、纵横交错的各种矛盾及其矛盾运动的表征，都反映了学科发展过程中不同的本质联系和关系。二是两者相互制约。一方面，思想政治教育学科发展的"适应服务律"贯穿其全部的发展过程，对于过程的各个阶段和各个方面具有决定性的意义，深刻影响和制约着思想政治教育学科发展具体规律的存在与发展，从根本上规定了具体规律的作用方向及其内在的逻辑和轨道；另一方面，思想政治教育学科发展具体规律也会在一定程度上影响和制约基本规律作用方式及其实现程度。思想政治教育学科作为一个整体存在和整体性的发展，既离不开其构成要素的运动发展，又离不开其发生发展阶段的运动发展，只有当两者之间共同作用才能呈现其存在和发展的完整形态。因此，无论是其要素规律还是演进规律，与其中任何一方不符合或与之相违背都会影响基本规律的整体实现。可见，各种规律就其自身存在而言相对独立而又各司其职，但它们又相互影响制约。对此，要防止两种错误的倾向，一种是认为思想政治教育学科发展的基本规律是具体规律的总和，而具体规律则只是基本规律的变形；另一种是认为基本规律没有独立意义，只能提供每个规律的特征，即揭示规律的特点，而基本规律只能通过具体规律表现出自己的作用，在任何时候和任何场合都不难脱离这些具体规律的表现形式。以上分析，恰恰反映出这两种观点是不符合客观实际的，应加以批判。

（2）具体规律与基本规律的区别

从两者的区别来看，思想政治教育学科发展的具体规律与基本规律的区别就在于：一是两者的地位不同。如前所述，思想政治教育学科发展的基本矛盾是党和国家对学科发展水平的应然性要求与学科现有的实然性发展状况之间的矛盾，思想政治教育学科发展的"适应服务律"即适应服务改革开放和中国特色社会主义的建设发展、适应服务社会主义意识形态的建设发展、适应服务人的自由全面发展，这是之所以建立该学科并使之得到不断发展的根本原因，是由发展过程中的这一基本矛盾运动所决定的。换言之，思想政治教育学科发展的构成要素及其在不同演进阶段功能的发挥，都是根据社会发展要求进行建设，使之达到一定的发展水平，说到底，都是因这一基本矛盾运动而形成的。所以，思想政治教育学科发展的基本规律在整个规律系统中处于主导地位，具体规律处于从属地位，必须服从和服务于这一基本规律。二是两者的作用不同。基本规律在思想政治教育学科发展过程中的作用，就在于把发展的一切方面和各个阶段密切联系并统一起来，发挥着统辖整体的职能；而具体规律是学科发展过程中诸多要素和各个历史阶段演进发展的规律和集中表现，有助于我们了解和掌握学科发展的每一种构成要素变化发展的具体特点及其在每一个发展阶段的具体面貌。三是两者的存续时间不同。思想政治教育学科发展规律并不总是如此或长久不变的，也就是说，无论是思想政治教育学科发展的基本规律，还是具体规律，它们都不是永恒的。但由于基本规律表现了思想政治教育学科发展过程中最一般最稳定的联系和关系，因而相对于具体规律而言，具有更大的牢固性和稳定性，它的表现形式即局部的、特殊的、具体的规律在发展过程中却依具体条件而变化着。

2. 思想政治教育学科发展要素规律与演进规律的关系

这是就思想政治教育学科发展具体规律的内部而言的。根据具体矛盾的纵横谱系，亦可分为横向的要素规律与纵向的演进规律。要准确理解和把握思想政治教育学科发展的具体规律，还应该搞清楚这二者之间的联系与区别。

（1）要素规律与演进规律的联系

从两者的联系来看，思想政治教育学科发展的要素规律与演进规律存有密切联系。一是要素规律的存在及实现要通过演进规律来完成。这是因为，思想政治教育学科发展的构成要素需要依托并参与学科发展的具体历史进程，在学科生成期、成长期和独立期等不同的发展演进阶段，思想政治教育学科发展基本要素所处的空间位置及其相互关系都是有所变化的。思想政治教育学科发展的构成要素，在学科发展的任何一个阶段都会遇到众多问题，呈现不同的发展状态，从资源的获取、能力的提升到需要的满足等。比如，在学科生成期，其主要任务是要解决党和国家要求建立思想政治教育学科与思想政治教育未完成从实践形态向科学形态转变的矛盾。在这一阶段，学科发展主体尤其是本体性发展主体，即党和国家及其有关职能部门作为创设学科的顶层设计者，无疑是起主导作用的，学科发展的其他要素依赖于本体性的权力主体对学科的生存提供的积极保障，以使学科能够健康成长，因而也伴随着对于服务维护社会发展和国家意识形态的否定性意涵而产生的学科质疑和意识形态的负向效应。此时，学科发展基本要素的成长状态就取决于政治导向与科学建构之间、使命引领与服务育人之间的合理性张力。即便在它获取更多学科发展自主权的同时，亦不能失去根本的政治引导和社会主义意识形态属性，否则这种发展就丧失了明确的方向，也不可能符合党和国家发展的需要。二是演进规律的实现程度有赖于要素规律的存在及其实现。这即是说，思想政治教育学科渐次发展、演进和跃升，也是空间范畴即学科发展诸要素形成和发展的历史过程，其相互联系、相互作用的关系和运动变化的趋势离不开各要素之间的关系及其矛盾运动。比如，伴随思想政治教育学科的发展进程，其由不成熟走向成熟、依赖式到自主式的距离愈渐缩短，意味着成熟期较之于成长期、成长期较之于生成期都在前一阶段上有了新的发展和提高，而学科的不同要素也相继获得了快速成长，致力于学科生存状态的改善、生存质量的提高和自我发展的实现，表现出更多的自觉驱动力量。但是，由于思想政治教育学科发展的某些非常规因素的影响，尤其是学科组织规模的高速扩张，必然会带来发展质量和发展规模之间的矛盾，因而学科发展要素成长及其功能是否协调显得至关重要。三是要素规律和演进规律形成以其合力共存于思想政治教育学科发展规律之中。纵然它们之间的存在方式不同、功能作用有别，但并不代表彼此之间是孤立地存在并发生作用，而是紧密关联、相互作用、相互制约，在时间和空间的统一中实现彼此的观照，形成共同的合力。因此，科学的、健康的、有效的学科建设和发展应该是在充分研究和把握要素与阶段不同矛盾及其矛盾运动的基础上，实现纵向与横向发展的有机统一。

（2）要素规律与演进规律的区别

从两者的区别来看，思想政治教育学科发展的要素规律与演进规律两者有着明显的区别。一是两者的维度不同。很显然，作为一个过程的存在，思想政治教育学科发展的矛盾体系以一定的时空状态分布着，其矛盾运动也以一定的时空形式发生作用，如黑格尔所说："矛盾的东西各不相连地保持着并列和先后相继的状态。"① 这意味着，事物发展过程不仅在空间上有各自的联结及其矛盾关系规律，而且在时间上也有各自的联结及其矛盾关系规律。思想政治教育学科发展要素规律和演进规律就是从它们不同的维度来加以体现和表达的。其中，要素规律是空间范畴的横向联结，反映的是思想政治教育学科发展的不同要素之间的矛盾关系规律；而演进规律是

---

① 中国科学院哲学研究所西方哲学史组编：《黑格尔论矛盾》，商务印书馆1963年版，第132页。

时间范畴纵的联结,反映的是思想政治教育学科发展的不同阶段之间的矛盾关系规律,它们处于时空分布的两个不同维度。二是两者的功能不同。正因上述在发展阶段和结构要素上不同的存在状态和形式,它们所具有的实践指向和功能发挥也有所差异。也就是说,无论是思想政治教育学科要素规律,还是思想政治教育学科发展演进规律,都具有相对独立的意义,这种"相对独立"显示了其具有不同的侧面和角度,也不能相互取而代之。就要素规律来说,这些具体的规律主要发挥调节要素结构及其内在关系的功能;就演进规律来说,这些具体的规律主要发挥调节阶段演进的序列及其相互关系的功能。

## 二 思想政治教育学科发展要素规律的呈现形态

在阐明思想政治教育学科发展具体规律的含义、特性等基础上,有必要进一步分析它的存在样态和表现形式,即揭示思想政治教育学科发展要素规律和演进规律的呈现形态。从横向的思想政治教育学科发展要素规律看,呈现形态是指思想政治教育学科发展过程中诸要素及要素之间寻定不移的关系及其矛盾运动的必然趋势所表现出的样态与形式。具体而言,呈现为一元整体与多元主体耦合律、优势需要与自觉驱动生成律、聚散共生与动态层级聚合律、实践动力与介体联结转换律等形态。

### (一) 一元整体与多元主体耦合律

就思想政治教育学科系统及其发展过程而言,主要有主体要素、理论要素、组织要素和实践要素,这些要素性关系及其矛盾运动的必定走向构成了要素规律的主要内容和呈现形态。那么,从主体要素自身及其与各要素之间的矛盾关系和运动趋势来看,呈现为"一元整体与多元主体耦合律",这一规律反映了学科主体要素在发展过程中具有的必然性。

1. "一元整体与多元主体耦合律"的含义与意义

"一元整体与多元主体耦合律"这一具体规律充分显示了思想政治教育学科多元性主体与其整体性发展要求之间的矛盾性关系,决定着其耦合层级与强度的全部内容、表现形式和运动趋势。

第一,"一元整体与多元主体耦合律"的含义。一元整体与多元主体耦合律,是指思想政治教育学科整体发展水平和成效,取决于学科发展各级主体间交互耦合的状态及其在目标、价值、素养等方面的耦合程度。这是因为,思想政治教育学科发展的多元主体与整体性发展之间存在着客观动态的耦合关系。这种耦合关系,指的是三级主体之间相互影响、相互作用于对方的一个量度关系。既然学科主体对客观的整体性发展需求度是学科主体作用于学科建设而促进学科发展所产生的一种主客观统一的动态程度,那么,它们彼此之间的耦合状态就显得极为重要。一方面,思想政治教育学科发展的客观性需要,必然要求各级主体之间能够协调联动,形成整体性主体,从而发挥主体作用的最大化。而这是一个开放动态的过程,在学科发展的生成阶段表现为"低耦合态",在学科发展的成长阶段表现为"中耦合态",在学科发展的独立尤其是主体性力量均势后将会达到和谐有序的"高耦合态",推动学科各方面的统筹发展。另一方面,作为Ⅰ级主体存在的党和国家及其相关职能部门,与作为Ⅱ级主体存在的思想政治教育科学家群体和作为Ⅲ级主体存在的思想政治教育实践工作者,他们各自主体性的发展变化必然会引起整体耦合程度和功能的变化。这种变化表现为:当Ⅰ、Ⅱ、Ⅲ级主体的主体性程度高且耦合状态优化时,可促进学科发展整体水平的提高和科学化进程的加快,而当他们主体性发展完善程度较低或呈现不同步的状态时,则会限制学科发展整体水平和科学化进程。(见表4-1)

表4-1　　　　多元主体与学科整体性发展耦合的层级与强度[1]

| 耦合的层级 | 需求度的满足程度 | 发展趋向 | 耦合程度 | 评估 |
| --- | --- | --- | --- | --- |
| 第一层级 | 满足 | ↑→ | 高耦合态 | 优态 |
| 第二层级 | 较满足 | → | 中耦合态 | 良态 |
| 第三层级 | 基本满足 | → | 低耦合态 | 可态 |

第二，"一元整体与多元主体耦合律"的意义。掌握这一规律，有助于我们定性评判学科发展各级主体在学科的不同发展阶段所处的发展状态，对协调并促进学科整体发展和多元主体之间的耦合关系意义重大：一是可以有效避免和克服思想政治教育学科发展主体各行其是、孤立化的倾向。事实上，无论是进行学科战略布局、顶层设计、整体规划和总体指导的Ⅰ级主体，还是专门从事思想政治教育理论研究和人才培养的Ⅱ级主体，再或者思想政治教育实际工作者，他们都是参与学科建设、推动学科发展、提升学科水平的主体力量，应当充分发挥各自的主体性及其职能，全员参与、齐抓共管、同向同行，孤军奋战则不可能做好。二是可以有效避免和克服思想政治教育学科发展主体之间封闭、僵化的倾向。对主体进行层次划分和分别研究，主要是为了满足人们认识和实践的需要，但这不是说他们之间本身就存在着天然的、固有的藩篱，并非不可流动、不可逾越，相反，作为有目的、有意识、自觉的、能动的实践主体，他们是相互依赖和相互作用的，在一定条件下可以实现互相的转化。这样，促使其不断畅通完善彼此间交流互动的渠道和平台，获得永续共进的内生力量，不断向前发展。三是可以有效转变主体的思维范式和实践模式。正是这种耦合关系及其规律的存在，内在规定着他们在实践活动过程中不能只从各自的逻辑和思维组织设计、开展

---

[1] 参见方创琳、杨玉梅《城市化与生态环境交互耦合系统的基本定律》，《干旱区地理》2006年第1期。

研究或做具体工作。这一耦合律,不仅有助于党和国家及其有关部门在作决策时,提高发展目标、发展战略、发展路径的科学性和有效性,还能防止和克服理论研究者的抽象化和学院化倾向,并提升思想政治教育实务工作者的理论化水平,避免时政化、经验化的弊端。

2. 遵循"一元整体与多元主体耦合律"的要求

规律是客观的、抽象的存在,人们在认识和揭示后,更为重要的是加以掌握和运用,从而指导主体的学科建设实践。就像在经济实践中,越是科学遵循和充分贯彻作为基本规律的价值规律的要求,规律本身的价值意蕴和实际效能就越能得到充分体现。[①] 那么,自觉遵循思想政治教育学科主体发展的"一元整体与多元主体耦合律"有哪些具体要求呢?

第一,目标耦合要求。要实现学科主体间的高耦合态,首先需要确立共同的目标理念。也就是说,各级主体之所以能够形成推动学科发展的稳定性的金字塔结构,就在于他们是为了学科的创立、建设和发展的共同目标而凝聚在一起的。虽然Ⅰ、Ⅱ、Ⅲ级主体的分工不同、地位不同,但根本的目标是一致的,就是朝着实现党和国家要求的学科发展水平而努力,向着有利于改革开放和中国特色社会主义发展、有利于国家意识形态的建设发展、有利于人的自由全面发展而奋进,从而"形成学科建设和发展所需要的人才队伍的整体合力和正能量"[②],从不同角度和不同程度对思想政治教育学科发展作出应有的贡献,形成具有学科建设力的统一体。

第二,价值耦合要求。这是目标耦合的第二层次的要求,也就是说,思想政治教育学科发展主体自身的思想政治性和价值取向能否保持高度一致,在根本上决定着思想政治教育学科建设和发展的

---

[①] 阿特拉斯等主编:《社会主义政治经济学》,薛梓组译,生活·读书·新知三联书店1962年版,第379页。

[②] 张耀灿、钱广荣等:《思想政治教育学科范式简论》,安徽师范大学出版社2018年版,第43页。

高度。在其他学科尤其是自然科学中，学科成员之间的思想政治性与价值取向的不一致性、存在分歧甚至完全相悖的情况并不鲜见，而且一般来说不会对其研究过程和研究结果产生直接或重大的影响，故而也不会在很大程度上钳制学科发展的整体状态和总体水平。然而，在思想政治教育学科中，各级主体之间必须保持思想上、行动上、政治上高度的一致性。特别是对于直接从事思想政治教育的理论型研究者和实践型工作者来说，要积极适应和主动消化来自学科发展的顶层设计者、要求提出者及其"官方"代表的Ⅰ级主体所传递的意识形态教化和价值观念信息，尽可能地缩小三者之间的差距，才能更好地理解思想政治教育学科发展目标和建设内容，自觉运用马克思主义的立场、观点和方法推进学科建设，有效开展教育教学、科学研究、管理服务等具体工作。

　　第三，素养耦合要求。实际上，每一个层级的主体及其主体性的发展，包括处于不同层级中的每一个人的素养都直接关联思想政治教育学科的建设和发展，从某种意义上完全可以说起着关键性的作用，并由此决定了主体素养的整体水准及其主体结构的稳定性。思想政治教育学科的整体发展需要对处于其中的不同主体提出了素养耦合"优态"的要求，即不仅仅是思想政治教育的科学家们应当具备较高的学科专业素养和科学研究能力，而且也要求处于上层的宏观调控人员和管理者，以及处于基层的思想政治教育实践工作者同样具备相应的学科素养。也就是说，应该有一种从组织到个人、从中央到地方、贯穿全领域和全体成员的整体意识，促进不同角色主体性的发展完善，成为思想政治教育方面的"大家""专家"和"行家"。就Ⅰ级主体而言，要不断提高对学科发展的领导权和管理权；就Ⅱ级主体而言，要不断提高科学研究及高效解题的能力，注重发挥高水平理论家和学科带头人的主动性、积极性作用，提升学术的立场和特征，形成富有影响力的学科话语权；就Ⅲ级主体而言，要不断提高学习实践马克思主义的理论自觉和行动自觉，坚持理论与实践相结合，提升分析实际问题和解决实际问题的能力，进而整体增强思想政治教育的有效性。

### （二）优势需要与自觉驱动生成律

思想政治教育学科发展要素规律，从理论要素自身及其与各要素之间的矛盾关系和运动趋势来看，其具体规律呈现为"优势需要与自觉驱动生成律"，这一规律反映了学科理论要素在发展过程中具有的必然性。

1. "优势需要与自觉驱动生成律"的含义与意义

"优势需要与自觉驱动生成律"这一具体规律充分显示了思想政治教育学科的知识体系、理论建构及其发展自发性与自为性之间的矛盾性关系，决定着其生成发展的基本逻辑和必然趋势。

第一，"优势需要与自觉驱动生成律"的含义。优势需要与自觉驱动生成律，是指思想政治教育学科理论的构建、成型及其发展既要适应知识的要求，按照学科发展的内在逻辑以不断满足知识系统在不同时期的自我完善性需要，又要循着与社会发展同向的路线，在主体的共同参与下自觉推动其在社会主导的意识形态框架体系内不断地与时俱进，完成改造、裂变和发展。换句话说，思想政治教育学科知识形式的发展和理论水平的提高，是向内看与向外看的逻辑统一，既要看到学科的成长是知识发展到一定程度的必然结果，依据学科内部规范以渐进的方式、分阶段地自然进行着，从而不断更新旧知、产出新知，又要看到学科的成长是主体性活动自觉驱动的必然结果，不纯粹是以闲逸的好奇心驱使，而更多的是带有社会目的性的自我实现行为，因而受外在因素的影响和制约。"当我们按照我们关于某一现象的观念亲自引起或制造出这一现象，并使它为我们的目的服务的时候，这时，我们就确信，在一定范围内，我们关于这一现象的观念是真实的确凿的知识。"[①] 也就是说，我们通过

---

① 《马克思列宁主义原理》（上册），生活·读书·新知三联书店1960年版，第112页。

对思想政治教育丰富的实践累积和经验消化,并归纳、抽象、概括出来的专门知识体系和理论内容都受到其所处的时代背景和社会环境的制约,并为特定的社会要求服务。总之,需要越强烈,学科主体在其发展过程中就越具有内驱动力,越能实现内在逻辑和外在逻辑的统一性。

第二,"优势需要与自觉驱动生成律"的意义。思想政治教育学科理论发展的优势需要与自觉驱动生成律的深刻性、特殊性意义主要在于:一是强调主体性。有别于其他学科特别是自然科学侧重于凸显知识生产自身的优势需求并一味扩大内在逻辑的巨大张力,而往往不重视或忽略了外在逻辑的巨大推力,思想政治教育学科理论的发展必然是内隐的知识演进和外显的社会驱动协调发展的结果。也就是说,不能只是按照科学生长自在的逻辑来进行知识的生产和创新,还要看到在思想性、政治性、教育性的综合体与结合处的现实需要及理论观照,进行主动作为并提供有效服务,确证思想政治教育学科具有不可替代性的本体价值。二是强调互动性。这里的互动性,体现为学科理论沿着由内而外、由外而内双向互动的路径发展演进。任何一门学科的知识体系一经形成,并不是永恒不变的,而是处在不断发展和持续演进的过程中。这一规律不仅从理论上对学科理论要素本身的关系意义予以了揭示,而且指明了其与他要素共同致力于学科理论和知识生产的双重路径,一方面是"从内到外"的转化过程,另一方面是"从外到内"的转化过程。从这个意义上讲,它是一个彼此联系、双向发力的过程。

2. 遵循"优势需要与自觉驱动生成律"的要求

自觉遵循"优势需要与自觉驱动生成律",要在理论生成和知识生产两条路线上做到同向同行。

第一,由内及外的理论生成和知识生产路线。这条路线,指的是以内在逻辑为基础走向外在逻辑,从而实现理论发展和社会发展同向同行的路线。处于不同发展阶段上的学科,其对知识生产方式和理论更迭的需求不尽相同。比如,在学科形成的初始阶段,它的优势需要是基础理论的建构，即沿着"是何"、"为何"、"有何"及"如何"的认知理路和内在逻辑确立起思想政治教育学科的内部结构与知识体系，具体来说，就是通过其特定的研究对象、学科领域、概念范畴、矛盾规律等基本理论形态的必要构件进行定性、定位、定向；在学科理论发展的分化、分支阶段，以"论"、"史"、"方法论"、"比较"等主干学科为中心开始向不同层面和角度的需要进行延伸，从而慢慢形成了分支学科、应用理论等在内的理论体系；在学科理论发展的整合、深化阶段，知识细胞要求更加多元的生长方式、裂变方式、移植方式和重组方式，于是逐渐寻求对自身理论边界的突破，为此必须辐射到社会发展更多的实践领域进行渗透和拓展、交叉与综合，形成更为精细化的应用理论与之相适应。这种内在需要被不断满足，进而带动并转为思想政治教育各种理论内容和实践途径，从中获得了相应的理论形态，以此促进社会发展和人的发展各个领域的思想政治教育的改造、进步和发展。

第二，由外及内的理论生成和知识生产路线。这条路线，指的是以外在逻辑为动力走向内在逻辑，从而以社会发展的需要促动理论发展的有效供给而实现同向同行的路线。马克思主义的唯物史观认为，一定阶级尤其是统治阶级既创造、构建并发展一定的社会意识形态，又为社会存在所决定和制约，并且服从和服务于它。与此同时，"理论在一个国家实现的程度，总是取决于理论满足这个国家的需要的程度"[①]。足见，思想政治教育学科的存在和发展对于当代中国尤其是观念上层建筑的巩固和未来发展具有不可或缺的作用。从学科理论基础的发展来看，要紧贴理论基础的前沿理论和方法，增强马克思主义中国化宣教和研究的理论自觉性，在谋求马克思主义意识形态的发展与创新中推动学科的创新发展，根植于最新理论成果的沃土中，汲取发展的智慧营养，并在理论研究中得到正确的解读和科学的运用，使其理论根基稳固

---

① 《马克思恩格斯选集》第 1 卷，人民出版社 2012 年版，第 11 页。

强大。从学科基础理论的发展来看，要求其始终保持与学科理论基础和实践基础的同一性，深入研究思想政治教育基本原理及其更新，通过自身的内在逻辑展开，涵容思想政治教育所涉及的所有理论与现实问题，始终保持基础理论的鲜活生命力和穿透力。从学科应用理论的发展来看，要密切关注和回应社会现实问题和思想政治教育实践问题，使得研究对象的一切方面和一切现象能够在理论中得到应有的覆盖和有效的供给，并在具体实践中得到进一步运用和验证，以促进学科应用理论的蓬勃发展。同时，由外及内的路线强调学科发展主体自觉性、能动性和创造性的发挥，也就是说，参与和推进思想政治教育学科建设发展的各级主体，不是单方面的消极适应，而是积极主动地以社会进步和意识形态发展要求为根本导向，与学术理论前沿进行对话沟通，促进思想政治教育学科体系走向成熟和完备。

### （三）聚散共生与动态层级聚合律

思想政治教育学科发展要素规律，从组织要素自身及其与各要素之间的矛盾关系和运动趋势来看，其具体规律呈现为"聚散共生与动态层级聚合律"，这一规律反映了学科组织要素在发展过程中具有的必然性。

1. "聚散共生与动态层级聚合律"的含义与意义

"聚散共生与动态层级聚合律"这一具体规律充分显示了思想政治教育学科组织体系及其发展的共生性与离散性之间的矛盾性关系，决定着其生成发展的基本逻辑和必然趋势。

第一，"聚散共生与动态层级聚合律"的含义。聚散共生与动态层级聚合律，是指在思想政治教育学科建设发展过程中，既要注重其自身组织体系的建立、完善和发展，还要向其他相关学科、马克思主义理论一级学科及其所属二级学科所形成的共同体开放，以主动的姿态融入学术生态圈，在动态的学术组织聚集和互促中实现学科发展的规律。这一规律在现代科学学科高度分化与高度综合的发展进程中显得尤为重要，并在学科共同体的建设中不断得到重申和阐述。思想政治教育学科本身就是在多门学科的结合部、交界处而产生的新的学科生长点，是学科组织和学科理论横向分化的必然结果。正如有学者所言："现代科学各门类、各层次分支学科既不断地分化与萌生，又不断地纵横交叉与综合，朝着复杂化、系统化、整体化的方向发展并出现科学共同体进一步国际化、科学活动进一步全球化的发展新趋势。"[1] 作为一门新兴的学科组织，必然要求在知识生产和人才生产的过程中既重视守成和维护，又加强优化与协同，以此形成巨大的聚合效应。

第二，"聚散共生与动态层级聚合律"的意义。思想政治教育学科组织发展的聚散共生与动态层级聚合律的特殊意义在于：一是具有层级性。这种层级性表现为外层级和内层级。外层级是相对于思想政治教育学科组织自身而言的，主要包括学术生态圈意义上的哲学社会科学组织、马克思主义理论一级学科组织及其二级学科组织；内层级则是指思想政治教育学科组织内部的圈层，包括教学、研究、管理、工作等分层。正因为这一具体规律的存在，才会有彼此之间交往互动的可能，使之在这一过程中实现迅速发展，在相关学科的结合部位生长出一系列新的领域和空间，促进和加深了思想、理论、方法、人员等的互鉴与合作。二是强调封闭和开放相结合。即思想政治教育学科组织在发展过程中必须持有开放的态度，同时也不能忽略自身所具有的独立性和封闭性。尽管学科间聚合的流动量和活跃度日益高涨，但是，要防止出现"种了别人的田，荒了自家的地"的现象。质言之，既不能没有相对合理的学科藩篱，又不能固守学科边界，而应是封闭与开放的统一。如果片面强调开放，必然会出现泛学科化现象而迷失自我，反之，则会因为沉迷自我、闭目塞听而陷入遮蔽式发展的旋涡。

---

[1] 李成勋主编：《2020 年的中国：对未来经济技术社会文化生态环境的展望》，人民出版社 1999 年版，第 449 页。

2. 遵循"聚散共生与动态层级聚合律"的要求

自觉遵循"聚散共生与动态层级聚合律",需要在协同创新和制度创新这两个方面着力以寻求发展。

第一,着力于协同创新以寻求发展。这里的协同创新,大体有三个层面的含义:一是与相关学科组织的协同创新。即政治学、伦理学、心理学、教育学等学科组织的协同创新。这些学科尤其是共同体成员要在同一平台上开展学术探究、深度交流、思想交锋和平等对话,促进学科之间知识生产和人才生产的互补与综合,唯有在学术争鸣、学术兼容和学术批评的组织环境中才能更好地提高学科发展的学术品位。这就要求思想教育学科组织尤其是其中的成员要以坚定的立场、开放的视野、博大的胸怀,在"自我与他人"的比较中进行审视和确证,突破传统单一学科封闭式的发展模式的局限,在多角度、多学科的"聚合"中实现创新,广泛吸取和借鉴其他学科的理论精髓和最新成果,促进学科的科际整合,实现再生发展。二是与马克思主义理论一级学科组织的协同创新。作为其中实践性和应用性最强的二级学科,思想政治教育学科组织是推动一级组织间交流合作和整体性发展的重要支点,因而其自身必然离不开这个一级组织的聚散共生。据此,既要与其他各二级学科并肩携手,共同研究马克思主义中国化的实践经验和理论成果,向其他各二级学科输出具有坚定信仰和理论涵养的学科人才,又需要源源不断地输入马克思主义基本原理、马克思主义中国化、马克思主义发展史等二级学科组织供给的理论知识,以此共同促进马克思主义中国化时代化大众化的历史进程。三是思想政治教育学科组织内部的协同创新。聚散共生与动态层级聚合律表明,思想政治教育学科的发展不仅离不开学科的分化、交叉与聚合,更离不开其作为一个相对独立的学科个体自身的发展,因而需要在一定的组织内部进行,以思想政治教育学科组织体系的形式组织和凝聚各种力量,发挥相应的计划职能、教育职能、管理职能、研究职能和工作职能,形成一套相对独立的运行机制以保持组织良好的机能状态,促进思想政治教育学科的有序发展。

第二，着力于在制度创新以寻求发展。在某种程度上，"聚合"是为了更好的"独立"，即增强思想政治教育学科立足于学林的底气和自信。"特定学科的独立尊严和合法性建构，有赖于特定学科的理智发展和学科制度的完善。"① 因而，聚散共生与动态层级聚合律的实质是通过组织的聚合与互促真正获得学科的独立尊严、强化学科建制的合法性，而制度创新是推动学科不断解决组织共生与离散的发展矛盾，使之提升到高水平、高层次的关键。所谓制度，是指处于一定社会或共同体中的成员所共有的范例和行事规程，以调节和规范个体的行动及其关系，即我们所说的学科组织建制及其范式，通常由一系列的非正式约束和正式约束构成。一方面，要加强非正式约束层面的创新，即意识和观念层面的内在建制及其范式的创新，视为认识的组织及自我的认同。这种内在观念建制和范式的确立与不断转化是任何一门科学获得真正独立并走向成熟的发展模式。对于思想政治教育学科而言，就是要为处于思想政治教育学科组织（共同体）中的成员提供进行科学研究、教育教学实践的公认范例或模型，包括理论与实践特有的论域、话语和规范，目的在于创造一种一贯的知识传统、价值取向、文化观念和思维方式，并成为维系该共同体的首要承诺，已经进入或即将进入其中的成员都"承诺同样的规则和标准从事科学实践"②。随着研究和实践新的谜题及问题形成和发展新范式，以此完成范式的转换。另一方面，要加强正式约束层面的创新，即真正意义上的制度建构及其变革创新。这里，主要指外在的社会建制和社会运作层面上的，视为社会的组织及他人的认可。对于思想政治教育学科而言，既包括院系体制和组织实体的创新发展，比如设置合作科研平台、交叉学科研究中心、更多

---

① 方文：《学科制度和社会认同》，中国人民大学出版社2008年版，第11页。
② ［美］托马斯·库恩：《科学革命的结构》（第四版），金吾伦、胡新和译，北京大学出版社2012年版，第8—9页。

高质量和高规格的学术组织平台、学科会议平台、实践培养基地等，为加强学科交流和集体攻关提供土壤，还必须获得组织资源、社会资源和物质资源，比如经费、教学、图书文献、科研设施、人员配备、用房等软硬件建设方面的投入力度，尤其是当前国家对思想政治教育学科建设和意识形态建设的大力扶持，仍然需要增强学科发展的物质保障基础。因此，这两个方面的创新发展在学科整体构架中都有重要意义，学科组织要围绕观念建制和社会建制两个层面开展范式的建构和创新，才能推动思想政治教育学科不断获得新发展和新成就。

**（四）实践动力与介体联结转换律**

思想政治教育学科发展要素规律，从实践要素自身及其与各要素之间的矛盾关系和运动趋势来看，其具体规律呈现为"实践动力与介体联结转换律"，这一规律反映了学科实践要素在发展过程中具有的必然性。

1. "实践动力与介体联结转换律"的含义与意义

"实践动力与介体联结转换律"这一具体规律充分显示了思想政治教育学科的其他各要素与实践要素之间的矛盾性关系，决定着其实现转化应用的基本方式和运动趋势。

第一，"实践动力与介体联结转换律"的含义。实践动力与介体联结转换律，是指在思想政治教育学科发展过程中，思想政治教育实践是学科理论走向社会系统的"桥"和"船"，发挥着联结思想政治教育学科发展其他要素的作用，亦即推动理论形态向实践形态、学科需要向实践需要、知识生产向知识应用、培养人才向使用人才转换的介质和动力，以促进学科发展的规律。正如有学者指出："思想政治教育学科的发展规律，需要在思想政治教育的实践中去探寻。"[①] 这

---

[①] 冯刚：《改革开放以来高校思想政治教育发展史》，人民出版社2018年版，第75页。

是因为，从形成发展的历史顺序看，先有思想政治教育的实践活动和经验认识，而后才有思想政治教育的科学知识和学科体系。它们之间彼此观照和前后相继的统一关系，一方面表现为思想政治教育学科的不断发展依赖于实践的发展和经验的累积，而另一方面表现为思想政治教育从业人员及其实践活动亦需要从思想政治教育学科的发展中获得科学支持，满足人们对思想政治教育思想和知识的期待，有效指导处于社会发展不同领域、不同阶层的人们复杂多样的社会实践。在思想政治教育实践广度和深度日渐拓展的形势下，自觉坚持这一具体规律的任务更加艰巨，也愈加重要。这就要求学科发展的其他要素不断适应思想政治教育实践的现实状况，既要针对、切合所要解决的实践问题，又要满足思想政治教育实践发展的新期待和新需要，在多样领域实现思维方式、理论知识、实践方法等多重层面的"反哺"，并从中获取不竭的发展动力。

第二，"实践动力与介体联结转换律"的意义。思想政治教育学科发展的实践动力与介体联结转换律的深刻意义就在于：一是强调遵循实践本身的逻辑。亦是说，不仅学科的形成是特定领域人们实践活动的结果，学科各方面的发展就其本质都源自人们的实践活动。进一步说，这一规律促使从更广泛的领域和空间来推动思想政治教育理论走向思想政治教育实践过程中的"主观和客观、理论和实践、知和行的具体的历史的统一"[①]，而其精细化的发展倾向，并不取消思想政治教育理论和实践的广阔性，相反，是从新的高度、新的视角重新认识和定位思想政治教育及其学科的建设和发展。二是突出学科的实践应用特性。思想政治教育到底为何会成为一门学科？它的独立性和不可替代性到底体现在哪里？对于这一问题，实践动力与介体联结转换律深入学科系统内部及其与社会发展的互动性进行揭示，深刻反映了学科存在和发展的必要性、必然性和合理性。作为"桥"和"船"，其他要素也只有在与实践的互促中，才能更好

---

① 《毛泽东选集》第 1 卷，人民出版社 1991 年版，第 296 页。

地完成学科的应用转化，否则，思想政治教育学科就会变成纯而又纯的思辨科学。与此对应，也必然要求学科在发展过程中不断彰显自身的这种鲜明特性，夯实和提升对于马克思主义理论教育和思想理论建设的服务能力和实践成效，能够对于革命、建设和改革过程中的实际问题"给予科学的解释，给予理论的说明"①。

2. 遵循"实践动力与介体联结转换律"的要求

自觉遵循"实践动力与介体联结转换律"，要在满足思想政治教育实践的广阔性和精细化结合上下功夫。

第一，要在学科主体发展适应满足实践发展的广阔性和精细化需要上下功夫。即是说，一方面，学科主体必须充分发挥自身多元、多级的特点和优势。比如，Ⅰ级主体应充分发挥宏观调控者和顶层设计者的优势，注重整体性、全局性的把握；Ⅱ级主体应充分发挥实践向理论形而上的优势，注重对思想政治教育实践领域中多样类别、多种群体的丰富经验及其知识的凝练和转化，增强其社会实践的有效性；Ⅲ级主体应充分发挥理论向实践形而下的优势，注重分层分类的调适，增强思想政治教育学科社会实践的针对性，从而使之达到同时满足广阔性和精细化的理想状态。另一方面，针对不同层级的目标、任务、内容、要求等，应注重涵盖面和差异性的兼容，既要强调国家和社会的整体性发展，又要重视对个体人性发展和精神建构的积极观照。

第二，要在学科理论发展适应满足实践发展的广阔性和精细化需要上下功夫。"理论与实践之间应该是相辅相成、相得益彰的指导和支撑的关系，才不会陷入'空洞'与'盲目'的双重窠臼。"② 这一点，就是在说明应正确看待和处理好理论建设和实践应用的关系。为此，有学者提出："跳出思想政治教育本身的狭小圈子，在更高层

---

① 《毛泽东选集》第 3 卷，人民出版社 1991 年版，第 814 页。
② 王习胜：《当前思想政治教育的主要矛盾与发展趋向》，《马克思主义研究》2015 年第 9 期。

次和广阔的范围内,对现代思想政治教育的重大理论和实践问题进行哲学沉思。"① 即是说,思想政治教育学科理论的发展要紧跟社会发展的步伐,把学科理论的横向发展和纵向升华统一起来,不断在更高层次和更广范围内的社会实践和思想政治教育实践中积累经验,并及时将这些经过实践验证的经验上升为科学层面的知识体系和理论体系,从而对社会实践和思想政治教育实践过程中出现的现实问题予以有效的理论阐释和论证说明,不断推陈出新,提高思想政治教育内容、方法、政策、环境、价值、评价等的适应性,持续推动实践发展各个领域和各种类别的理论著作、学术著作、工具类著作、专业教材等方面标志而显著的成果汇集,进而促进其向各个实践领域的转化应用,提供有力的学科支撑,以激发理论与实践之间相互激荡的活力与合力。

第三,要在学科组织发展适应满足实践发展的广阔性和精细化需要上下功夫。即是说,思想政治教育既要保证知识、人才和队伍的数量比,有一定数量的科学家群体和学术团体、研究机构和教学单位、专著和出版物,能够向社会实践系统的各个方面、各个群体以及每个方面、每个群体输出,同时,也要保证知识、人才和队伍的质量值。为此,处于思想政治教育学科共同体中的成员要"把读马克思主义经典、悟马克思主义原理当作一种生活习惯、当作一种精神追求,用经典涵养正气、淬炼思想、升华境界、指导实践"②,把马克思主义理论及其教育素养作为学科人才培养的根本,从整体上理解和掌握马克思主义的原貌和全貌,深入学习研究其在当代中国得到不断实践和理论创新的成果,不断充盈思想政治教育专业知识,切实增强思想政治教育工作的实践能力、思想政治理论课教育教学的支撑能力,以及思想政治教育的科研能力和服务能力。

---

① 张耀灿:《思想政治教育学科建设研究》,中国人民大学出版社 2017 年版,第 252 页。

② 习近平:《在纪念马克思诞辰 200 周年大会上的讲话》,人民出版社 2018 年版,第 26 页。

# 三　思想政治教育学科发展演进规律的呈现形态

所谓思想政治教育学科发展演进规律呈现形态，即是从纵向的关系出发探讨思想政治教育学科发展过程中演进阶段寻定不移的关系及其矛盾运动的必然趋势所表现出来的样态与形式。具体而言，呈现为政治导向与科学建构阈值律、非线性演进与质量效应提升律、使命引领与服务育人交互律等形态。

## （一）政治导向与科学建构阈值律

思想政治教育学科的发展过程是由其生成期、成长期和独立期等前后相接、连续不断的各个演进阶段构成的，这些阶段性关系及其矛盾运动的必然走向构成了演进规律的主要内容。从学科发展的权力依赖与自主建构之间的矛盾关系来看，呈现为"政治导向与科学建构阈值律"形态，这一规律反映了其矛盾运动在演进过程中具有的必然性。

1. "政治导向与科学建构阈值律"的含义与意义

"政治导向与科学建构阈值律"这一具体规律充分显示了思想政治教育学科发展在不同演进阶段中权力依赖与自主建构之间的矛盾性关系，决定着其间张力的具体表现和运动趋势。

第一，"政治导向与科学建构阈值律"的含义。政治导向与科学建构阈值律，是指思想政治教育学科在形成发展过程中政治的导向即社会主义意识形态的牵引力与学科自主建构的科学性在不同演进阶段所呈现的张力关系及其在"临界点"或"阈值"走向统一的演进规律。"阈值"一词在科学研究和日常生活中被广泛运用，所谓"阈"，通俗来讲就是界限或范围；所谓"值"，即数值，用来表示一定的量，即一个效应能够产生的最低值或最高值。① 这里的"阈值"，涵括最低值和最高值两个方面，是这两者的有机统一。具体而言，是说思想政治教育学科发展演进过程中既要遵循科学的发展逻辑，充分实现学科主体、理论、组织、实践等要素的发展完善和自主建构以期达到科学性的最高值，又要通过逐步减少对政策和权力的依附性并将人们对意识形态的偏见、幻想等负向性影响值降到最低，最终在进入人类社会发展的高级阶段后，随着阶级的消灭和国家的消亡，为了阶级统治需要而产生的这种带有明显的意识形态性建构、灌输和传播任务的实践和研究也会进入高级阶段，即"彻底消除意识形态的负面影响，在'意识形态'终结的基础上实现其与科学性的内在统一"②。

第二，"政治导向与科学建构阈值律"的意义。政治导向与科学建构阈值律对于破解思想政治教育学科在发展过程中面临的双重窘境具有重要意义：一是有效防止和克服"伪意识形态"的倾向。现实中，如果对思想政治教育学科缺乏一定的了解或者想当然，很容易产生误解和偏见，即认为这门学科是意识形态的产物，是党和国家构建、维护和发展其主导社会意识形态的机器和工具，只有意识形态性而毫无科学性，因此主张思想政治教育学科是无用的或完全可被替代的。实际上，这是一种对意识形态的片面理解，没有充分认识到这一概念本身及其存在形式的丰富内涵，尤其是陷入对社会主义、无产阶级意识形态的认知误区。思想政治教育学科的建设和发展，就是要引导人们走出这种误区，彰显马克思主义这样一种政治性与科学性统一的无产阶级先进意识形态的价值地位。二是有效防止和克服"唯科学主义"的倾向。这一规律充分表明，思想政治教育学科既要强调学科发展的自主性和独立性，但不能纯粹按照自

---

① 《现代汉语词典》第 6 版，商务印书馆 2012 年版，第 1595、1672 页。
② 张智：《论思想政治教育学意识形态性与科学性的统一》，《教学与研究》2018 年第 4 期。

然科学的范式和套路来推进学科的演进，更不能因为标榜所谓的科学价值中立而远离甚至动摇意识形态的根基。

2. 遵循"政治导向与科学建构阈值律"的要求

自觉遵循思想政治教育学科发展演进的"政治导向与科学建构阈值律"，主要有以下三个方面的要求。

第一，坚持党的领导，以意识形态性为根本属性和前置条件。政治导向即社会主义意识形态的牵引，首先表现为坚持党的领导，要切实发挥把关定向的重要作用。中宣部、国务院学位委员会、教育部要加强对思想政治教育学科建设的全面领导和整体统筹，科学规划和指导学科建设与发展，把改进和完善顶层设计与鼓励和支持基层探索结合起来，方能把不同时期的学科发展任务具体落到实处。其次表现为增强社会主义意识形态的正向牵引。所谓正向牵引，是与虚假性、欺骗性的意识形态和剥削的、压迫的、非正义的思想政治教育的负向性相对，指在学科建设和发展过程中充分展现马克思主义思想政治教育的正义性，展示社会主义意识形态的科学性和真理性、人民性和实践性、开放性和时代性。需要注意的是，这与前文指出的降低学科规划的优势作用和权力政策的依附值并不相悖，这里所说的降低，并不是要降低马克思主义在意识形态领域的地位，也不是要消解意识形态的本质属性，而是通过开展高水平的科学研究工作，深刻揭示思想政治教育的"历史现象""政治现象""社会现象""人文现象"的特殊规律性，为加强和改进党的思想政治教育提供学科支撑和决策依据，从而获得更高层次的合法性。

第二，坚持科学发展，不断提高思想政治教育的学科性和科学化程度。是否具有意识形态性，并不是区分科学与非科学、判断有无科学性的标准。对此问题的研究，不能囿于狭义的"科学"概念，认为只有自然科学才是科学。《苏联大百科全书》曾对科学作出解释，认为，科学不是脱离客观现实或凌驾于实践之上的存在，而是实践的反映和实践的范畴，人类由此在关注"三大领域"现象、探索"三大领域"普遍真理及其发展规律中历史地形成了关乎其的知识体系。与此同时,科学不仅包括了实践新知识的活动,而且还包括了这些实践活动的结果。① 即是说,科学涵括了自然、社会和思维等所有领域,是人类运用特定的实践方式和论证方法分析研究现象与事实,了解事物的本质,发现事物的规律,从中探索和创造知识并指导人们认识世界和改造世界的活动。因此,科学性不是自封的,而是历史和逻辑赋予的,从此意义上来说,思想政治教育学科就是一门现代科学,一门有关思想政治教育的科学,建立在严格的科学基础之上,它以马克思主义理论为指导,以内在逻辑严密的理论体系为支撑,以中国特色社会主义实践和党的思想政治教育实践为基础。为此,要科学运用马克思主义的世界观与方法论,以思想政治教育的客观事实和现实问题为依据,揭示和归纳关乎这类现象的本质和规律,发现和阐明其价值和意义,不断提升思想政治教育学科理论的客观真理性、学科发展的合乎规律性和学科品性的独立进步性。特别是在学科进入独立与自主式发展阶段后,要避免在学科建设和发展过程中急于理论化和过于实用性的情况,遵循学科发展的知识逻辑轨道,增强学科发展的内在实践自觉。

第三,坚持社会实践,推动意识形态性和科学性走向最高阶段的统一。思想政治教育学科的产生、形成及其生机盎然的发展景象,恰恰说明意识形态的发展逻辑和学术的发展逻辑共存于人类的社会实践,它们相互影响和相互作用,彼此应该并且也正在走向和谐与宽容的统一。这是一个漫长的历史过程,离不开两个方面的发展进步,即人类社会实践的发展进步和思想政治教育实践的发展进步。这是因为,思想政治教育学科的发展离不开其中任何一个方面,也只有不断创造这种条件,积累到一定阶段,人们才能彻底从阶级和权力的束缚中解放出来,实现关系的复归,获得真正的自由。到那时,任何人或任何群体也就不再需要"赋予自己的思想以普遍性的

---

① 参见[苏]拉契科夫《科学学——问题·结构·基本原理》,韩秉成译,科学出版社1984年版,第33页。

形式，把它们描绘成唯一合乎理性的、有普遍意义的思想"，"那么，一定阶级的统治似乎只是某种思想的统治这整个假象当然就会自行消失"。① 显见，思想政治教育学科需要在这一历史实践进程中发挥独特的学科价值，推动自身的发展，最终实现意识形态性和科学性最高阶段的统一。

**（二）非线性演进与质量效应提升律**

思想政治教育学科发展演进规律，从学科发展的规模与质量之间的矛盾关系来看，其具体规律呈现为"非线性演进与质量效应提升律"，这一规律反映了上述矛盾运动在演进过程中具有的必然性。

1. "非线性演进与质量效应提升律"的含义与意义

"非线性演进与质量效应提升律"这一具体规律充分显示了思想政治教育学科发展在不同演进阶段中外延式扩张与内涵式提升之间的矛盾性关系，决定着其运动发展的基本走向和必然趋势。

第一，"非线性演进与质量效应提升律"的含义。非线性演进与质量效应提升律，是指思想政治教育学科由质与量的不平衡不充分发展走向增量基础上的质性飞跃的非线性发展演进的规律。一方面，在现实的发展过程中，不是说党和国家要求它达到何种程度，它就一定能达到何种程度，也并非有何等量的发展规模，就有同等质的学术水平和人才产出，更不是提供什么样的知识供给，就能完全满足社会发展的不同需求。换言之，思想政治教育学科发展水平和发展速度并不总是能实现完全同步，学科的构成要素间有非线性相互作用，是一个具有整体性和阶段性、渐进性和飞跃性的螺旋式上升过程。这是因为，从整体来看，党和国家的要求决定学科发展的基本方向、建设规模和实施速度，使之在很大程度上不同于其他学科的生长过程。从哲学的角度进行审视，任何事物的发展过程都不是直线性一次性完成，而是前进性和曲折性的统一。再者，思想政治

---

① 《马克思恩格斯选集》第 1 卷，人民出版社 2012 年版，第 180—181 页。

教育学科的主体、组织、理论和实践发展也不是在短期内就有立竿见影的效果，这些都表明思想政治教育学科的发展必然不是径情直遂的。比如，在某一段时期内，由于意识形态建设的迫切需要，学科点数量出现了井喷式的增长，而其相应的队伍力量并不能满足这些学科点的建设需求，最终所生产和再生产的知识与人才参差不齐，因而还需要经历很长一段时间的积淀和内涵式发展过程。

第二，"非线性演进与质量效应提升律"的意义。思想政治教育学科发展非线性演进与质量效应提升律的深刻意义在于：一是有助于最佳适度量的积累。正如毛泽东指出："任何质量都表现为一定的数量，没有数量也就没有质量。"① 也就是说，没有一定量的知识累积、人才累积、组织累积和实践累积，就不可能在质上取得突破，同时，只有根据学科在不同发展阶段上的实际情况，确定适合于它的容纳能力限度的量，才不会盲目地追求数量的无限度增长。二是有助于实现整体有序质的飞跃。在思想政治教育学科发展过程中，作为输出知识人才的"营养源"的学科发展系统和作为输入需求的"营养汇"的社会发展之间互为依存、互为制约，彼此之间存有极复杂的非线性作用，同时，思想政治教育学科系统的各要素之间的非线性联系也非常密切。这种非线性相互作用使各要素及其在不同发展阶段的结果呈现得到"协同"和"合作"，才能产生出宏观的"序"，从而把学科发展量的增长优势真正转为质的提升和飞跃。

2. 遵循"非线性演进与质量效应提升律"的要求

自觉遵循思想政治教育学科发展演进的"非线性演进与质量效应提升律"，有如下要求。

第一，深入推动学科实现外延式发展向内涵式发展的提升。非线性演进与质量效应提升律表明，当思想政治教育学科在规模上的扩大即外延式发展达到一定量时，必然转向质上的提升即进入内涵式发展的阶段，更加关注学科的知识生产能力和发展水平。在整个

---

① 《毛泽东选集》第 4 卷，人民出版社 1991 年版，第 1442 页。

学科生态系统中，人们也不会因为思想政治教育这门学科所具有的政治基因和特殊优势而降低衡量学科发展的质量水准，"这就要求思想政治教育学科建设必须由'增量发展期'转入'存量提升期'，必须从外延式发展、数量扩张和粗放型建设的思路转向注重内涵式发展、质量提升和精细化建设的新阶级"[①]。即是说，思想政治教育学科的建设发展任务应致力于提升学科建设质量，按照学科发展的内在要求，推进学科基础研究、凝练学科研究方向、整合学科资源配置、提高学科队伍素质、优化人才培养机制、完善组织机构设置，努力在科学发展量上取得质的新飞跃。一是规范学科点建设。要在遵守基本的学科建设规范基础上，努力办好专业和学科，办出特色，提升学科建设管理底部。二是规约人才培养流程。面对学科规模日趋庞大的情况，愈加要提升人才培养的规格和质量，严把"入口关"，守牢"环节关"，把控"出口关"，认真检查、纠正与人才培养不吻合、与学科性质不契合的学科方向，建立健全马克思主义理论学科本硕博一体化人才培养体系，加强对不同学习阶段开设马克思主义经典课程的顶层设计，突出整体衔接、层次不同的特点和优势，特别是要强化对马克思主义经典著作研读能力的系统训练。三是锤炼学术思维。换句话说，就是要牢牢牵住思想政治教育学科发展的"牛鼻子"。这个"牛鼻子"是指有更具说服力和影响力的学术根脉。就好比"树"与"根"的关系，只有思想政治教育学科的学术根脉稳固并强大，思想政治教育学科这棵大树才能枝繁叶茂、茁壮成长，这是属于最本质、最高层次的发展标的。为此，要在思想政治教育实践和科学论证基础上推陈出新、返本开新，不断增强学术自觉，树立学科自信。

第二，深入推进学科供给侧结构性改革。所谓学科供给侧结构性改革，是指用改革创新的办法调整和优化学科发展结构，减少无

---

① 张耀灿、钱广荣等：《思想政治教育学科范式简论》，安徽师范大学出版社2018年版，第208页。

效和低端的学科产品供给，提升有效和中高端的学科产品供给，增强学科供给结构、供给方式对社会发展和人的发展需求变化的适应性和灵活性，激发学科全要素的生产活力，使供给体系更好地适应需求结构变化。质言之，促进思想政治教育学科实现新发展和新飞跃，最终都是要面向坚持和发展中国特色社会主义、思想政治教育创新与发展、人的自由全面发展需要。随着社会的不断变革和时代的不断进步，无论是社会领域还是个人的发展领域，对需要的层次、范围和质量要求越来越高，这就迫使思想政治教育学科在发展过程中要用增量改革促存量调整，不断提升对于高质量和高水平的精神文化产品、专业人才和优质服务的供给能力，有效解决人的思想需要、精神需要、心理需要等内涵不断丰富而学科实际的需求响应和生产效能相对不足等发展矛盾，增强思想政治教育活动的科学性、艺术性和有效性。

### （三）使命引领与服务育人交互律

思想政治教育学科发展演进规律，从学科发展在政治使命与个体需要之间的矛盾关系来看，其具体规律呈现为"使命引领与服务育人交互律"，这一规律反映了上述矛盾运动在阶段演进中具有的必然性。

1. "使命引领与服务育人交互律"的含义与意义

"使命引领与服务育人交互律"这一具体规律充分显示了思想政治教育学科发展在不同演进阶段中服务社会发展与服务个体发展之间的矛盾性关系，决定着其运动发展的基本走向和必然趋势。

第一，"使命引领与服务育人交互律"的含义。使命引领与服务育人交互律，是指思想政治教育学科既要研究社会有机体的思想生产和分配的规律，又要研究如何教化人、塑造人、完善人的规律，使得以维护和发展国家主导的意识形态为学科使命，与以提升大众思想政治素质和精神境界为学科育人指向的二者相互交织、共同作用从而促进学科发展演进的规律。思想政治教育学科形成发展的历史进程充分表明，无论是实现学术研究的科学化，还是实现人才培养的科学化，抑或是实现思想政治教育实践的科学化，其最终目的都是指向两个方面：一是立足宏观的社会层面，顺应满足党和国家的要求，培养德智体美劳全面发展的社会主义合格建设者和可靠接班人，以全面提升中华民族的理论思维和精神信仰，使之转化为促进社会发展进步的物质力量。二是聚焦微观的个人层面，协调和服务处于社会发展中的个体的自我完善性需要，从人的知、情、意、信、行等这些具有强烈的内在个体性、复杂性、习得性的主观方面，提供具有多样性和层次性的现实路径，帮助人们有效构建并不断完善其作为类存在的意义世界，从而实现类的发展进步。

第二，"使命引领与服务育人交互律"的意义。使命引领与服务育人交互律的深刻性、特殊性就在于：它把人从以往社会历史中的阶级对立和压迫以及现存社会关系的狭小范围中解放出来，与西方的德育教育、公民教育、价值观教育、爱国教育以及在此基础上建立起来的知识体系、课程体系、内容体系、活动体系、组织体系、话语体系等完全区分开来。尽管在学科发展过程中，会存在某些冲突或者不一致，但这都属于正常现象，也必然随着学科发展得以最终解决，使每个个体发展的所有需要与社会发展的需要不存在任何本质上的不同，使个体发展与社会发展走向内在而稳定的完全意义上的统一。

2. 遵循"使命引领与服务育人交互律"的要求

自觉遵循思想政治教育学科发展演进的"使命引领与服务育人交互律"，要求在"宏大叙事"与"个体叙事"的结合上下功夫。

第一，把"宏大叙事"与个体发展结合起来。所谓"宏大叙事"，是指着眼于党和国家事业发展以及意识形态建设等全局性、根本性、战略性的宏大议题，给定学科发展的目标要求、建设方向和权威化内容，从而实现巩固和维护其作为一门学科存在的内在意义。它所强调和侧重的是基于国家、社会乃至世界之应然性层面的价值标的，但是，在把握社会主义意识形态性的固有尺度的同时，还应该体现作为与个体和群体育人的人本身的固有尺度。换言之，不仅要以宏大叙事为基本前提，还要在思想政治教育学科发展过程中始终坚持以人民为中心，深刻体悟人民群众的真实期盼和需要，把不同个体的人生价值观及其对意义世界的追求切入特定的政治价值观，把个体之需融入学科发展的社会性要求和合理性论证中，实现二者的内在统合。

第二，把"个体叙事"与社会关怀结合起来。所谓"个体叙事"，是指在学科的建设和发展过程中坚持以服务育人为根本，促进并满足个体发展的丰富性。这是因为，尽管从根本和长远上讲，宏观叙事和个体叙事两者的目标趋向一致，即促进社会的全面进步和人的全面发展，但在现阶段以及未来的一段时期内，它们之间的事实性矛盾并不能得到完全解决，尤其是随着个体需求日益丰富多元，内在要求在提升个体叙事功能的同时，注重与社会大系统的互动，即由"小众"培养走向"大众"关怀，不断拓展学科的发展视野和服务范围，"通过思想政治教育提高人的思想道德素质，提高人的科学文化素质和身心健康素质，促进人的全面发展和健康成长，为整个社会发展提供重要的人才支撑"[1]，为中国的发展提供强大的内生力量。

## 四　思想政治教育学科发展具体规律的实践效用

以上从横向、纵向两个维度分析了思想政治教育学科发展具体规律的呈现形态。那么，这些具体规律又有着怎样的实践效用呢？所谓具体规律的实践效用，是指正确揭示和自觉遵循其要素规律和

---

[1] 冯刚、郑永廷主编：《思想政治教育学科30年发展研究报告》，光明日报出版社2014年版，第12页。

演进规律对于开展学科建设、促进学科发展具有的效力和作用。如基本规律之于学科发展的本体论和方法论意义，具体规律更多的在于认识论和价值论意义。具体而言，其效用主要在于增强学科发展主体自觉、调节学科发展生态系统、形成学科发展整体合力等。

**（一）增强学科发展主体自觉**

所谓增强学科发展主体自觉，是指思想政治教育学科发展具体规律具有增强学科发展主体的学科意识和学科自觉的效用。之所以具有这一实践效用，是因为学科的建设与发展始终都离不开学科主体这一关键性要素，而学科发展要素规律和演进规律有效性的发挥同样离不开学科发展主体本身。这种增强主体自觉的效用主要体现为增强学科发展主体的理论自觉、学科自觉和实践自觉。

1. 增强学科发展主体的理论自觉

理论自觉，是理论生长、发展和创新的前提，也是思想政治教育学科得以生存和发展的基础。对于思想政治教育学科而言，这种理论自觉，指的是马克思主义理论自觉，即学科发展主体学习、研究和实践马克思主义和中国化马克思主义的自觉性、积极性、主动性。思想政治教育学科发展具体规律从横向和纵向两个不同的维度分别反映了思想政治教育学科发展主体在一元整体、政治导向、使命引领等方面的先决性条件和前提性要求。第一，要求思想政治教育学科发展主体必须把握马克思主义的精髓要义及其发展规律，坚定对马克思主义的信仰，坚定对中国特色社会主义的信念，坚定对实现中华民族伟大复兴中国梦的信心，从而促使其始终保持理论坚定。思想政治教育学科发展的行为主体，其自身先是受教育者，他们的思想政治状况具有很强的示范性，对开展思想理论建设、从事科学研究和教育教学工作等各方面都具有现实的影响力，因而首先必须保证这支主体队伍本身的自觉性、纯洁性和坚定性。第二，要求思想政治教育学科发展主体必须秉持高度的政治立场和学术良知，以此强化学科发展主体的内在自觉和责任担当。这种自觉和担当，既包括对学科本质的深刻把握，还包括对学科规律的积极遵从以及对学科责任的主动担当。可见，思想政治教育学科发展的具体规律从两个方面规定着学科发展主体的理论自觉及其自我提升的自觉性。

2. 增强学科发展主体的学科自觉

学科自觉，是在学科建设过程中的自觉态度和自觉意识。它与学科意识具有正相关性，即学科意识越强烈，学科自觉程度就越高。而学科意识主要体现为学科主体在学科建设和发展过程中遵循学科规范和共同承诺的自觉态度，以及高度的学科责任意识和学科使命感。回望思想政治教育学科发展走过的路，不难察觉，学科发展各级主体的自觉态度和自觉意识在整体上得到了很大程度的提升，但是，学科的发展仍然需要更高的自觉意识，尤其针对一些突出的问题。譬如，以学科综合性和整合发展为由，简单套用相关学科的理论和方法，盲目扩张学科论域；借思想政治教育学科之名开展学科之外的研究，所设立的研究方向严重偏离思想政治教育学科范围；在一些研究和成果中对形成共识的重要概念和范畴的使用不规范；在学科研究和实践中出现偏离学科范畴、脱离学科方向甚至学科意识断裂的现象；等等。思想政治教育学科发展具体规律对于提升主体的学科自觉大有裨益。第一，从思想政治教育学科发展要素规律看，要求学科发展主体首先要拿到"入场券"，在进入思想政治教育学科共同体后，严格遵守既有的学术规范，旗帜鲜明地坚持以马克思主义为根本指导，捍卫和彰显本学科最鲜亮的底色，守牢马克思主义理论这一学科方位，摒弃理论研究中随意、空泛、庸俗的范式，进行继承式的创新发展。第二，从思想政治教育学科发展演进规律看，要求思想政治教育管理者、研究者和从业者主体必须具备问题自觉意识、关切自觉意识和方法自觉意识，[①] 在与其他学科组织的交叉聚合中，从理论研究和学术角度分析思想政治教育的各类现象和

---

① 参见张雷声《增强马克思主义理论自觉和学科自觉》，《思想理论教育》2012年第17期。

问题，以实事求是、讲求科学的学术精神探索思想政治教育的规律与发展问题，用服务社会和人类发展的责任意识持守国家主导意识形态的维护和人民思想政治素质的提升。

3. 增强学科发展主体的实践自觉

实践自觉，即理论自觉和学科自觉在学科建设发展中的实质归宿，最终都要转为学科发展主体的"自为"实践。也就是说，只有当处在科学领域中的主体开始对本学科产生、形成和发展的全部历史和现实状况、系统结构和运行机制等进行郑重其事的省思，并由此确立完整清晰而又坚定的学科意识和学科自觉时，才有可能真正认识和掌握规律而达成为我的状态，以遵循正确的发展方向前进，减少发展过程中的自发性和盲目性，从而成为学科真正的主人。正如列宁在《唯物主义和经验批判主义》中指出："尚未被认识的'自在之物'在转化为已被认识的'为我之物'，盲目的、尚未被认识的必然性、'自在的必然性'在转化为已被认识的'为我的必然性'。"① 思想政治教育学科发展的具体规律，正是以这种形式使学科主体由自在走向自为，由自在的必然走向为我的必然。例如，学科发展主体的一元整体与多元主体耦合律，协调着学科发展的不同主体之间的关系和作用并促成高耦合态的实现，促使Ⅰ、Ⅱ、Ⅲ级主体多方面的共同努力：Ⅰ级主体作为思想政治教育学科发展总设计师和总调控师，要求其立足于国际和国内两个大局，在哲学社会科学的整体视域下根据思想政治教育学科发展的阶段性特征，对于学科发展的机遇和条件进行总体分析和研判，在国内、国际、多学科等视野下准确把握其时代方位、社会需要、实践经验、历史文化和政策支持等各方面，使之发展的节奏和步伐得到不断的调整和优化，② 科学规划、合理制定思想政治教育学科发展的阶段性目标，促成合规律性与合目的性、合工具性与合价值性的有机统一。Ⅱ、Ⅲ

---

① 《列宁选集》第 2 卷，人民出版社 2012 年版，第 152 页。
② 冯刚：《思想政治教育创新发展的四个着力点》，《教学与研究》2017 年第 1 期。

级主体作为学科建设和发展的具体组织者和实践推动者,要求其积极探索构建中国特色思想政治教育学科体系、学术体系和话语体系,以深厚的理论自觉、强烈的学科自觉,积极投身思想政治教育的理论研究和实际工作中,始终占领学科前沿,推动思想政治教育学科实现新一轮的高质量发展。再如,实践动力与介体联结转换律内在要求学科主体不断进入更为广阔的社会实践系统,在实践中自觉寻找学科和自我发展的方向。

**(二) 调节学科发展生态系统**

所谓调节学科发展生态系统,是指思想政治教育学科发展具体规律具有调节学科发展内部系统和外部系统,从而促进整个学科发展生态系统持续优化的效用。主要体现在调节学科发展的内部生态系统、外部生态系统上,通过深度连接学科发展横向的要素牵制生态关系和纵向的演进承续生态关系,[①] 激发学科系统功能的发挥,以促进思想政治教育学科生态位的拓宽、迁移与更新。

1. 调节学科发展的内部生态系统

内部生态系统,主要指思想政治教育学科发展系统内部诸要素所构成的主体生态系统、知识生态系统、组织生态系统和实践生态系统。思想政治教育学科发展具体规律的调节效用首先体现在对以上内部生态系统的调节和完善上。

第一,有效调节主体生态系统。反映的是一元整体与多元主体耦合律对于调节学科内部各级主体的生长、主体之间的合作、主体的发展裂变等方面的效用,即要求主体之间通过信息、职能的输入输出来促进所有主体彼此的相互协调与和谐关系,有助于形成学科主体多元、发展方式多样、发展方向同向的合理结构。第二,有效调节知识生态系统。反映的是优势需要与自觉驱动生成

---

[①] 参见邱柏生《高校思想政治教育的生态分析》,上海人民出版社 2009 年版,第 306 页。

律对于调节学科理论生长、发展和裂变等方面的效用，即要求按照知识体系演化的逻辑运行轨道，通过自发作用和自觉驱动之间的双向互动来促进知识的演进、转移和创新。第三，有效调节组织生态系统。反映的是聚散共生与动态层级聚合律对于调节学科组织的生长、学科组织及其成员之间的竞争与合作、学科关系等方面的效用，即要求学科突破个体相对封闭式的空间环境开展科学研究和人才培养，通过学科系统内向系统外的开放及其联合攻关与组织聚合，来推动学科组织的整合与发展。第四，有效调节学科实践生态系统。反映的是实践动力与介体联结转换律对于调节学科发展各个要素之间配合程度以及根据学科发展的不同演进需求进行自我的调整完善以适应环境变化的效用，即要求各个要素之间物质循环和能量流动的适时转化，通过在实践过程中不断面向群众利益和社会需求组织工作、开展研究和培养人才，从而产生推动学科发展的各个要素、各个方面、各个阶段相互适应和相互促进的强大驱动力。

2. 调节学科发展的外部生态系统

外部生态系统，主要指与思想政治教育学科内生系统之外的整个学科系统的相互适应性。思想政治教育学科是一个由诸多要素构成的复杂生态系统，同时又位于社会大生态系统的坐标系中，是思想政治教育学科内部、学科之间以及学科与环境之间多层次的复杂适应系统。这里所说的"外部生态系统"，是相对于学科内部而言的，但并不是指与思想政治教育学科无关的关系，而是都作为学科丛林的重要构成的更高层次的生态系统。

思想政治教育学科发展具体规律的调节效用在外部生态系统中主要体现为三个方面的相互适应性：一是与马克思主义理论一级学科生态系统的相互适应性；二是与哲学社会科学生态系统的相互适应性；三是与宏观的学科生态圈之间的相互适应性。随着思想政治教育学科发展的现代化、社会化、国际化程度与日俱增，必然要求学科在建设发展的过程中有的放矢地开放内部生态系统边界，打通学科群体之间的关系,纳入系统外部的力量开展协同创新,致力于解决组织数量繁杂、知识生产能力不优、人才质量参差不齐、社会服务水平不高的状况,重塑思想政治教育独立二级学科与马克思主义理论一级学科、中国特色哲学社会科学群、现代科学学科发展系统的生态结构和建构理念,进一步优化学科之间交叉渗透与综合提高的功能,等等。这些都是通过学科发展的构成要素和阶段演进中的每一个具体规律的调节作用才能共同实现。也就是说,只有通过思想政治教育学科发展内部系统与外部系统的输入与输出,方能在学科整体创新能力的提升中寻求新的发展思路,促使思想政治教育学科在相对平衡的基础上获得更加有序的发展。

### (三) 形成学科发展整体合力

所谓形成学科发展整体合力,是指思想政治教育学科发展具体规律具有提升学科发展要素合力、主体合力、空间合力并最终形成学科发展整体合力的效用。"合力"一词是物理学中经常使用的术语,指的是两个或者两个以上的力共同作用在同一物体上所产生的总的效果,即作用于同一物体上多个力加在一起的矢量和。思想政治教育学科发展是其系统内部诸要素和各阶段的相互内力及其与系统外部外力共同作用、共同发力的结果。

1. 形成学科发展的要素合力

要素合力,即对于促进思想政治教育学科系统内部各个要素及要素之间整体合力的效用。不难看出,思想政治教育学科而今仍然面临着不少亟待解决的问题,比如:在理论要素方面,基本理论缺少整合力,涉及学科范畴、对象、本质、规律等学科理论建设的基本问题仍然有待进一步深化,并达成有效共识;在组织要素方面,领导组织、学术组织、教学组织和工作组织之间的协同联动及合理运行还有待优化和提升;在实践要素方面,普遍性观照与分众化发展之间的矛盾;在要素关系方面,理论研究与实践应用之间的矛盾;等等。思想政治教育学科发展具体规律的意义就在于,通过各要素内部及要素之间进行整合，给予整体性发展，给定各个要素相互作用的方向、方式和范围，促使学科相互关联的要素方面在学科建设中相互协调、平衡发展，推动主体、理论、组织和实践要素的整合及其整体力量的形成。第一，形成整体性的建设与研究力量。包括直接从事思想政治教育学科建设和研究的主体性力量，以及与之相关的学科建设和研究的主体性力量，使之形成有着共同目标并为之共同努力的主体团队。第二，形成整体性的建设与研究平台。促使其通过多种方式，形成多层次、全方位、立体化的科研教学格局。第三，形成整体性的建设与研究机制。在学科建设和发展过程中，具体规律能够促使各种有利资源与条件的整合，在机制上协同共进的发展格局，充分发挥学科发展系统各要素的功能作用，并依循正确方向生长，避免无序和失衡。

2. 形成学科发展的主体合力

主体合力，即对于促进学科发展不同主体及主体之间整体合力的效用。正确认识并揭示思想政治教育学科发展的具体规律，对于促进不同主体之间形成主体合力具有重要作用。恩格斯晚年在进一步整理和阐释唯物史观时提出了"历史合力论"，即历史是在人们相互作用和冲突中形成的意志合力共同创造的结果，是许多不同的、单个的意志及其自觉预期的实践活动形成的总的效果和矢量和促进人类社会历史发展的，在其给约·布洛赫的一封回信中说道："这样就有无数互相交错的力量，有无数个力的平行四边形，由此就产生出一个合力，即历史结果。"[①] 作为历史发展过程中的一个微观构成，思想政治教育学科建设和发展的历史同样如此。第一，形成要素发展中的主体合力。无论立足于学科发展主体的一元整体与多元主体耦合律，还是基于学科发展组织的聚散共生与动态层级聚合律，在学科共同体中，主体合力问题都是不容忽视的重要问题。这些主体都是直接参与或从事学科建设、开展学科实践、推动学科发展的

---

① 《马克思恩格斯选集》第 4 卷，人民出版社 2012 年版，第 605 页。

本质力量。每一级主体中的每一个人都是思想政治教育学科共同体的主体构成要素,他们之间只存在主体角色和主体功能的不同,不存在是否为主体或任何其他的差别,因而其中任何一个意志或力的作用都或多或少影响和制约着学科建设发展的前途和命运。也就是说,每个主体、每个意志对推动学科发展的合力有所贡献,体现在必然的合力之中。这就要求各个主体充分发挥主体精神,共同作用于学科发展实践,以此形成耦合与聚合的最大合力。第二,形成阶段演进中的主体合力。具体规律的作用过程同时也是来自各个不同方向和不同层级的"分力"共同施加影响于思想政治教育学科发展的历史活动,向着合力不断产生、融合并向前涌流的过程。如果三级主体分力的方向相同,则合力等于三个力的总和,如果违背其具体规律,就会出现意志的相互冲突。同样,合力的产生、形成、发展及其走向,均需依靠于思想政治教育学科的阶段演进和具体实践过程,因而学科发展的演进规律亦发挥着重要的作用。

3. 形成学科发展的空间合力

空间合力,即对于促进思想政治教育学科发展要素和阶段演进所构成的空间整体合力的效用。思想政治教育学科的发展,离不开横向要素的发展,也离不开纵向阶段的演进,而其两个维度上的发展规律,就在于正确揭示出思想政治教育学科发展内部及其与社会系统之间在历史的前进过程中的本质联系,反映并规定它们所应具有的时空交互意义及其整合方式,也就是在这个过程中促进思想政治教育学科建设与发展空间的有机整合。第一,从横向看,就是要促使思想政治教育学科发展的各要素按照自身发展规律联系、渗透、互补、重组、综合起来,有条理地、合规律地维持基本要素之间相对稳定的互动关系,使之用科学的方式对主体发展空间、学术研究空间、组织成长空间以及实践创新空间加以整合,从而在横向空间的交互作用和互动协调中不断优化空间结构,达成和谐的状态,发挥整体的最大功能。第二,从纵向看,就是要促使思想政治教育学科在发展过程中按照演进规律构筑包括政治性与科学性、量的扩张与质的提升、社会要求与个体需要之间的合理性张力关系,并通过学科要素联结发展的时间领域和空间领域,使之在学科发展的不同历史阶段上实现接续式的关联和演替,形成功能互补、效能最大化的学科发展合力。

# 第 五 章

# 思想政治教育学科发展规律的趋势展望

思想政治教育学科形成发展，既是一个自然发生的历史过程，同时也是学科建设者遵循学科发展规律促进学科发展的主体实践过程。研究思想政治教育学科发展规律，不仅要从思想政治教育学科发展的矛盾运动中揭示其基本规律和具体规律，还要观照现实境遇，在新时代的发展潮流和语境中预测思想政治教育学科发展规律的趋势走向，展望思想政治教育学科发展规律的未来图景，引领思想政治教育学科走向新的发展高度。

## 一 思想政治教育学科发展的新时代语境

党的十九大报告指出："中国特色社会主义进入了新时代，这是我国发展新的历史方位。"[①] 这一重大的政治判断，是继新中国和新时期之后的又一全新概括和科学判断。为新时代新征程党和国家事

---

① 习近平：《决胜全面建成小康社会 夺取新时代中国特色社会主义伟大胜利——在中国共产党第十九次全国代表大会上的报告》，人民出版社2017年版，第10页。

业发展、实现第二个百年奋斗目标指明了前进方向、确立了行动指南。思想政治教育学科从无到有、从酝酿到形成、从边缘到重点、从经验形态到科学形态的历史发展进程，充分体现了思想政治教育学科适应和服务于党和国家发展而发展的历史必然和基本规律，在其自身内在逻辑体系中形成了学科发展的要素规律和演进规律，并伴随学科的发展演进不断丰富和发展着自身规律的形态及其内容。新时代新征程上，思想政治教育学科发展面临着什么样的新境遇？处于什么样的发展方位？有什么样的新使命和新要求？存在什么样的新问题和新挑战？对此只有充分认识和了解学科发展鲜活的时代语境和现实实践，方能在把握时代内涵、透视时代现象、洞察时代规律中，准确标定思想政治教育学科发展的时代方位，更好地把握学科发展规律的趋势走向。

### （一）"矛盾转化"语境

新中国成立以来，中国共产党始终能够根据时代发展和我国国情的变化切准社会主要矛盾的历史性变化，并据此明确不同历史阶段党和国家的工作重心，指明社会发展的总方向。党的十九大报告指出："我国社会主要矛盾已经转化为人民日益增长的美好生活需要和不平衡不充分的发展之间的矛盾。"[①] 这一新的科学判断不仅反映了当前我国社会发展的客观实际，又指明了推动党和国家事业继续向前发展的主要突破口和基本着力点，只有深刻把握这一新的时代语境，方能捉住思想政治教育学科在新时代发展过程中内在矛盾的深刻变化，从而进一步分析展望其规律发展的未来态势和前景。

1. "矛盾转化"的内涵要义

新时代我国社会主要矛盾转化的内涵丰富，有着深刻的理论依

---

① 习近平：《决胜全面建成小康社会 夺取新时代中国特色社会主义伟大胜利——在中国共产党第十九次全国代表大会上的报告》，人民出版社2017年版，第11页。

据、历史依据和现实依据，对于坚持和发展中国特色社会主义具有重大的战略意义，也是当前和未来很长一段时期内思想政治教育学科发展必然绕不开的时代语境。

第一，新时代我国社会主要矛盾转化的确立依据。从理论上来看，我国社会主要矛盾的每一次变化，都有着科学的理论依据。通常而言，社会主要矛盾在一定的时期内是相对稳定的，但这并不意味着它是一成不变的，而是随着社会变化和时代发展而变化发展，作为生产力与生产关系、经济基础与上层建筑之间的矛盾运动在特定社会历史阶段的具体表达和表现形式，社会主要矛盾的演变逻辑便在于此。随着我国经济社会的不断发展，主要矛盾双方都发生了深刻的变化，呈现出新的特点，原有的表述很显然已经不能适应新的状况和要求，对其作出新的判定正是坚持和发展马克思主义矛盾学说所得出的正确结论。历史地看，从党的八大算起，我国社会主要矛盾的科学判定经历了3次历史演变，分别为1956年党的八大提出的"我们国内的主要矛盾，已经是人民对于建立先进的工业国的要求同落后的农业国的现实之间的矛盾，已经是人民对于经济文化迅速发展的需要同当前经济文化不能满足人民需要的状况之间的矛盾"[1]，而后1981年党的十一届六中全会提出了"我国所要解决的主要矛盾，是人民日益增长的物质文化需要同落后的社会生产之间的矛盾"[2]，再到党的十九大所提出的社会主要矛盾，充分表明了矛盾的转化是建立在长期的历史发展基础之上，内嵌于不断变化发展的历史序列之中。从现实出发，这一关乎全局的历史性变化，最为深层次的根源还在于实践的发展。经过长时期的积淀和持续性的改革，使社会生产力得到极大解放，社会财富迅速增长，人民的物质文化生活水平得到前所未有的提升，对美好生活的向往在结构性和

---

[1] 《建国以来重要文献选编》第9册，中央文献出版社1994年版，第341页。
[2] 《中国共产党中央委员会关于建国以来党的若干历史问题的决议》，人民出版社1981年版，第54页。

层次性上有了更高的追求和期待，这些实践新变化和发展新要求，使得社会主要矛盾的转化成为现实必然。

第二，新时代我国社会主要矛盾转化的深刻意蕴。从某种程度上来说，在社会主义初级阶段，社会主要矛盾反映的实质是需求侧和供给侧两个方面的内在张力及其变化关系，因此，对其内在蕴涵的理解也可以从这两个方面着手。从需求方面来看，要正确认识"人民日益增长的美好生活需要"的深刻意蕴。人民群众对美好生活需要的定义及其获得感、幸福感和满足感的实现，从整体来讲，不仅仅来自量上更是质上的丰富和新颖，同时还包括民主、法治、公平、正义、安全、环境等全民全面全方位需要的满足，深刻揭示了社会全面进步和人的全面发展新的阶段性要求。从供给方面来看，要正确认识"不平衡不充分的发展"的深刻意蕴。这种发展的不平衡不充分是相对于人民日益增长的美好需要而言，不能简单地将其理解为城乡、区域、阶层、收入分配等之间的不平衡问题或生产力落后问题，它还深刻反映在发展质量和效益、创新能力、实体与虚拟、经济与社会、生态与人类等方面，因而也更加需要从这些方面获得突破。从供求双方来看，要正确认识和把握两者之间动态变化的张力关系。由上可知，双方的内涵都有了更高的进阶和质的变化，体现了由量的变化到质的飞跃的发展规律，而作为主要矛盾的主要方面，如何解决发展不平衡不充分的突出问题，也成为解决这一新的社会主要矛盾的关键所在。

第三，新时代我国社会主要矛盾转化的重大意义。社会主要矛盾的转化，是我国社会发展新的阶段性特征最为深刻的反映和集中的体现，对于党和国家各项工作和社会发展的方方面面而言意义重大。一方面，它是科学制定和擘画新时代中国特色社会主义发展蓝图的重要依据。毛泽东深刻指出："捉住了这个主要矛盾，一切问题就迎刃而解了。"[1] 正是基于这一科学判断，新的思路、新的方略、

---

[1] 《毛泽东选集》第1卷，人民出版社1991年版，第322页。

新的征程、新的举措顺应而生，为社会主义现代化建设勾勒出一张更全面、更系统、更加鼓舞人心的划时代蓝图。另一方面，它具有标志性和世界性意义。主要矛盾的转化，成为中国特色社会主义进入新时代的实践依据和显著标志，也是我国新的发展阶段上最突出的问题和主要的限制因素。因此，在这个新时代，思想政治教育学科的发展前行，势必要抓住新矛盾，适应服务于党和国家对学科发展新的更高要求，使之不断满足人民对生活的各种美好期待和美好需要，致力于解决由发展的不平衡和不充分而带来的各种新的社会矛盾和思想问题，从而在理想信念、价值体认、精神追求上实现高度契合与紧密团结，凝聚起同心筑梦的磅礴力量。同时，为谋求世界大同而搭建不同国家和民族主体间进行价值互动和对话的基础与框架，为满足共同需求、实现共同利益而达成最广泛的价值共识和统一战线。

第四，在"变"与"不变"的辩证统一中形成对新时代我国社会主要矛盾转化的正确认识。这就是说，要获得对主要矛盾转化的完全理解，还要清醒认识和把握"变"与"不变"的关系。这里的"变"，即主要矛盾的变化；这里的"不变"，即党的十九大报告明确指出的"三个不变"，也就是我国社会主义所处的历史阶段、我国的基本国情和国际地位都未发生实质性的、根本性的变化。尽管在新的历史方位下，蕴含着巨大的发展增量，开启了中国特色社会主义新时代，但是，仍然要充分认识和正确处理两者之间的关系，如此，才能更为透彻地理解和把握这一事关全局的根本性问题，更有针对性地解决和回答由此带来的理论和现实问题。

2. "矛盾转化"语境下思想政治教育学科发展

新时代我国社会主要矛盾的转化，是当下考察包括思想政治教育在内的任何一项实践活动都绕不开且必须考量的强势语境。这是因为，其标示了思想政治教育学科新的发展方位，赋予了思想政治教育学科新的发展使命，提供了思想政治教育学科新的发展源泉，决定着思想政治教育学科未来很长一段时期的理论方位、发展方向和运行轨迹。

（1）"矛盾转化"标示了思想政治教育学科新的发展方位

任何一门学科的发展都离不开一定的社会环境，都处于一定的历史坐标系中。在思想政治教育学科创建之初，正处于我国进入改革开放和社会主义现代化建设新时期的历史坐标系中，学科建设的各个方面也在初步探索阶段。经过十余年的创业发展，学科的建设已经有了良好的基础，并随之跨入21世纪的发展长河。在面向21世纪的历史坐标系中，思想政治教育学科适应于经济社会发展的形势要求，在学科发展的坐标系中重新获得独立位置，伴随马克思主义理论一级学科的设立而向着整体性建设的方向发展。如今，我国社会主要矛盾发生了新变化，中国特色社会主义阔步迈入了新时代，思想政治教育学科只有主动置身宏阔的时代背景下，才能获得在时代发展中的自觉地位，开启发展的新征程。如此一来，思想政治教育学科的发展必然要为解决思想问题和现实问题贡献更多的理论智慧和实践方案，让这一在中国土生土长、最富有中国特色的学科焕发出强大的生机活力，并获得更高的学术价值和学科地位。这一深刻变化，也意味着思想政治教育学科应当赓续创新、厚积薄发、在新的历史条件下获得质变和飞跃，是不断拓展思想政治教育学科领域、丰富思想政治教育学科内涵、增强思想政治教育学科特色、发展思想政治教育学科优势、提升思想政治教育学科水平的时代，是不断彰显思想政治教育学科价值、为服务经济社会发展和人的发展作出更大贡献的时代，为其在新的历史条件下实现创新发展指明了前行方向。

（2）"矛盾转化"赋予了思想政治教育学科新的发展使命

新时代催生新使命，新矛盾提出新要求。一是理论宣传和理论武装的新使命。"理论创新每前进一步，理论武装就跟进一步。"[①]新时代之"新"，在于是需要理论和思想并孕育产生了新理论和新思

---

① 《胡锦涛文选》第3卷，人民出版社2016年版，第530页。

想的时代。因此，我们的理论武装和播化必然要与之跟进。习近平新时代中国特色社会主义思想，是对科学社会主义理论及其在当代中国实践的深邃思考和深刻总结，是在坚持和发展中国特色社会主义、传承和赓续中华文化中凝结的思想精华和理论体系。毫不夸张地说，这一理论上的新概括和最佳作，带有天然的思想魅力和原创色彩，高度体现了坚持和发展中国特色社会主义历程中坚持马克思主义的时代性与实践性、民族性与世界性的逻辑统一，延展着马克思主义中国化的"时"与"脉"，为续写 21 世纪版本的马克思主义作出了历史性贡献，其本质上就是 21 世纪马克思主义理论而不是别的什么理论。新时代新征程上，坚持和发展马克思主义、科学社会主义，就是要用这一新思想武装头脑、指导实践，使之持续发展、不断丰富、更加完善坚持好、运用好贯穿其中的立场观点方法。当前和今后一段时期，本学科的首要任务和时代使命就是为奋力抒写新思想"三进"之笔、学习研究贯彻和研究阐释党的二十大精神提供坚实的支撑。二是落实"立德树人"根本任务的新使命。习近平在全国教育大会上强调要培养德智体美劳全面发展的社会主义建设者和接班人，促进人的自由全面发展是思想政治教育学科发展"适应服务律"的重要方面，也是学科所肩负的培养人和造就人的重要使命。立足这样的新时代新使命新要求，思想政治教育学科唯有坚持扎根中国大地办教育、把握社会主义办学方向、为培养德智体美劳全面发展的社会主义建设者和接班人提供强有力的学科支撑，才能拥有更加美好的发展前景。三是加强思想道德建设的新使命。习近平多次强调："人民有信仰，民族有希望，国家有力量。"[①] 质言之，人民的思想觉悟、道德水准和文明素养不仅关乎个人的全面发展，更是关乎民族复兴和社会主义现代化强国的实现，这种战略性的高度必然要求思想政治教育学科立足新时代新使命，深入研究人们思想变化的新情况和新问题，更好地满足人们不断增长、日趋丰

---

[①] 《习近平谈治国理政》第 2 卷，外文出版社 2017 年版，第 323 页。

富的精神文化需要，从思想和观念层面重构发展的精神动力。

（3）"矛盾转化"提供了思想政治教育学科新的发展源泉

"问渠那得清如许？为有源头活水来。"新矛盾既提出了学科发展的新课题，也提供了学科发展的新空间和新场域。一是提供了新的研究课题。例如，如何有效化解可能出现的较广泛领域的新的人民内部矛盾？如何正确教育引导广大人民群众树立正确合理的需要观？"如何有效解决人民对美好生活向往和需要中的政治思想观念问题、文化道德情操问题和社会利益冲突问题？"[①] 如何把人民对美好生活的向往转为坚持和发展中国特色社会主义的建设力？等等。这些问题，无疑都是思想政治教育学科在新时代要研究和解决的理论和实践课题，需要从学科主体、学科理论、学科组织和学科实践等各个维度去实现相应的更新与变革，给予充分回应。二是提供了新的空间场域。这种深刻的变化，同时也打开了一扇推动思想政治教育在新时代获得发展的全景天窗，进一步开拓了学科发展的理论空间和全新场域，有了新的着力之基和创新之能。比如，从思想政治教育的地位和作用理论来看，坚持举旗帜、聚民心、育新人、兴文化、展形象，充分发挥新时代思想政治教育"生命线"作用；从思想政治教育的内容理论来看，以新思想为指导推进学科发展，并作为新时代思想政治教育的重要内容加以建设；从思想政治教育的载体方式理论来看，拓展思想政治教育的文化资源、文化载体和文化形态，充分而深入地挖掘中华民族在几千年的灿烂文明和文化传统中积淀的丰富的思想政治教育资源，结合时代要求进行创造性转化、创新性发展和创造性运用，通过文化产品、文化事业和文化产业的发展深入推进以文化人、以文育人工作，在体现时代性、把握规律性、富有创造性中发展思想政治教育方法，加强新媒体新技术新手段的综合运用与融合发展，健全完善全员、全过程、全方位育人的体制机制等并不断增强中华文明传播力影响力。

---

[①] 宇文利：《新时代思想政治教育创新之魂》，《思想理论教育》2019 年第 1 期。

### (二)"双一流"语境

教育兴则国家兴，教育强则民族强。党的十八大以来，以习近平同志为核心的党中央高度重视我国教育事业的建设和发展，提出了"教育是国之大计、党之大计"①，"加快一流大学和一流学科建设，实现高等教育内涵式发展"② 等重要而深刻的论断。由此，"双一流"成为当下最时尚的学科建设语境，同时亦为新时代推进思想政治教育学科发展勾画了一幅更为广阔的壮丽图景。

1. "双一流"的内涵要义

所谓"双一流"，即世界一流大学和一流学科的简称。2015 年10 月，在党和国家实施多年的"211 工程"、"985 工程"以及"优势学科创新平台"、"特色重点学科项目"等重点高校和重点学科建设的基础上，在国家总体规划中明确提出实现"两个一流"的目标，即"使若干高校和一批学科达到或接近世界一流水平"③。同年11 月，国务院颁发《统筹推进世界一流大学和一流学科建设总体方案》，对"双一流"建设的指导思想、基本原则、总体目标、建设任务、改革任务进行了全方位部署安排。2017 年 1 月，几个部委联合颁发的《统筹推进世界一流大学和一流学科建设实施办法（暂行）》明确规定了"双一流"遴选的标准条件、具体流程、支持方式、管理机制和组织实施等要求；同年 9 月，即公布了 42 所世界一流大学和 95 所一流学科建设高校及建设学科名单，正式开启了世界一流大学和一流学科的建设步伐。这一重大的战略决策，对于提升

---

① 习近平：《坚持中国特色社会主义教育发展道路 培养德智体美劳全面发展的社会主义建设者和接班人》，《人民日报》2018 年 9 月 11 日。

② 习近平：《决胜全面建成小康社会 夺取新时代中国特色社会主义伟大胜利——在中国共产党第十九次全国代表大会上的报告》，人民出版社 2017 年版，第 46 页。

③ 《中共中央关于制定国民经济和社会发展第十三个五年规划的建议》，人民出版社 2015 年版，第 34 页。

我国教育发展水平、增强国家核心竞争力、奠定长远发展基础具有十分重要而深远的意义。

第一,"双一流"的基本概念。"双一流"是个简称概念,即世界一流大学和一流学科的简称。从党和国家的系列重要文献可以看出,"双一流建设"是建立在高等教育基础之上的一流教育建设。所谓世界一流大学,是指能够培养世界一流的人才、建设一流的学科、产出一流的成果,致力于服务改革开放和中国特色社会主义事业、满足社会主义现代化强国建设要求,在为国家发展战略效力的同时推动人类社会发展、创造知识积累、引领文化方向、参与全球治理的,具有全球吸引力和享有世界声誉的大学。所谓世界一流学科,是指拥有一流科学家、学科领军人物和创新团队、具有原创性和引领力的科研水平和转化能力、享有世界性学术影响和学科声誉、能够为党和国家输送高级专门人才、为经济社会发展和国家战略实施作出重要贡献的学科。可见,一流学科建设的内涵十分丰富,涵括制定学科建设规划、凝练学科方向、会聚高水平人才队伍、优化学科发展平台、发展学科特色优势、完善学科结构体系、健全学科建设机制等方面。

第二,"双一流"的评判尺度。建设"双一流"的目标在于"一流",党和国家基于实现"两个一百年"奋斗目标,提出了建设发展双一流的"三步走"计划,绘就了建设高等教育强国的蓝图。[①] 何谓一流?评判一流的标准和尺度在哪儿?从建设和发展的视角来看,评判一所大学、一门学科是否跻身世界一流行列或前列,要坚持"三个尺度",即历史、科学和价值的尺度。[②] 历史的尺度在于,要把"一流"置于相应的历史条件下进行评判。不存在抽象的大学和学科,也不存在抽象的大学发展和学科建设,而是从与之相适应

---

① 《国务院印发〈统筹推进世界一流大学和一流学科建设总体方案〉》,《人民日报》2015 年 11 月 6 日。

② 参见沈壮海《思想政治教育的文化视野》,人民出版社 2005 年版,第 17 页。

的经济基础和上层建筑的性质，从其所处的历史发展阶段来看是否站在一流行列或前列。纵观人类社会发展史尤其是现代科学发展史，不同时代背景、历史环境和制度基础下产生的世界一流大学和一流学科各有千秋，即便是同一所大学同一个学科在不同发展阶段也各有特点。因此，不能盲信、盲从，更不能一家独大，而是要看是否符合人类社会和历史发展的潮流，是否对区域和国家的经济文化等起重要推动作用和指导意义。科学的尺度在于，大学和学科的建设发展是否客观地反映了人类社会对客观世界的真理性认识，是否致力于科学精神的培育、科学知识的保护、传承与创新，即符合办学治学规律、教育教学规律、大学学科发展规律。价值的尺度在于，最终要看对特定社会的经济、政治等起什么样的作用，以及这些学校和学科是为谁培养人、培养什么样的人、如何培养人。也就是说，不能只看办学实力、学校排名、标准测量、人才贡献率等显性指标，更重要也是最根本的应该看学校、学科建设的价值取向。立足新时代，我国的世界一流大学和一流学科必然是要培养中国特色社会主义事业建设者和接班人，更好地为社会主义现代化建设服务、为人民服务。一言以蔽之，就是坚持中国特色、世界一流的价值准绳。

第三，"双一流"的逻辑关系。一流学科与一流大学究竟是何种关系？这是在探讨"双一流"语境时必须要弄清楚的问题。可以说，二者是相辅相成、互为依存、辩证统一的关系。一方面，学科是大学的基础和支撑，"双一流"建设的核心和重点就是一流学科的建设。从"双一流"重大战略决策本身可以看出，党和国家将一流学科建设与一流大学建设提到了同等重要的位置。这是因为，学科是大学的"心脏"，也是实现其功能的核心载体，并掣肘其发展水平。无论是建设一流师资队伍、培养拔尖创新人才，还是提升科学研究水平、传承创新优秀文化，都需要以一流学科作为基础和支撑，一流大学的竞争力在很大程度上也取决于一流学科的建设发展。因此，必须以一流学科的建设作为突破口和着力点，从现有的学科领域高原走向学科领域高峰，充分发挥强势学科、优势学科的引领示范和辐射带动作用，才有可能真正建成一批具有国际竞争力和影响力的一流大学。另一方面，大学是学科建设的重要场所和发展平台。一流大学为一流学科的建设发展提供良好的培育环境和战略空间，提供强大的支撑条件和资源供给。也就是说，对大学所拥有的一流学科或学科群进行重点观照，实行更为精准的支持方式和更加长效的支持机制，促使这些学科进入世界一流学科行列或前列。

2. "双一流"语境下思想政治教育学科发展

"双一流"的提出，为结合国家发展需要和学科发展状况来观察和审视思想政治教育学科的发展提供了一个崭新的视角。这就是说，既为马克思主义理论学科发展营造了前所未有的建设环境，又为思想政治教育学科在新时代的发展指明了前行路径，同时还拓宽了思想政治教育学科发展的视野。

（1）"双一流"为马克思主义理论学科发展营造前所未有的良好环境

马克思主义理论学科因时代需要而生，它的发展壮大离不开良好的社会条件和国家战略需求作为保障。而"双一流"的提出有利于从社会总体和发展大局中为马克思主义理论学科发展创设绝佳的环境条件。习近平强调："高校立身之本在于立德树人。只有培养出一流人才的高校，才能够成为世界一流大学。"[①] 这就是说，人才培养是关键，而关键的关键还在于立德树人。从这个意义上讲，"双一流"提出对马克思主义理论学科的建设与发展意义重大、影响深远。一方面，"双一流"大学建设迫切需要加强马克思主义理论学科建设。这种迫切的需要体现在：亟须抓好马克思主义理论教育，为学生一生的健康成长和良好发展打下坚实科学的思想基础；亟须加强马克思主义理论研究和平台建设，为高校发展提供强有力的学科支撑；亟须下大力气、花足功夫培养一批有坚定立场、有扎实功底、有丰富经验的马克思主义学者，特别是富有朝气和活力的青年马克

---

① 《习近平谈治国理政》第 2 卷，外文出版社 2017 年版，第 377 页。

思主义者。① 这些都表明了加强马克思主义理论学科建设的重要性和紧迫性。这就需要从整体上加强马克思主义基础理论和科学体系的研究，提高马克思主义理论教育的系统性和科学性，增强对思想政治理论课的学科支撑，提升马克思主义理论专门人才培养的能力和水平。另一方面，"双一流"大学建设要求马克思主义理论学科充分发挥引领作用。马克思主义理论一级学科及其所属的二级学科，是最富有中国特色的哲学社会科学学科，也是体现中国特色社会主义高校本质特征的标志性学科。所以说，它具有无与伦比的示范优势，不仅关乎高校办学治校的根本方向，也是检视"双一流"建设的重要指针。2015年1月，中办国办在相关文件中首次提出了"马克思主义理论学科领航计划"②，这不仅是一个新的概念和新的要求，更是希望借此进一步提升并充分发挥其在高校建设和学科建设中的引领作用。由此可见，这一明确的战略定位和战略工程，奠定了马克思主义理论学科在"双一流"建设中至关重要的地位和作用。这既为马克思主义理论学科实现更好更高水平的发展获得了强劲的支持条件，同时更促使马克思主义理论学科充分发挥学科特色和学科优势，向着优质学科和领航境界发展前进。思想政治教育学科作为马克思主义理论学科的重要构成，以上种种良好的建设环境及其促进作用，对于推动思想政治教育学科的建设和发展同样具有十分积极的现实意义。

（2）"双一流"为思想政治教育学科发展指明前行路径

在首批"双一流"建设学科名单中，北京大学、中国人民大学、清华大学、东北师范大学、武汉大学、新疆大学（自定）6所高校的"马克思主义理论"学科名列其中。这足以说明，党和国家对马克思主义理论学科建设给予了新的期望，这不仅给马克思主义理论学科建设提出了更高标准和要求，而且指明了思想政治教育学科在

---

① 习近平：《把思想政治工作贯穿教育教学全过程　开创我国高等教育事业发展新局面》，《人民日报》2016年12月9日。
② 《中办国办印发〈意见〉：加强和改进新形势下高校宣传思想工作》，《人民日报》2015年1月20日。

新时代建设和发展的前行路径。一是按照"双一流"的建设标准不断推动学科的快速发展和自我超越。从学科发展的现实状态看，尽管思想政治教育学科已进入大繁荣、大发展阶段，但是学科水平离一流学科的标准和要求还相去甚远，这些差距体现在学科建设和发展的方方面面。比如，具有创新性、原创性，且在国内外产生历久弥新和广泛影响的理论成果不多，能够活跃在国内国际舞台的思想政治教育理论家、马克思主义理论教育家和思想政治工作家还不够，回答重大理论和现实问题的能力还有待进一步增强，学科的整体实力、协同效应和学科自信程度还不高，等等。思想政治教育学科要在新的历史条件下进入领跑态势，就必须比对一流的要求，建设具有一流品质的师资队伍、培养具有一流品质的专业人才、涵化具有一流品质的创新能力、形成具有一流品质的组织模式、推出具有一流品质的核心课程、构建具有一流品质的体制机制、打造具有一流品质的学科文化，才能更加彰显思想政治教育的学科优势与学科特色，拓展学科的育人价值和育人功能，促使学科建设质量和发展水平再上新台阶，为马克思主义理论一流学科建设乃至整个高校和学科建设发展提供有力支撑。二是聚焦改革创新推进思想政治教育学科的建设和发展。统筹推进世界一流大学和一流学科建设，不仅明确提出了"双一流"的建设任务，而且清晰描绘了加强和改进党对高校的领导、完善内部治理结构、实现关键环节突破、构建社会参与机制、推进国际交流合作的改革创新路径。这就要求思想政治教育学科坚持以改革为动力，以创新为支撑，积极加强自身全方位、全领域、全要素的改革发展，在原有的发展模式上实现弯道超车。

（3）"双一流"为思想政治教育学科发展拓宽国际视野

习近平总书记强调："加强国际传播能力建设，全面提升国际传播效能，形成同我国综合国力和国际地位相匹配的国际话语权。"[①]

---

① 习近平：《高举中国特色社会主义伟大旗帜　为全面建设社会主义现代化国家而团结奋斗——在中国共产党第二十次全国代表大会上的报告》，人民出版社2022年版，第46页。

其中，构建中国自己的知识体系和话语体系至关重要。"双一流"建设的最终目标，如果用一句话概括，那就是彰显中国特色、进入世界一流。而这个过程就是面向世界、走向世界的过程。在这种背景下，如何认识和对待各种思想文化的交流交融交锋、如何与世界对话合作共赢成为"双一流"建设过程中任何学科发展都要去积极面对的机遇和挑战。对思想政治教育学科而言，也必须具有更加宽广的视野和更为开放进取的实践品格，具备进行中外比较和走向世界的底气，树立宏大的国际视野和战略思维。具体而言，思想政治教育学科担负着向世界阐明和传播中国精神、中国价值、中国主张，让世界深度了解"理论中的中国"、"发展中的中国"、"开放中的中国"、"为人类文明作出贡献的中国"的重要使命，并承担着"在世界的舞台上展现思想政治教育学科'中国特色'的独特魅力，提升在国际各类学科中的辨识度"[①] 的重要责任。这不仅昭示着思想政治教育学科要主动融入现代科学发展的世界潮流，更是提出了让学科走出国门、走向世界的美好愿景。这种底气和信念来自对中国特色和中国自信的深刻践诺，来自主体性和原创性的理论生产力、影响力和创造力，也是学科发展到今天必须要进行的再优化和再提升。同时，思想政治教育学科建设和发展也要以世界为标。伴随学科发展时空的世界性拓展，既要向内看，还要向外看，站在全球或更广阔的时空范围内去观察学科建设活动，加快开辟充满活力、富有效率、更加开放、利于学科发展的道路，积极推动思想政治教育学科"走出去"。

**（三）"文化自信"语境**

习近平指出："没有高度的文化自信，没有文化的繁荣兴盛，就

---

[①] 北京大学马克思主义学院组编：《马克思主义理论学科学术发展报告（2016）》，中国人民大学出版社 2018 年版，第 393 页。

没有中华民族伟大复兴。"①《中共中央关于党的百年奋斗重大成就和历史经验的决议》中深刻指出，习近平新时代中国特色社会主义思想是中华文化和中国精神的时代精华。② 这是基于文化和精神的视角所作出的全新判断，揭示出新思想和文化精神之间的深刻关联，不仅昭示了当代中国文化的走向问题，同时还完成了对中国化马克思主义文化形态的重新建构，延展了当代中国马克思主义、中华文化的时与脉，也更加充分彰显了文化之于国家和民族的重大意义，明确了新时代坚持和发展中国特色社会主义的文化使命。近年来，文化自信作为一个新的话语引起了学界的广泛关注，对文化自信这一理论和实践重大问题的探讨还在持续升温，成为推动思想政治教育学科发展的热门议题。

1. "文化自信"的内涵要义

何谓文化自信？众多学者从不同的角度对文化自信的内涵进行了诠释和解读：一是在与文化自信的相关概念辨析中获得对文化自信的理解。比如，在与文化自觉、文化自强、文化自大、文化自卑等概念的分析中比较加以把握。二是从态度、心态的视角进行界定。认为，文化自信是对待自己文化的一种信心和信念，以及对待外来文化持有的态度。三是从文化自信指涉的具体内容中进行概括，即从宏观和微观层面对主体的文化自信的概括。显然，我们所说的文化自信不关于其他文化的自信，而是对中国特色社会主义文化的强大自信。只有厘清这一基本前提，才能深刻理解和把握文化自信的内涵要义。

第一，文化自信是中国特色社会主义文化自信。在中华民族绵延几千年的历史长河中，"我们经历了高度的文化自信、短期低谷和

---

① 习近平：《决胜全面建成小康社会 夺取新时代中国特色社会主义伟大胜利——在中国共产党第十九次全国代表大会上的报告》，人民出版社2017年版，第40—41页。

② 《中共中央关于党的百年奋斗重大成就和历史经验的决议》，人民出版社2021年版，第26页。

文化自信在当代中国重建的螺旋式的发展过程"①,从某种意义上讲,我们在民族复兴路上奋进的历史征程就是对文化自信的重拾和重建过程。在这个波澜壮阔的奋斗历程中,我们建立和发展了中国特色社会主义文化,从中形成了相应的文化自信。如今,进入新时代,中国人民和中华民族更是拥有了前所未有的高度自信。这种自信,归根结底就是中国特色社会主义文化自信,是我们对于自己文化价值和文化理想的高度认同、敬重推崇和积极践行,以及对自己文化生命力、创新创造力和发展前景所持有的坚定信心。从其源流来讲,"既来自我们传统文化博大精深的丰富性与和而不同的包容性和创造精神,也来自体现自强不息民族精神的红色文化的革命性、社会主义文化的先进性和导向性"②。质言之,这种自信是基于我们对中国历史和传统文化的深刻认知,既包括近代以来中华民族苦难史的文化自省,又包括党领导人民进行革命、建设、改革的奋斗史的文化自觉,还包括在寻求民族伟大复兴路上的文化创造。由此观之,坚定文化自信,必须了解和运用中华民族历史、中国近现代史、中国共产党史,懂得中国传统文化与马克思主义传入在当代中国结合及其发展演绎的历史必然性。唯有如此,才能始终保有对中国特色社会主义文化满怀敬意、充满自信。

第二,文化自信的硬核是价值观自信。文化自信不是抽象意义的自信,也不是空喊口号,而是具有丰富的历史内涵和时代内容。众所周知,文化是一个含义至广、内涵丰富的概念。在马克思主义话语体系中,广义的文化包含了物质、精神、制度等人类社会生活实践的种种方面,狭义的文化则是指人的精神生产的产物,即"观念上层建筑",包括知识、信仰、道德、法律、宗教、艺术、思维方式、风俗习惯、价值观念等具体形态。其中,核心和灵魂是价值观,

---

① 陈先达:《文化自信中的传统与当代》,北京师范大学出版社2017年版,第1页。

② 陈先达:《论文化自信的底气》,《光明日报》2017年9月1日。

特别是核心价值观，它是决定文化性质和方向最深层次的要素。正是因为价值观具有的这种特性及其在文化体系的建立、形成和发展中的独特地位和作用，"决定了它在文化体系中的核心意义，也使得价值观的自信，成为文化自信的内核"①。党的十八大以来，习近平在不同场合、从各个层面反复强调要厚植文化自信，特别是价值观自信的极端重要性。在当代中国，文化自信的内核与实质就是要牢固树立社会主义核心价值观自信，凝练起强大的内核力量，使之不断向广度和深度发展。

第三，文化自信的实践基础。文化自信不是孤立的存在，而是与道路自信、理论自信、制度自信一并构成了"四个自信"，它们是相互联系、不可分割、高度统一的整体，统一于中国特色社会主义实践。一方面，在这个有机体中，文化自信是最根本、最基础、最广泛、最深厚的自信和更基本、更深沉、更持久的力量。正如习近平所说："我们说要坚定中国特色社会主义道路自信、理论自信、制度自信，说到底是要坚定文化自信。"② 这是因为，它贯通和渗透在道路自信、理论自信和制度自信之中，发挥着精神支撑和血脉源泉的重要作用。另一方面，也应看到，文化自信同样离不开其他三个自信的不断加持，无论是道路的开创和坚守，还是理论的创新和发展，抑或制度的创造和完善，这其中所产生的伟大成就和持续发展都无比增强了文化自信。同时，从总体上又共同根植于中国特色社会主义的伟大实践。正是因为经过历史和实践的充分检验，才更加确证了道路的正确性、理论的科学性、制度的优越性和文化的先进性，才比以往任何时候、比其他任何国家和民族都更加有理由拥有无比深厚的自信底蕴和强大的前进动力。如今，在中国特色社会主义已经进入了新时代的条件下，更要坚定不移地在开辟新天地、创

---

① 沈壮海：《文化自信之核是价值观自信》，《求是》2014年第18期。
② 习近平：《在哲学社会科学工作座谈会上的讲话》，人民出版社2016年版，第17页。

造新奇迹中进一步提升文化自信。

第四，文化自信的根本是要坚持马克思主义意识形态的指导地位。习近平说："坚定文化自信，是事关国运兴衰、事关文化安全、事关民族精神独立性的大问题。"[①] 之所以这么说，就是因为文化自信不是一个单纯的文化问题或学理问题，而是关乎旗帜、关乎道路、关乎国家政治安全的大问题，是我们在日趋激烈的意识形态领域斗争中最锋利的"剑"。2019 年 10 月，党的十九届四中全会审议通过的《中共中央关于坚持和完善中国特色社会主义制度、推进国家治理体系和治理能力现代化若干重大问题的决定》首次提出了把马克思主义在意识形态领域的指导地位作为党和国家的一项根本制度加以坚持和完善。我们所秉持的中国特色社会主义文化，不是封闭僵化的，而是始终坚持以马克思主义为指导，植根于中国大地，从中华优秀传统文化与马克思主义的融合中，从传统文化传承和创新的关系中，从与经济、政治、社会、生态的协同推进中，通过文化传统的马克思主义化及与发展的社会时代和中国实践的相互作用，不断繁荣发展。然而，它的包容性和开放性绝不代表着要丢掉旗帜、偏离道路、放弃阵地，也不是走向历史虚无主义和文化复古主义。历史和实践证明，中华文化只有与马克思主义相融合才能获得强大而持久的生命力，必须更有定力、更有自信、更有智慧地坚持和发展新时代中国特色社会主义，把马克思主义中国化、时代化、大众化不断向前推进。

2. "文化自信"语境下思想政治教育学科发展

思想政治教育本身就是一种文化现象，与其他文化之间有着极为密切的关系，思想政治教育学科的发展，必然始终不能脱离文化发展本身。"文化自信"的提出，既推动着思想政治教育学科更加自觉地走进历史文化的深处，又丰富和拓展了思想政治教育学科借以发展的文化资源，同时还促使思想政治教育学科实现向新而行的文

---

[①] 《习近平谈治国理政》第 2 卷，外文出版社 2017 年版，第 349 页。

化使命。

（1）"文化自信"要求思想政治教育学科更加自觉地走进历史文化的深处

所谓走进历史文化的深处，是指在时间维度上和空间维度上深化、拓展思想政治教育学科对历史文化的自觉关注程度与建设力度。文化在一定的历史中形成又在历史中得以延续，文化的发展是一个历史的、连续的过程。不难发现，在"文化自信"的语境中，十分强调和注重文化与历史之间深层次的关联。习近平指出："坚定文化自信，离不开对中华民族历史的认知和运用。"[①] 这一论断，深刻阐明了对历史的学习实践于增强文化自信的重要作用，同时也点明了对历史的研究和阐释所具有的基础性意义。正因如此，必然要求思想政治教育学科在发展过程中树立"大历史观"，增强学科发展的历史厚度、文化深度、情感温度和精神高度，也成为题中应有之义。一方面，要将思想政治教育史置于世界文明史和中华文明史的背景下来考察。即加强对中国思想政治教育史特别是中国古代思想政治教育史的深度研究，丰富对国外德育教育史、公民教育史等的研究及其与比较思想政治教育学的有效对接。如何深入研究和挖掘古代德教传统、传统文化典籍蕴含的丰富资源和精神养料，并对其进行创造性转化和创新性发展的时代赋义，就是文化自信下思想政治教育学科所要自觉承担的历史文化课题。另一方面，要将思想政治教育史置于马克思主义发展史、世界社会主义运动史和中国共产党思想政治教育史中加以考察。即充分展现思想政治教育在社会主义运动中、党的建设发展中和革命建设改革中的重要价值，厚植学科的理论基础，全面展现其理论史、思想史、实践史和制度史。只有这样，才能在具体的研究和实践中真正讲清楚、说明白、道透彻诸如中国特色社会主义道路、理论、制度、文化优势，中国共产党为什

---

[①] 《习近平关于社会主义文化建设论述摘编》，中央文献出版社 2017 年版，第 17 页。

么能、马克思主义为什么行、中国特色社会主义为什么好等这些结论背后的丰富蕴涵和深刻道理,解开困扰和干扰人们的思想之"结",继而建立起由内而外的坚定自信。

(2)"文化自信"丰富了思想政治教育学科发展的文化资源

任何一门学科的发展都承担着文化传承的重要任务,同时也需要融通运用一定的文化资源来增强学科发展的文化力量。对于思想政治教育学科的发展而言,尤为如此。如前所述,文化自信的提出,既注重中华优秀传统文化的传承和发展,而且强调马克思主义及其中国化文化形态的传承和发展,还主张在融通古今中外各种文化资源的过程中来发展自己、增强自信。比如,习近平提出了在我国哲学社会科学的建设和发展过程中可资借用并且也应该着力把握的三类文化资源,即"马克思主义的资源"、"中华优秀传统文化的资源"、"国外哲学社会科学的资源"。[①] 就思想政治教育学科而言,就是要求在马克思主义资源中进一步厘清和确认原理性依据,坚持以辩证唯物主义和历史唯物主义的方法论为指导,增进学科发展主体的理论自觉,使之成为学科发展的最大增量;同时,要合理运用国外相关学科的积极成果和前沿资源,在这个过程中实现深度融合与创新,不断为学科的建设和发展提供有益滋养。

(3)"文化自信"给定了思想政治教育学科发展的文化使命

在新的历史方位下,我国为何如此重视和强调社会主义先进文化的繁荣兴盛?文化自信又为何被提到了如此重要的位置?说到底,因为它涉及中华民族发展的根本,不允许出现颠覆性错误。然而,不可否认的是,当今世界意识形态领域风起云涌,斗争形势依然复杂、风险挑战依然严峻,伴随中国40余年高速的开放式发展、经济全球化的深入发展以及信息传播技术的突飞猛进,带来的不仅仅是经济腾飞,还有各种文化的涌入和碰撞,主流的和非主流的、本土

---

[①] 习近平:《在哲学社会科学工作座谈会上的讲话》,人民出版社2016年版,第16页。

的和外来的、先进的和落后的思想观念、价值取向纷纭激荡，意识形态领域红色、黑色、灰色三个地带交织，迫切需要思想政治教育学科担当起唱响社会主义意识形态主旋律、凝聚全党和全社会的共识、全面培根铸魂的时代使命。这就要求思想政治教育学科发展始终坚持马克思主义的立场、观点和方法，着力于社会主义核心价值体系和社会主义核心价值观的涵育，着力于社会主流意识形态发展变化规律的深刻把握，同时，也要求思想政治教育的理论研究者和实践工作者深耕文化自信，增强培树文化自信、培养时代新人的主体自觉。

**（四）"时代新人"语境**

党的十八大以来，以习近平同志为核心的党中央高度重视教育事业，提出将其置于优先发展战略位置，突出强调建设教育强国在中华民族伟大复兴战略全局中的基础地位和支撑作用，并进一步深化党的教育方针，创造性地提出要"培养担当民族复兴大任的时代新人"这一重要论断，深刻回答了新时代关于人的培养和发展的根本性问题，成为新时代加强教育工作的根本遵循，指明了新时代思想政治教育学科守正创新发展的价值目标。

1. 时代新人的内涵要义

"时代新人"一经提出，就获得了颇高的关注度，尤其是关于其概念考察、内涵厘定及培养路径的探究，迅速成为新时代话语体系尤其是民族复兴话语体系中的重大理论和实践课题，对思想政治教育及其学科的建设发展而言更是如此。需要注意的是，时代新人既具有现实的指向性，同时也具备历史的承继性，其生成和发展有着深刻的理论逻辑、历史逻辑和实践逻辑，它的内涵释义本身也有一个逐渐丰富、完善并清晰的过程，应当对其有一个立体化的把握和动态化的理解。

第一，深刻理解时代新人的价值意蕴。党的十九大报告指出："社会主义核心价值观是当代中国精神的集中体现，凝结着全体人民共同的价值追求。要以培养担当民族复兴大任的时代新人为着眼点……"①，不难发现，"时代新人"的首次出现是嵌入核心价值观的论述当中，尽管如此，我们对它的解读不能止步于此，它的战略意义也绝不止于此，而是远远超越了价值观的培育范畴。从宏观层面讲，时代新人之于中华民族复兴战略全局具有决定性意义。任何新概念的产生都有其特定的时代背景和历史场景，时代新人锁定的历史坐标系即新时代，这是前提和先决条件，因而它的重要性首先体现在此，正如它的提出是用中华民族伟大复兴的时代重任来界定一样。"复兴梦"贯穿中华民族近现代的全部奋斗历史，也是党的艰辛曲折而又壮丽辉煌的社会革命的奋斗目标。中国共产党一经成立，就毫不犹豫地扛起了这面光荣的使命旗帜，带领全国各族人民为伟大梦想而顽强奋战，最终夺取了新民主主义革命和社会主义革命的胜利，实现了民族独立和人民解放，确立了社会主义基本制度，并成功开创了中国特色社会主义。中华民族不仅没有走向衰败，反而重获新生，实现了由弱到强的根本性扭转，在站起来、富起来到强起来的梦想征途中展现出亘古未有的信心实力和光明前景。从某种程度上来讲，新时代就是中华民族实现伟大复兴梦想的关键阶段，而最终能否实现，归根结底就在于时代新人这一主体力量的发挥，尤其是当代中国青年这一核心群体。从中观层面讲，时代新人之于党的教育事业和育人工作具有引领性意义。"党和人民事业发展需要一代代中国共产党人接续奋斗，必须抓好后继有人这个根本大计。"② 可以说，时代新人的提出既规定了"育新人"的目标指向，又给定了如何育、怎样抓的行动指南，对于打开新时代教育工作新格局、落实立德树人根本任务来说意义重大。从微观层面讲，时代

---

① 习近平：《决胜全面建成小康社会 夺取新时代中国特色社会主义伟大胜利——在中国共产党第十九次全国代表大会上的报告》，人民出版社2017年版，第42页。

② 《中共中央关于党的百年奋斗重大成就和历史经验的决议》，人民出版社2021年版，第74页。

新人之于思想政治教育的发展具有根本性意义。时代新人的落脚点在"新人",关键在于"新人"的培养和塑造,而思想政治教育恰恰是培养时代新人不可或缺且至关重要的一环,基于此,我们不仅可以准确地把握新时代思想政治教育创新发展的本质要义和前行方向,也可以更加精准地推进思想政治教育目标、内容、方法、队伍等全方位的发展和创新。

第二,全面透视时代新人的生成逻辑。就理论逻辑而言,"时代新人"的提出是对马克思主义人的发展理论的继承发展。马克思在创立和运用唯物史观的基础上,科学揭示了人的本质,并进一步提出了以往任何社会形态中所不具备的共产主义新人形态,即人的彻底解放和自由全面发展,人而真正为人的本质复归。[①] 随着生产力的不断发展和提高,人们在促进社会发展进步的同时也在不断增强自身本质力量,从而获得人的发展的"新质"而成为"新人"。时代新人即是从我国发展新的历史方位对人的新质尤其是社会主义新人作出的时代诠释。就历史逻辑而言,"时代新人"是对育人的价值形象和理想人格的赓续创新。我们党在各个历史时期都十分重视教育事业的发展,在育人的理念、目标、要求、方针上既一脉相承,同时又与时俱进,体现出深刻的逻辑统一性,集中表达在对青年群体的形塑上,映射在对接续奋斗者的时代画像中。譬如,在社会主义建设时期,毛泽东根据国家需要和形势发展,提出我们要培养"有社会主义觉悟的有文化的劳动者"[②],使他们成长为又红又专的接班人,初步构建起新的青年群像及其全面发展的理想目标模式。党的十一届三中全会后,邓小平在新的历史条件下,针对新形势新情况及青年学生特点,提出要培养"四有"新人的明确目标和具体形象,并从政治任务和政治要求高度加以揭示。党的十八大以来,习近平总书记把教育提升到党之大计、国之大计的战略高度,先后围绕立

---

[①] 蒋明敏:《论马克思主义时代新人学说的四重逻辑》,《学术界》2020年第8期。
[②] 《毛泽东文集》第7卷,人民出版社1999年版,第226页。

德树人、时代新人作出一系列重要论述和指示批示，强调要培养"三有"、"四大"的新时代中国青年，不断强志气、骨气、底气。从强国路线图和时间表上看，今天我们在讲到时代新人的时候，其内核主体就是"90后"、"00后"青年群体，亦是在新时代新征程上描绘的青年成长成才和全面发展的理想蓝图。就实践逻辑而言，培养和造就时代新人是对两个大局和国之大者的深刻回响和现实之需，昭示着青年应当也必须成为砥柱新人，奋力投身于民族复兴的时代洪流，为第二个百年奋斗目标和美好生活的实现注入强大动能，这也是锤炼新人的根本途径和实践方式。

第三，准确把握时代新人的理论蕴涵。对于"时代新人"深刻的理论蕴涵，学者们从不同维度和视角进行了概括和阐明，认为必须将其作为一个不断丰富和发展的概念，以开放的、包容的态度加以对待，构建起包括本质意涵、价值旨归、精神标识、素养要求等在内的框架结构和发展体系。所谓本质意涵，即时代新人是以能够自觉堪当中华民族伟大复兴的时代重任为根本性规定，这也是价值旨归；所谓精神标识，即以认同、践行和传播社会主义核心价值观为内在规定和外化表达，不断建构和持守奋进、开拓、奉献、自信、担当、创新的精神状态；所谓素养要求，即对时代新人所应具备的能力素质的具象化输出，比如"有理想、有本领、有担当"、"德智体美劳全面发展"、"有理想、敢担当、能吃苦、肯奋斗"，再进一步讲，应当具有坚定的理想信念、不负人民的家国情怀、高尚的品德修养、过硬的担当本领、永久的奋斗之姿、深邃的国际视野。而说到底，时代新人仍然隶属于社会主义新人、社会主义建设者和接班人的范畴，是其进入新时代空间场景中的具体体现和崭新要求。

2. "时代新人"语境下思想政治教育学科发展

综上，培养担当民族复兴大任时代新人的提出，可以说是思想政治教育学科立于新发展方位上的根本决定性因素，既对思想政治教育学科发展提出了新的使命任务和目标要求，也为思想政治教育学科发展提供了一个新领域和生长点。

（1）"时代新人"对思想政治教育学科发展提出新的使命任务

新时代需要时代新人，新时代塑造时代新人，更赋予了思想政治教育学科以培育和塑造新人的新使命和新任务。首先，要准确把握新时代的历史定位，置身于中国特色社会主义新时代的伟大实践中。党的十九大报告用"三个意味着"和"五个是"深刻阐明了"新时代"的重大意义和科学内涵，对此，还要明晰"时代"的三级逻辑层次关系：最高层次是指"大时代"，即世界历史发展的总趋势和总方向。当前，人类社会仍然处于"马克思主义所指明的历史时代"[①]，也就是由资本主义向社会主义发展过渡的大时代；第二层次是以大时代为基础划分的"小时代"，即根据不同历史时期和发展阶段的时代课题及其主要矛盾所呈现的时代主题。从这个意义上讲，世界仍然处于和平与发展的小时代；第三层次是"新时代"，即特指我国发展新的历史方位。这一变化是非转折性的，也就是说，我国所处的历史阶段、基本国情和国际地位都没有发生根本性的变化，但同时又是有着巨大增量的，开启了中国特色社会主义新的时代。只有这样，才能立足全局和战略高度领会时代新人提出的深刻动因和逻辑前提。其次，要清楚明了培养时代新人的实践指向和方法途径。习近平总书记关于培养时代新人的重要论述，不仅深入阐明了我们育人的目标和要求，还提供了如何育好新人的方法论指导。比如，在党的十九大报告中，指出应着力于构建"教育引导、实践养成、制度保障"三位一体的路径格局；再如，《中共中央关于党的百年奋斗重大成就和历史经验的决议》又进一步指出指引新人成长、服务新人发展的"四个坚持"，即"坚持用习近平新时代中国特色社会主义思想教育人，用党的理想信念凝聚人，用社会主义核心价值观培育人，用中华民族伟大复兴历史使命激励人，培养造就大批

---

[①] 《习近平谈治国理政》第 2 卷，外文出版社 2017 年版，第 66 页。

堪当时代重任的接班人"①。

（2）"时代新人"对思想政治教育学科发展提出新的目标要求

如前所述，思想政治教育学科因党和国家的发展需要而创建，并始终将适应服务时代要求作为自己的价值使命。"时代新人"作为新时代党的教育方针在教育培养上的根本目标和要求，很显然也成为思想政治教育学科发展在新时代的目标要求，这也是"适应服务律"这一基本规律在新时代的核心要义和具体展开。一方面，要着力促进个体的"新质"生成。时代新人的丰富内涵，首先在于对人的素质构成及其形塑上提出了新要求。因此，我们需要在理论研究和实践探索中进一步精细勾画并不断完善这一份目录表和结构图，丰富和发展思想政治教育各项实践形式，提供强有力的制度保障和条件支持。另一方面，要着力调整个体和社会的精神风貌。如果说从能力素质上描画新人形象是我们党一以贯之的优良传统，那么"时代新人"则在精神层面上体现了它的独到之处，即对个体和社会的精神风貌，尤其是对作为民族复兴先锋力量的青年一代的精神气质提出了新要求。对此，需要对标挖掘和运用培养时代新人的精神文化资源，譬如对中华优秀传统文化、伟大建党精神和中国共产党人精神谱系等所蕴含的精神品质及人格特质的参照和内化，以之培育和塑造、传承和发展。同时，还应构筑涵养和激发新时代中国青年精神状态的教育体系，坚持在教育过程中紧贴生产劳动和社会实践，使其不断增强做中国人的心志气力、精神气概和信心能力，成长为新时代真正能堪当大任的奋进者、开拓者、奉献者。

（3）"时代新人"对思想政治教育学科发展提供新的生长点

"时代新人"的话语生成和概念提出，对新时代思想政治教育学科发展而言，无疑又为其深化理论研究、深入实践探索增添了一个新论域和生长点，能够积极有效助推中国特色思想政治教育理论与

---

① 《中共中央关于党的百年奋斗重大成就和历史经验的决议》，人民出版社2021年版，第74页。

实践的开拓创新。从研究态势来讲，围绕新时代育人问题、立德树人问题成了思想政治教育领域的中心议题。在中国知网，以"时代新人"为主题进行搜索，发现从 2017 年以来总库共收录 4500 余篇相关文献，其中有 2500 余篇学术期刊论文，380 余篇博士、硕士学位论文，340 余篇报纸文章，在时间分布上从 2017 年的 40 余篇增至 2021 年的 1400 余篇，呈现逐年成倍递增的发展态势，由此可见，时代新人的相关研究俨然已经成为学界研究的前沿和热潮。从研究内容来讲，涵括了时代新人的重要论述、价值意蕴、科学内涵、生成逻辑、基本特征、培育路径等各个方面，这些成果都有助于我们更好地把握这一概念本身，并科学合理地运用到思想政治教育的具体实践中。在当前和今后一段时期，如何聚焦时代新人的各个方面及其整体，使其在学理上走向纵深和具体，这是思想政治教育理论研究者和实践工作者应当重点关切的，这样才能在过程中获得更为透彻的理解，取得更为显著的成效。从研究视野来讲，无论是概念在实践中的运用，还是在研究中的用法，都表现出由小及大、由狭至广的趋势，未来还会有更大的价值空间。这些已有的研究成果以及还在进行中的研究，都将在理论和实践的双向互动中得到进一步确证，从而更为有力地推动学科发展，提升学科的服务效能和应用价值。

## 二 思想政治教育学科发展规律的趋势走向

所谓趋势走向，就是事物发展的方向和动向。众所周知，社会规律是以人的实践和人的关系为链条反映的社会本质联系和发展趋势。这种联系和趋势，一方面具有客观的、深刻的必然性，另一方面也有社会发展自身的特殊性，突出地表现为随着历史的发展而发展、随着实践的发展而发展。毛泽东曾在论述中国革命战争的战略问题时指出了规律的这一历史变化性特征，即"依照历史的发展而发展，依照战争的发展而发展；一成不变的东西是没有的"①。对于思想政治教育学科发展规律而言，无论是基本规律还是具体规律，都不例外地会在时代语境下朝着一定的方向发展。

**（一）基本规律：不断贴合社会发展**

通过对思想政治教育学科发展基本矛盾的分析，揭示出了思想政治教育学科发展必须适应和服务于党和国家发展需要的基本规律，即"适应服务律"。这一基本规律深刻地反映了思想政治教育学科形成发展的历史必然性，也表明了思想政治教育学科在发展过程中要不断贴合新时代发展和社会发展的客观性和必然性。在新的起点，所谓贴合社会发展，是指适应服务新时代中国特色社会主义建设、社会主义意识形态建设、人的全面发展和时代新人培育的发展需要。具体来讲，呈现出贴合社会发展的实践性、文化性和国际性需要的趋势，由此，也才能不断弥合、解决社会要求与学科现有水平及其内在诉求之间的基本矛盾。这是思想政治教育学科发展基本规律的内在规定，也是其自身的发展走向。

1. 不断贴合社会发展的实践性需要

实际上，无论是适应服务哪一方面，都是由该领域中具体实践决定的，对于思想政治教育学科发展的阶段性要求而言也是如此。在改革开放和中国特色社会主义的建设发展过程中，每一时期都有每一时期的现实规定和实践需求，同样，在主流意识形态的建构发展过程中、在处于不同社会关系和发展阶段中的人自身发展都有其现实规定和实践需求。正如列宁在分析黑格尔的认识论的实践时指出："人的实践 = 要求（1）和外部现实（2）。"② 也就是说，人的实践不仅是人自身要求的体现，也反映了人所具有的直接现实性品格。由此显见，思想政治教育学科发展基本规律，即"适应服务律"

---

① 《毛泽东选集》第 1 卷，人民出版社 1991 年版，第 173—174 页。
② 《列宁全集》第 55 卷，人民出版社 2017 年版，第 183 页。

的未来发展趋势走向必然是不断贴合社会发展的这种实践性需要。

所谓不断贴合社会发展的实践性需要,是指思想政治教育学科在建设和发展过程中更加自觉地根植于鲜活的实践,善于发现在社会发展过程中出现的思想政治教育新现象、解决在社会发展过程中出现的思想政治教育新问题、找出在社会发展过程中形成的思想政治教育新规律。思想政治教育学科在发展中形成了理论性和实践性并举的学科特性,理论和实践成为推动学科发展的"双驱"。可以说,思想政治教育学科之所以能够建立,就是源于丰富的思想政治教育实践累积和强劲的社会实践需求;思想政治教育学科之所以能够不断发展,也是因为有一批扎根在思想政治教育战线、能够将实践上升为理论又用于指导实践的学科建设者们,尤其是老一辈学科开创者们的共同努力,从不断发展的社会实践和思想政治教育实践中汲取源源不断的理论精华,带动着一批又一批的后辈在实践中深耕细作,推动着学科向前发展。因此,思想政治教育学科只有不断与新时代改革开放和中国特色社会主义建设发展实践、与党的建设发展实践、与社会主义意识形态的建设发展实践、与人的自由全面发展实践相契合,才能获得发展的最根本的动力和优势。如此一来,在前进的道路上,思想政治教育学科必定朝着适应实践新要求、服务实践新需要的方向阔步前进。正如有学者指出,今天我们所要建设和发展的思想政治教育学科,是要以"服务于新时代中国特色社会主义建设、服务于能够担当民族复兴大任的时代新人培养"[①]为己任的新时代学科。

第一,拓展思想政治教育学科的"实践视野"。也就是说,其关注和研究的范围要投射到更加广阔的实践领域中去,以此获得发展的深层次动能。思想政治教育学科理论研究不应总是在基本概念、基本范畴、基本理论等关乎理论内部的根本性、基础性问题上"原

---

① 沈壮海主编:《新编思想政治教育学原理》,中国人民大学出版社2022年版,第11页。

地打滑",思想政治教育学科建设也不是只有理论研究、人才培养、队伍建设等核心内容,更不是仅停留在高校思想政治教育实践、高校思想政治理论课、高校思想政治教育专门人才培养等方面。这些在学科起步阶段的确是非常必要且重要的,但是,随着学科发展的不断推进,必须扩及更大范围的社会层面,要将不同群体、不同类型、丰富多样的思想政治教育实践,以及更多领域和更多内容的社会服务、国际交流合作、文化传承创新等纳入学科的建设视野,以我们正在从事的事业为中心,以我们面临的实际问题为导向,以我们日常的重大关切为基本领域,构建学科实践的长效机制。第二,深入社会发展这片广袤的"实践田野"。近年来,随着学科发展的不断演进和科学研究的不断拓展,学人们发现,本学科正呈现出从微观到宏观、从具象到整体的发展趋势,这契合了学科发展的必然逻辑与内在规律。[①] 因此,必须深入丰宏的社会实践场域,才能不断提升学科发展的主体性和原创性。当前,思想政治教育在服务党和国家发展、服务社会治理、服务时代新人培育过程中的实践问题,就是思想政治教育学科发展主体所要重点关注的中心性学术议题,而这些议题都是有明确指向性和针对性的,对这些实践性问题和实践性需求的关注、回应和解答本身就是一种新创造和新自觉。也唯有如此,才能避免理论研究的同质化、学院化和解题低效的问题,才能就思想政治教育学科发展的新时代课题给出真正高水平、高质量、有针对性和实质性内容的答案,并带给社会以积极影响,推动学科的建设和发展不断取得新进展。

2. 不断贴合社会发展的文化性需要

现代科学的发展是全面的,其价值体现也是全方位的,不仅有直接的、现实的、眼前的价值,还有无形的、潜在的、长期的价值,而在某些方面和某些时候,后者显得更为重要。这种价值,即是来

---

[①] 白显良:《宏观思想政治教育学理论奠立的几重视野》,《思想理论教育》2022年第3期。

自深层次的精神和文化。如今，文化的影响力和黏合性评价愈加明显，特别是"文化自信"的提出，更加彰显了文化和文化自信对于国家、民族、人类发展愈加重要的地位和意义，也更加凸显了这个时代文化基因和文化力量所占有的举足轻重的分量。说到底，它是坚持中国特色社会主义深厚而广泛的基础，也是社会主义意识形态能够超越其他阶级意识形态的内核，同时还是推进"以人民为中心"发展的实践使然。从人类内在精神文化意义上讲，思想政治教育学科发展就是一种具有社会文化意义和明确价值指向的本质力量。所以说，在新的历史条件下，不断贴合社会发展的文化性需要成为思想政治教育学科发展基本规律"适应服务律"的趋势走向。

所谓不断贴合社会发展的文化性需要，是指思想政治教育学科在建设和发展过程中更加从历史文化上获得根源性力量，有效切准"四个自信"的内容，提升服务"四个自信"的水平。从前文发展史的简要梳理中，我们可以看到，思想政治教育学科是在坚持马克思主义理论基础之上的"中国产物"，一直生长在中国的社会土壤之中，汲取了中华民族几千年来博大精深的优秀传统文化以及党带领人民在革命、建设、改革过程中锻造的革命文化和社会主义先进文化养分，因而在每一方面和每一阶段都获得了必然的发展自信，发挥出独特的学术价值。在前进的道路上，思想政治教育学科发展的"适应服务律"将在这一层次上展现得更为深刻。

第一，增加学科发展的文化力量。如上所述，新时代赋予思想政治教育学科以新的文化使命，即以坚持马克思主义在意识形态领域指导地位为根本使命，以培育和践行社会主义核心价值观为首要使命，以提升社会主义意识形态的凝聚力和引领力为重要使命，以培养具有文化创新创造力的时代新人为基础使命，以彰显思想政治教育的文化品性为基本使命。括而言之，就是为坚定社会主义文化自信筑中国精神，为实现中华民族伟大复兴育时代新人提供更好的服务效能。这就要求新时代思想政治教育学科本身必须获得更基本、更深沉、更持久的力量，更加注重以德树人、以美育人、以文化人，不断拓展思想政治教育的文化资源和文化传播空间，持续延展文化课堂和文化实践场所，善于从党的百年奋斗史中汲取智慧能量和精神营养，在准确把握时代变化与社会环境在不同人群、不同阶层、不同语境中的特定表现行为及其特点规律中，在对文化的选择与过滤、传承与创造、引领与渗透的具体实践活动中，加强思想政治教育者、教育对象和中国特色社会主义文化之间的相互作用。第二，拓展学科发展的文化视野。思想政治教育学科发展对于文化性需要的贴合与满足，不仅需要源源不断的文化力量，同时也需要日渐深厚的文化视野，而这种视野不只是包含中国历史文化的视野，同样还包含世界历史文化的视野。在中国的现代化道路探索和发展进程中，亦是通过这种方式让马克思主义在中国的社会土壤里生长起来，并结合中国的历史传统、文化积淀、基本国情结出中国化的理论成果和实践成就，使得今天中国的发展愈加自信、成熟和理性，也让科学社会主义在21世纪的中国焕发出强大的生机与活力。思想政治教育学科的建设和发展同样如此，在今后的发展过程中更加需要通过置身于自我和他者的文化张力场中加强对思想政治教育学科的认识确证和发展完善。如此才能在文化激荡中适应和服务社会发展的文化性需要，凸显学科"润物细无声"的长效价值。

3. 不断贴合社会发展的世界性需要

习近平指出："今天，人类交往的世界性比过去任何时候都更深入、更广泛，各国相互联系和彼此依存比过去任何时候都更频繁、更紧密。"[1] 改革开放40余年既是中国向内改革的40余年，也是中国对外开放的40余年。经过40余年的风雨洗礼，我国逐渐由内向转为开放，与国际国内、经济社会发展的互动交流更加密切。毫无疑问，在这个时代，关起门来谋发展是不可能的，党和国家在发展过程中越发需要迈向世界、走向国际。我国不仅提出了深化改革的

---

[1] 习近平：《在纪念马克思诞辰200周年大会上的讲话》，人民出版社2018年版，第22页。

目标，相应地也作出了扩大开放的部署，构建人类命运共同体、推进"一带一路"建设、意识形态领域的争夺战，等等，这些都离不开思想政治教育学科在其中发挥应有的作用。因而，思想政治教育学科发展基本规律"适应服务律"的未来发展，必然不断贴合社会发展的世界性需要。

所谓不断贴合社会发展的世界性需要，是指思想政治教育学科更加理直气壮地走外向性的发展道路，逐步确立新时代学科对外开放观，在加强自我发展基础上注重寻求在世界舞台上拥有一席之地。党的十八大以来，以习近平同志为核心的党中央不断书写着中国与世界交融发展的新画卷，并在各行业各领域反复强调国际视野的必要性和重要性。如针对教育领域，提出了建设"双一流"的战略决策；针对学校思想政治理论课建设，提出了思想政治理论课教师要具有宽广的国际视野的要求；等等。显然，在新的历史条件下，思想政治教育学科发展这种适应服务的规律性，将显示其以世界眼光进行理论教育和思想启迪，以开放态度推进文化交流交融交锋，以人类关怀观照世界发展问题。

第一，开启学科发展新的视界，即解决怎么看的问题。在前进的道路上，思想政治教育学科要凭借党和国家发展所提供的国际舞台，提升学科在应对复杂的国际环境、国际关系和国际舆论中各种问题的能力，不断完善学科体系，拓新学科领域，拓宽国际化的建设视野。新时代是中国走近世界舞台中央的新时代，也是世界见证中国辉煌巨变的新时代。我们摸索出了一条适合自己国情的、不同于西方的中国式现代化新道路，并日益走出了自己的自信和底气，彰显出大国的国际担当和国际能力，为破解社会公共性问题和人类共通性问题提供了中国智慧和中国方案，赢得了世界和世界人民的青睐。在新时代，我国与国际社会的互联互动只会加强，必须具备更加宽广的国际视野和人类关怀，为谋求世界大同而搭建不同国家和民族主体间进行价值互动和对话的基础与框架，为满足共同需求、实现共同利益而达成最广泛的价值共识和统一战线。一方面，思想政治教育学科在建设和发展过程中要以放眼世界的宽广角度，去透视现象、直击问题，以透彻的学理进行分析和回应，更好地解读国际化议题和中国实践，推动学科创新。另一方面，思想政治教育学科要以主动进行国际融合的包容和开放心态，积极营造开放的环境，开辟交流的平台，推动学科的科学化发展进程。第二，建构学科发展的国际化战略，即解决怎么办的问题。一方面，要科学借鉴融通国外哲学、教育学、伦理学、社会学、心理学、政治学等哲学社会科学相关学科的各种资源，通过中国化的程序，不断推进理论知识、研究方法的创新，将有益的学科建设经验吸收进来，通过中国化的必经程序，在思想政治教育学科体系中进行阐释、转化和发展。另一方面，要集聚更多的优质人才加入思想政治教育学科队伍中来，加快构建具有国际影响力的内容体系、方法体系和话语体系，打造一批国际化学术团队，积极参与和设立国际性学术组织和研究中心，组织开展高端的国际论坛及学术会议，切实围绕中国发展和全球性的重大理论与实践问题开展合作研究，并在此过程中进行中国价值、中国形象的国际传播和塑造，为推动思想政治教育学科走向世界奠定坚实的基础，让富有中国特色的思想政治教育学科在世界舞台熠熠生辉。

### （二）具体规律：日益走向多样科学

作为一个由诸多要素构成、富有层次性、系统化的发展过程，思想政治教育学科的发展离不开其构成要素、演进阶段间的相互作用和复杂运动，由此形成了思想政治教育学科发展的具体规律，即思想政治教育学科发展的要素规律和演进规律。在新的发展语境和历史条件下，思想政治教育学科发展的具体规律将日益走向多样科学。具体而言，思想政治教育学科发展要素规律将呈现走向多样共振的趋势，思想政治教育学科发展演进规律将呈现走向科学跃升的趋势。

1. 思想政治教育学科发展要素规律日益走向多样共振

随着社会的发展、人的发展和思想政治教育实践的发展，其中任何一个要素都不是固定不变的，这些要素在内容、形式或者量上、质上发生着不同程度上的变化，包括要素之间的联系和关系也在不断发展着。因此，思想政治教育学科发展要素规律从其每一形态的内涵和表现将日趋丰富多样，而从其作为系统整体来看，这些要素关系及其发展规律之间的"共振效应"也将日益凸显。也就是说，思想政治教育学科发展要素规律的未来发展必然更加注重全方位、全域化、全过程的整体建构和整体发展。

（1）日益走向全方位建构

如前，正是因为每一要素的存在及其发展，从而才能推动思想政治教育学科不断向前发展，要素规律本身就在于说明其所体现的内在规律性。很明显，无论在什么时候，都不能忽略其中任何一个要素形态的生长和发展。比如，就主体要素来说，虽然其"金字塔"形的结构并未发生实质性的变化，但是处于每一层级的主体构成都在悄然发生变化，整个队伍越来越庞大而复杂，不仅有更多的年轻力量注入其中，还有更多的跨学科新势力加入进来；就理论要素来说，学科理论的生产效能在逐渐增强，对于理论研究的领域、方法、成果都有了显著提升，思想政治教育学人们对推进学科体系和知识体系建设有了更为成熟的认识和举措；就组织要素来说，学科共同体的组织力、话语权和公信力不断攀升，学科之间的聚合效应日益加强；就实践要素来说，越来越多的实践方式、实践载体、实践领域进入公众视野和学科视野；等等。而今，要素内部自身的关系和发展越来越丰富，因而也更加需要关注每一方面的完善、补充和转变，这就是进一步走向要素的全方位建构。

所谓日益走向全方位建构，是指学科系统要素在建设发展过程中朝着全方位、多层次、立体化的布局深化发展，呈现出各个方面的综合建构与发展态势，是其在空间联结上的主要体现。也就是说，无论是主体的多元性与整体性之间的矛盾关系及其耦合律、理论的自发性与自为性之间的矛盾关系及其生成律，还是组织的共生性与离散性之间的矛盾关系及其聚合律、实践的丰宏性与精微化之间的矛盾关系及其转化律，这些要素性的关系及其变化发展都必然要在更大的空间范围内进行延展，有效促进本体主体与派生主体、基础理论与应用理论、科学研究与实践运用、客观评价与主观调适等要素之间的相互耦合和有机协同，朝着高耦合态的方向演替。

第一，打牢基础理论层。一方面，是指理论生成和知识生产的自动力更加强劲，要从整体上对思想政治教育的理论研究、人才培养、日常实务、理论教学等各方面及思想政治教育的"历史现象"、"政治现象"、"社会现象"、"人文现象"等各类现象进行统摄和把握。另一方面，是指理论生成和知识生产的外动力持续优化，要对党的理论创新成果、实践发展成就、思想政治教育使命进行系统阐释和研究，通过学科范式、话语、实践的创新与发展破解"灌输"困境、直面"研究"难题。第二，加固人才动力层。经过持续不断的人才培养和队伍建设，尤其是进入新时代以来，马克思主义学院、马克思主义理论一级学科及思想政治教育二级学科建设发生了根本性转变，取得了历史性成就，实现了规模和质量的双重跃升。数据显示，截至 2021 年底，全国高校马克思主义学院达到 1440 余家，在岗思政课专兼职教师超过 12.7 万人，在校学生达到 6.2 万人。[①]但是，我们也要清醒地认识到，在一定程度上还有准入门槛不高、学科方向不明、标准多元不一等问题和短板，未来，更要进一步在优化队伍结构、加强骨干力量、凝练学科方向、组建创新团队上进行有效的整合提升与严格把关。第三，夯实实践创新层。也就是在学科赖以生存发展的实践沃土中实现创新发展，加强实践要素与其他要素之间的相互作用和能量吸收，同时用高得上去、深得下去的学科理论、学科知识和学科人才反哺学科发展的沃土。再者，随着思想政治教育进入公共空间和社会领域实践应用的拓展和丰富，尤其伴随学科交叉融合的视界拓宽及其进路发展，由此带来了研究新

---

① 该数据由教育部在 2022 年 3 月 17 日举行的"三年来贯彻落实学校思想政治理论课教师座谈会精神工作进展成效"新闻发布会上发布。

范式和新论域的持续延展。比如，有学者专门从学科发展的九大新论域进行了系统呈现①，这无疑说明，本学科的发展创新需要紧密关切现实、结合实践、贴近时代，同时，还要善于在教育方法和研究方法上推陈出新，注重田野调查、社会考察和实证研究，如此才能深化基础理论研究，提升学科的应用服务价值与核心竞争力。

（2）日益走向全域性建构

任何事物的发展首先是一个历史过程，在整体的社会历史中，由整体的历史发展线索构成现存世界。从宏观层面来讲，思想政治教育有其形成发展史，思想政治教育学科也有其形成发展史；从微观层面来讲，构成思想政治教育实践的每一个要素、构成思想政治教育学科的每一个要素也有其自身的形成发展史。因此，除了要素存在的空间维度来关注其发展，对于思想政治教育学科发展要素关系及其规律的把握也需要从其存在的时间范畴加以新的理解和新的关注。这就是说，从全局性、总体性层面充分总结思想政治教育实践发展史和学科发展史，用通观整体的"大历史观"审视要素发展的过去、现实和未来，观照时序上的全过程域。

所谓走向全域性建构，是指将学科发展诸要素置于学科发展的全过程中，以全要素、全领域、全历史的考察来说明学科发展的效果，提升学科发展的水平，这是其在时间联结上的主要体现。所以说，对于要素的建构发展及其趋向的把握，必定既包括历史性的建构和展开，也包括现实性的建构和展开，还包括未来性的建构和展开，是这三个时域内的整体衔接。

第一，历史性的建构和展开。也就是说，思想政治教育学科各个要素的发展不应是抽象的，而是在依托思想政治教育和学科实践具体的、历史的阶段衔接而成的发展过程，如此，就需要更多

---

① 这九个新论域分别是思想政治教育文化学、传播学、社会学、治理学、文本学、叙事学、阐释学、生态学、评估学。详见冯刚主编《思想政治教育学科发展新论域》，中山大学出版社2022年版。

地挖掘和展现这些要素在其历史发展过程中的变化性和丰富性，实现历史和逻辑的统一。如通过对思想政治教育学科主体结构、理论体系、学术研究、教育教学、人才培养等进行历史性研究，找到其发展的优势点、薄弱点和增长点，从而明确应从哪些方面、通过什么样的方式逐一攻破，并达成要素在特定阶段发展的既定任务，等等。第二，现实性的建构和展开。即各要素在学科发展中的正向演进，立足新的整体社会环境，准确把握新时代要素发展的新变化和新特点，研究正在出现的新情况和新问题，建立以实践创新为横轴、以理论厚度为纵轴的学科发展坐标系，促进学科朝着有利于实现学科价值、开展学术研究、优化组织创新等方向发展。比如，理论要素的构成尤其是应用理论及其分支正在向着多样化、融合化、纵深化的方向发展，借此提供正确的策略引导和资源匹配。第三，未来性的建构和展开。即基于历史和现实，强化对学科发展要素持续性的研究和跟踪，结合定性和定量加以分析，深化学科发展过程中要素变量与本质不变之间的理性认识，既从社会发展的总体规定性角度寻求学科发展的高度，又从要素结构等过程变量寻求学科发展的深度。

（3）日益走向整体性建构

本书更多地关注和探讨了每一要素本身形成发展存在的规律性，显然，这是不够的。正如恩格斯在《反杜林论》的准备材料中指出："世界表现为一个统一的体系，即一个有联系的整体。"[①] 思想政治教育学科作为一个系统，该系统的每一要素空间布局结构及其内在矛盾运动使之成为完整的体系，并日益趋向整体性、系统性发展。众所周知，在过去很长一段时期，思想政治教育学科的要素建构及其发展实际上是一种单一性思维，往往聚焦于某个方面、某个部分、某个领域或某些问题，而缺乏一种要素间内在的整体关联，因而具

---

[①]《马克思恩格斯文集》第9卷，人民出版社2009年版，第346页。

有明显的"要素性发展"① 特征。这是由于学科发展实际水平以及人们认识程度等主客观方面的制约，又是学科在发展过程中所必经的阶段和过程，也只有当学科发展到一定阶段才会提出整体性的问题。而思想政治教育学科伴随时代的发展走到今天，其要素的发展越来越呈现出整体性建构的趋势，既包含着对要素或部分的关注，又注重作为有机体的整体目标的实现，从而有效避免时空的分割、断裂和无序、失衡。

所谓日益走向整体性建构，是指从整体上推动各要素、各方面及其相互之间的发展，并以此促进思想政治教育学科在整体性建设上实现新的突破、获得新的发展空间。实际上，任何一门学科都是具有完整性和严密性的系统存在，无论是在不成熟的时期还是已经进入成熟的时期，都不可能做到面面俱到或者完全均衡，而随着要素自身的逐步发展，也都必然从单一迈向整体的科学路径，避免过度关心个别要素而忽略系统的全面统筹发展。如某一个时期，可能侧重于某些要素和方面的发展，在某一个学校或学科点可能着力在本学科的特色优势，以学科带头人或团队为核心的某一个学科组织研究的重点可能关注学科的某一部分，但从整体和长远发展来看不能没有全局观。

第一，建立整体性思维。这种整体性思维，是指在思想政治教育学科建设发展中更加注重要素间的相互作用和宏观观照，既看到方方面面的问题和矛盾进行整体统筹，又要有着力点，从最突出的、最主要的方面进行重点突破。马克思主义认为，观念的世界将随物质世界的变化而变化。比如，中国共产党对于发展的理念随着时代的发展和社会的发展不断走向新的飞跃，从党的十六大以后提出坚持以人为本、统筹兼顾、促进全面协调可持续的科学发展观，到党

---

① "要素性发展"是指一味地强调或侧重于构成系统的某一要素、某一部分的发展，或是系统运动变化过程中某一阶段的孤立的、非可持续性的发展，缺乏对系统整体的观照。

的十八大以来，根据国内外发展形势变化和突出问题新的变化，在深化对经济社会发展规律认识的基础上确立了规导其发展思路、发展方向和发展着力点的新发展理念，在新的历史条件下把科学发展观推向了新境界，也更加注重和强调整体性思维的建构框架和建设理念。应该说，整体性思维是现时代语境和社会发展过程中的一种重要战略思维，也是现代科学发展转型的主导思维，促使我们对于学科发展要素的关注和研究确立起整体性思维方式和观照视角。第二，实现由"要素性发展"向"整体性发展"的超越。从发展的实然看，思想政治教育学科发展的诸要素已经积累了深厚的物质基础和发展条件，完成了学科发展要素的单体建构和生长，学科发展横向的构成要素按照特定的方式组合起来，彼此形成了相对稳固的关系，表现出一定的秩序；而纵向的发展阶段之间保持着承继性的关系，使得学科系统维持着持续发展的基本态势。但是，彼此之间仍然处于各自生长或部分联动的情况，整体效应还并未趋近或达到理想状态。从发展的应然看，走向整体是要素本身在发展过程中呈现出的必然趋势，也是其推动思想政治教育学科发展的逻辑使然。与之相适应，这种整体性发展就是上述两种走向的最终体现，一方面，既注重时间上的广延性亦注重空间范围的涵容性，除了在时间跨度上的纵向观照，同时探索其在空间跨度上的横向提升，从而实现时间和空间两个维度上的广义延伸，描绘出思想政治教育学科建构的整体图景。另一方面，在这样一个开放动态的系统中，各个要素之间的"共振能"明显增加。比如，思想政治教育学科发展的各级主体对其他要素的主体性贡献和支撑作用越来越大，而其他要素的发展与提升也会给主体要素带来直接性或间接性的影响；又如，随着"双一流"建设的深入推进，组织的动态聚集和交互碰撞会越来越密切，而这一变化又带来一系列新的人员流动、理论生长、实践创造等。

2. 思想政治教育学科发展演进规律日益走向科学跃升

思想政治教育学科发展到今天，并未停止前进的步伐，也远远没有到达终结之日，其必然的、一定的还会朝着更高阶段发展演进。也就是说，随着思想政治教育学科发展这一阶段性过程的逐级演进、渐次推进，定会越来越科学、越来越成熟、越来越独立，乃至在未来实现从二级学科向一级学科的跃升。因此，思想政治教育学科发展演进规律将依托其自身的历史进程，日益走向学科基质、学科关系、学科自信的科学跃升。

（1）日益走向基质内核

思想政治教育学科发展的演进规律，体现着学科由依赖走向自主、由不成熟走向成熟、由外延走向内涵的发展必然，其最终的目标就是在吻合社会逻辑的基础上实现知识逻辑的内生发展，获取最大限度的自主张力，进行持续性的、富有创造性的优质学术成果和人才的生产与再生产。经过这么多年持续不懈的努力，思想政治教育学科已经进入独立与自主式发展阶段，这意味着该学科告别了半依附、浅层次的状态，渐向学科精神内核层面的深度。这就是说，思想政治教育学科已经从向外的"开疆拓土"和外延式发展逐渐走向内涵式发展和质量提升阶段，越来越注重学科自身的本质力量，即通过内核式的、刀刃向内的自我革命，在打牢学科发展的范式、基质中获取更深层的力量，获得完全意义上自我发展。近年来，思想政治教育学科的范式问题也成为学界重点关注的问题之一，聚集了一批有影响力的学者，形成了丰富的研究成果，从不同领域、不同取向、不同角度提出了众多的范式主张。对于这一问题探讨和研究热度的持续走高，在一定程度上标示着思想政治教育学科已经向着由广至深的趋势进阶。

所谓走向基质内核，是指思想政治教育学科在演进过程中日益注重自身发展系统中最基本的范式基质，开辟理论研究和实践发展的新路径。学科范式和基质的概念皆由美国著名科学哲学家托马斯·库恩提出，并构成了其范式理论的内核。他认为范式包含两种不同意义的使用方式："一方面，它代表着一个特定共同体的成员所共有的信念、价值、技术等构成的整体。另一方面，它指谓着那个整体的一种元素,即具体的谜题解答。"① 随即,在阐释范式的要素组成时,他提出了"学科基质"(disciplinary matrix)的概念,视为与"范式"同等程度的概念加以澄清,认为学科基质的主要成分有获得认同并广泛使用的公式、共同承诺的信念部分、共有价值和可供练习的实用范例四种。这里所说的思想政治教育学科的范式基质,主要是指具有形而上意蕴的部分,即学科信念、共有价值和学科文化。事实上,学科范式或基质是关乎学科本质和发展全局的"本体论"、"认识论"、"方法论"的深层次问题,更是事关思想政治教育学科共同体及其成员"人格"独立性的关键问题。从这个意义上来讲,一门学科的独立和强大,源于学科共同体及其成员的独立和强大,这也是范式能够推动学科在优化变革中走向成熟的价值所指。

第一,强化共同承诺的学科信念。即通过对思想政治教育"从何而来"、"是为何物"、"走向何处"等启发性、本体性问题的充分完证,增强学科共同体成员对思想政治教育"是其所是"的根本观念、价值判断和行为取向。第二,牢固地持有共有价值。这种价值既包括共同体内部价值,还包括共同体外部价值,是内部一致和外部一致的统一。也就是说,思想政治教育学科在不同阶段和层次的发展,不仅包括它所具有的社会效益,还是每一位成员对价值的自我承诺和应用。只有思想政治教育学科共同体的所有成员在秉持学科信念的基础上,时刻以"党和国家需要什么、社会发展需要什么、学科建设需要什么"进行自我追问,勇立时代潮头、通晓古今之变、发好思想先声,才能把学科发展的使命担当和理论自觉转为切实的实践力量和主动作为,通过"理论符号"、"方法符号"、"话语符号"等符号概括和科学实践将学科传统和精神不断传承下去。第三,优化学科文化环境。在精神文化层面,思想政治教育学科共同体的成员要有更为开放、包容、合作、共享的思想意识,顺应"独立—

---

① [美]托马斯·库恩:《科学革命的结构》(第四版),金吾伦、胡新和译,北京大学出版社 2012 年版,第 147 页。

分化—整合"的学科发展逻辑,向着跨领域、跨学科、跨专业组织的方向发展,打破"一亩三分地"的学科壁垒和思维局限,既能守住学科边界的无形之线,又不固守并不存在的有形之界。在制度文化和行为文化层面,把推动思想政治教育学科发展内化为自觉奉行的信念理念,外化为长期而稳定的心理态势和行为习惯,进而向实质认同和实践追求方面转化,并通过学科间的开放与共享、人才培养交换机制的厘革、研究主体的多元组合、合作平台的有效创设等,不断优化思想政治教育学科文化环境,拓展活动空间,推动思想政治教育学科在新时代获得更高层次的发展创新。

(2) 日益走向关系平衡

可以预见的是,无论是思想政治教育学科对于社会主义意识形态的牵引力与其科学性的牵引力之间的张力关系,还是学科发展质量与发展速度、发展规模之间的不平衡关系,抑或使命引领与服务育人之间的交互关系,都将会随着思想政治教育学科这一发展过程的演进而发生相应的变化,以一种更加近似的方式和更加近似的程度向着统一的方向迈进。这就是演进规律本身发展的一个重要体现和重要方面。比如在学科起步阶段,其具体矛盾在发展阶段上的特殊性和联结点就集中在对于权力的依赖上、对于规模的扩张上、对于使命的倾向上。到后来,随着学科的不断成长和发展,又集中在了对自主建构的需求上、对质量的需求上、对服务的需求上。而随着学科进入追求独立和自主的时期,则演变为二者之间开始向着各自相反方向转化,那么学科发展所具有的内在蕴涵和表现形式会更加贴近演进规律本身的必然走向。

所谓走向关系平衡,是指思想政治教育学科在演进过程中逐步解决其发展不平衡、不充分的问题,构建起学科内部、学科与他学科系统和社会系统等外部诸因素之间的适度发展张力。这些都将指向的是,随着马克思主义理论一级学科整体性建设和发展的逐步推进,思想政治教育学科在实现内部要素的精细化和纵向分化的基础上,实现与学科系统和社会系统的高度协同。

第一，实现学科内部的关系平衡。这是因为，学科发展的演进首先离不开其内部诸要素本身之间的多样联系及其协同关系，也正是因为依托这些实在性、具象化的要素，才有了学科向着更为科学和矛盾发展的实轨前进。在当今的多重语境下，一方面，要以内涵式发展为根本，注重质量效能提升，以更多高质量的理论创新和研究产出来匹配学科规模扩张的速度，从而把量上扩张的相对优势转化为质上提升的绝对优势。另一方面，还要以科学化发展为要义，着力形成平衡发展结构，以此推动学科迈向更高发展阶段。第二，实现与学科生态的关系平衡。一方面是向内的一级学科。马克思主义理论一级学科所属二级学科群正在不断地发展壮大，如何在这种情况下进一步明确学科的功能定位、特色优势和重要价值，成为其在当前和今后一段时间需要着重思考的问题，也是当前和今后一段时间思想政治教育学科发展质量再上新台阶的一个重要支撑。尤其是强化与各二级学科之间的交叉、渗透与支持，统筹于马克思主义理论学科发展的整体性规划之中。另一方面是向外的相关学科。这里主要说的是中国特色哲学社会科学。很明显，打造中国特色哲学社会科学是这几十年间需要每一门立于其中的学科花时间、下功夫去完成的一项事业。从学科生态来看，思想政治教育学科隶属于中国哲学社会科学体系；从学科使命来看，思想政治教育学科与哲学社会科学一并构成了我国"著书立说"的学科图景。因此，还应在更大范围的空间中寻求"著书立说"学科之间深层次的关联性挖掘和内外部之间的互动融合，致力于推动各方面、各环节、各因素的协调联动和有效配合，共同为坚持和发展中国特色社会主义、实现中华民族伟大复兴中国梦而述学立论、建言献策，提供强有力的学理支撑，不断巩固和发展马克思主义在我国意识形态领域、哲学社会科学领域的指导地位。第三，实现与社会发展的关系平衡。思想政治教育学科发展的具体规律尤其是其演进规律，无不在说明思想政治教育学科与社会发展之间的互动，无论是增进社会主义意识形态的正向牵引，还是提升社会和个人的思想生产分配关系，抑或学科本身的供给侧结构性改革，皆是如此。而这些规律的存在和发展也是在不断促进和实现它们之间的关系平衡。具体而言，思想政治教育学科要充分发挥政治导向功能、服务育人功能，不断提高社会生产能力、社会创造活力和社会有效供给力。

(3) 日益走向高度自信

所谓自信，通俗来讲，就是自己相信自己，是一种正确的评估和积极的肯定。无论对于哪一个领域、哪一个方面、哪一个群体、哪一个个体，自信都是非常重要的。但自信不是与生俱来的，也不是既定事实，而是需要主体本身持之以恒、接续不断地累积和实践。经过每一个阶段的积淀和成长，思想政治教育学科从获有"身份"到获得"认同"，再到拥有"自信"，渐渐奠定了自信的基础和力量。放大了看，这种自信是源自对解决中国社会发展过程中的现实问题的能力判定与结果体现。现如今，新时代为思想政治教育学科标定了新的发展方位、赋予了新的时代重任、提供了新的实践场域，"双一流"为思想政治教育学科创设了前所未有的发展平台，"文化自信"更将为思想政治教育学科发展增强自信的根基。比如，对于意识形态领域中思想文化斗争、道路和价值观较量等诸现象的揭示、分析及相应的决策咨询和破解路径，对于建设物质文明、政治文明、精神文明、社会文明、生态文明强国路上的共识凝聚与合力汇聚，对于坚持意识形态领域根本制度的理论研讨和实践支持，等等。往小了看，这种自信是源自对解决我们每一个人的世界观、人生观、价值观问题的能力判定与结果体现。比如，人们在追求美好生活路上遇到的政治信仰问题、思想道德问题、法治意识问题、诚信协作问题、心理健康问题等。这些都充分展现了学科在演进过程中将会有更多的自觉和自信，也充分说明了学科发展的科学效应、质量效应、引领效应和育人效应在迈向更高层次和更高水平。

所谓走向高度自信，是指思想政治教育学科在演进过程中对于本学科价值的认可、对于学科理想的信仰与坚守、对于推进学科创新发展的坚韧与执着、对于学科发展的生命力和前景所抱有的信心及其所形成的推动学科发展的实践自觉的程度日益提升,逐步树立起对学科的高度自信,并不断增进学科自信底气、厚植自信基础、提振自信能力。任何一门学科,只有有了高度的自信,才能持续为学科建设和发展目标的实现注入强大的内驱动力,进而以具有独立品性的知识和人才的生产和再生产不断确立并赢得他信。思想政治教育学科发展的历史和今天,都在告诉人们它还没有到达足够、充分、高度自信的段位,比如,在学科中还有人对本学科存在的价值持怀疑或否定态度,还有来自他学科和社会大众对思想政治教育专业、学科、学术、职业等缺少知识、价值和情感上的认同和支持等。但是,这并不影响它正走在迈向高度自信的路上,在现有基础上,也必然会获得高度自信,这是基于对其在演进过程中矛盾运动必然趋势的科学把握,也是思想政治教育学科在科学化进程中的确定秩序。主要表现为以下几点。

第一,增进学科自信底气。习近平总书记在全国高校思想政治工作会议上深刻指出,最重要的问题是要解决自信问题。[①] 说到底,就是要不断夯实思想政治教育及其学科发展应具有的自信基础。中国特色社会主义进入新时代,对思想政治教育的需要将比以往任何时候都更加迫切,对思想政治教育科学知识和卓越人才的渴求比以往任何时候都更加强烈,思想政治教育学科将会继续遵循适应服务的基本规律,发挥学科本质功能,彰显最有理由也最有底气的自信。第二,厚植学科自信基础。思想政治教育学科发展的自信基础,既包括日益精进和发展的学科体系、学术体系和话语体系,也包括学科在现有基础之上所呈现出的广阔的发展前景和平台空间,同时还包括向科学要答案要方法的知识生产力和实践应用力。也就是说,只有以理服人、以实践效能服人,才能迈向真正的独立。因此,在新的历史条件下,思想政治教育学科必须从单一的、局部的发展向

---

① 习近平:《把思想政治工作贯穿教育教学全过程 开创我国高等教育事业发展新局面》,《人民日报》2016 年 12 月 9 日。

整体的、全时空的方向发展，既要注重顶层设计和总体筹划，同时，还要切准重点，以强烈的问题意识、时代意识和战略意识，积极回应和解答思想政治教育实践之问、社会发展时代之问和人民之问，努力提升思想政治教育学科学术思想、学术观点、学术成果的水平，只有这样，才能在进入现实世界中形成更具有解释力和转化度的学术能力，进一步强化思想政治教育学科学术之维。第三，提振学科自信能力。学科自信的获得和提升，就其本质来说是有一支充满自信且担当作为的学科人才队伍。因此，在学科发展的现有阶段和未来的每一个阶段，都需要每一位热爱并致力于投身思想政治教育事业的学人，打牢功底、厚植情怀、勇担责任，增进对马克思主义理论的敬畏以及对思想政治教育学科的追随，才能由内而外、从上到下确立筑起学科自信的底气和基础，闪烁更加耀眼的光芒。当然，这也有赖于我们对学科发展过程中一些问题和困难的突破。譬如，有规模上的迅速增长，更要有质量上的整体提升；有队伍上的源源扩充，更要有领军者的迭代成长；有成果上的丰沛充盈，更要有创见性的精品力作；有时代化的理论阐释，更要有实证性的调查研究；等等。

## 三　思想政治教育学科发展规律的前景展望

中国特色社会主义在不断发展和完善，必将在中国、在世界焕发出更为强大的生机活力。在这个背景下，随着时代发展、"双一流"建设和自信力量的持续加持，立足学科发展的现实语境以及对其发展规律趋势走向的分析，展望思想政治教育学科发展规律的美好前景，即开拓思想政治教育学术新领地、开创思想政治教育学科新高度、开辟思想政治教育理论新境界，对于推动学科在新时代的发展意义重大。

### （一）开拓思想政治教育学术新领地

学术是人类不断探索真理、发现规律的过程，也是将其应用于实践的过程，思想政治教育学术发展与思想政治教育学科发展关系密切，具有高度的正相关性。这里的学术，是指思想政治教育学人们探索思想政治教育这一特殊对象的过程以及由此而形成的思想、观点、理论和方法，并反过来服务于思想政治教育实践。这里的学术领地，是指在从事思想政治教育学术研究、创造思想政治教育学术思想、开展思想政治教育学术实践过程中所形成的相对独立的学术范围和学术域界。思想政治教育学科发展基本规律"适应服务律"旨在说明社会发展与学科发展之间的本质关系及其矛盾运动的必定趋向，也表明这一基本规律具有不断贴合社会发展需要的确然走向，在这一过程中必将会催生众多与之相适应并为其提供服务支撑的学术增长点，开拓规律研究新领地、学科研究新领地、实践研究新领地，思想政治教育学科的学术研究水平、学术思维水平、学术成果水平及其所产生的影响价值也将达到一个新的高度。

1. 开拓规律研究学术新领地

科学的任务就是为了探寻特定实践领域的特殊矛盾和特殊规律，从而指导人类的社会实践活动，逐步走向主客观的统一。建立思想政治教育学科，就是为了深入探索和研究这一特殊实践领域的众多规律，包括和思想有关的规律、和政治有关的规律、和教育有关的规律、和人本身有关的规律，等等。思想政治教育学科发展规律亦是和思想政治教育规律同频共振的。人们对思想政治教育规律认识的每进一步，都会带来对思想政治教育学科认识的深化，同时也会带来对学科发展规律认识的深化。反过来说，人们对思想政治教育学科发展规律认识的每一次飞跃，也会让人们对思想政治教育规律有新的理解和认知，在学术上有新的成就，这二者都将跟随人类实践、思想政治教育实践和学科实践的发展而发展。

在不同的发展阶段和时代环境下，思想政治教育呈现出不同的特点，人们对规律的把握渐次深入，揭示思想政治教育规律的新情况和新发展。就研究对象来说，从对国有企业思想政治教育规律的研究到对非公有制企业思想政治教育规律的研究，从家庭、学校思想政治教育规律的研究到社区思想政治教育规律的研究；就研究视角来说，从思想政治教育微观过程规律的研究到思想政治教育宏观实践规律的研究；就研究内容来说，从主客体思想相互作用的规律、内部规律和外部规律到社会化规律、主体间性规律的研究；等等。正因为这样，思想政治教育学科的发展尤其是学术的发展才不断上新台阶，逐步从思想政治教育的历史轨迹中走向学科发展的历史进程中，揭示其所具有的客观规律。随着社会发展、党和国家事业发展以及学科自身发展的不断推进，对于思想政治教育学科发展规律的研究在未来很长一段时期内，都将成为思想政治教育学科重要的学术研究领域。本书仅仅是从特定视域探究了思想政治教育学科发展的基本规律和具体规律，相信，学界肯定会在这一领域中不断开拓、补充和完善。例如，从一般性和特殊性出发，深入研究思想政治教育学科发展的一般规律和特殊规律；从新的研究视角概括思想政治教育学科发展的基本规律，或是根据学科发展的新情况和新特点实际揭示新的具体规律；从体系建构出发，尝试构建思想政治教育学科发展规律体系，勾勒出完整的学科发展规律图谱和整体构架，等等。那时，思想政治教育学科发展定当更加自信地屹立于学科之林，思想政治教育学科发展规律学术之树也会更加根深叶茂。

2. 开拓学科研究学术新领地

思想政治教育学术的发展离不开学科的发展，思想政治教育学术领地的开拓亦离不开对学科本身的研究。一直以来，学界在研讨思想政治教育诸现象、诸矛盾及其规律的时候，也在探讨思想政治教育学科建设和发展本身的现象和规律。对于学科的研究，已经形成了学科发展史、学科发展经验、学科发展范式、学科发展生态、学科发展文化、学科发展政策、学科发展系统、学科发展竞争力、学科发展整体性等研究领地，逐步勾画了一幅学科发展研究的学术版图。随着学科研究领地的铺展，这一版图的疆域将不断扩大，其中版块也会随之有新的变动和调整，对思想政治教育学科的研究就是新增添的版块。

在新的社会环境和学术语境下，学科发展的社会性要求和思想政治教育学科实际值之间的对立统一关系将更加彰显，同时，在建设一流学科、开启学科领航的愿景中，毫无疑问也有思想政治教育学科的一席之地，思想政治教育学科主体、学科理论、学科组织和学科实践诸要素及其之间的相互关联和相互作用，以及这些要素在学科独立与自主式演进阶段的持续发展，都会有更激烈的表现形式和表现方式。如此一来，有关思想政治教育学科研究尤其是学科发展规律研究的版图将会更加清晰，并呈现出一些新的特点。比如，深化学科的原理研究，尤其是在思想政治教育矛盾、规律等方面获得更具透彻性和一致性的关键成果，将进一步打开学界对于学科自身建设研究的新局面；深化学科的比较研究，关注世界各国不同形态的思想政治教育发展的新实践和与之相近学科的新理论，通过同中求异、异中求同的深入研究，深化对人类思想政治教育和党的思想政治教育规律的认识，更加深刻地把握学科建设发展规律；深化学科的应用研究，特别是对党员干部和青年思想政治教育实践的重点关切，形成更为清晰深刻的规律性认识；等等。

3. 开拓实践研究学术新领地

时代发展无止境，实践发展无止境，实践研究就永无止境。习近平指出："我国社会主义只有几十年实践、还处在初级阶段，事业越发展新情况新问题就越多，也就越需要我们在实践上大胆探索、在理论上不断突破。"[1] 中国特色社会主义进入新时代，既表明中国特色社会主义事业将面临许多的新情况和新问题，也表明我国将在经济、政治、文化、社会、生态"五位一体"总体布局的各个领域进行大胆的实践和探索，这必然对思想政治教育学术发展提出更多

---

[1] 《习近平谈治国理政》第2卷，外文出版社2017年版，第34页。

的实践期待和实践研究要求，将由此开拓实践研究学术新领地。

思想政治教育学科发展规律，归根结底，在于充分发挥两个方面的积极作用：一是提升思想政治教育学科建设发展的科学性，使学科更好地服务于"五位一体"的发展实践；二是提升思想政治教育的科学性，使学科更好地服务于思想政治教育自身的实践。在社会主义现代化的实践方面，社会主义现代化不仅涵括经济现代化、文化现代化，还包括社会现代化、社会治理体系和社会治理能力的现代化，尤其是党的十九届四中全会通过的重要决定，更表明在第二个百年奋斗目标实现之际，就是国家治理体系和治理能力现代化实现之时，将思想政治教育融入社会治理方方面面、各个层级和各类群体的实践是必然选择和重要举措。对此实践内涵、实践意义、实践路径等的研究就是重要的学术生长点，也一定会产生许多有广度、有高度、有深度的学术成果。在人与人、人与自然、人与社会的实践方面，不再局限于本国、本民族共同体的建设，还将视野拓宽到全人类、全世界，推进人类命运共同体、人与自然生命共同体的建构，加强共同体意识的教育和培养就成为思想政治教育的一个重要领域和重要方面，对于这一实践领域的现象、本质、规律的研究，对于这一领域目标、内容、方法、载体等的探索将会获得不断突破。在人民生活和精神文化的实践方面，人们已经不再关注是否能吃饱、穿暖，而是转而关注吃好、穿好、吃出新花样、穿出新花样，对于思想道德、意义世界和精神世界建构和完善有了新向往，这样，对人民群众进行价值观引领、思想引导、精神指引的层次和需求会不断提升，对这一领域的新现象和新实践亦将在学术研究中产生新效应，如何将其作为人们的第一需要及其怎样满足，将会成为新的学术研究之源。随着上述实践及其研究的深入，对于规律的认识也会达到新的高度。

### （二）开创思想政治教育学科新高度

思想政治教育学科发展规律的又一前景展望，即开创思想政治教育学科新高度。承上所言，党和国家把建设教育强国的目标纳入了现代化强国"两步走"的战略安排，提出了明确实施举措，确保在21世纪中叶，无论是一流大学和一流学科的数量和规模，还是一流大学和一流学科的质量和实力双双迈入世界前列。思想政治教育学科的建设和发展及其所依托的一级学科的建设和发展成了其中的重要一环，它们的建设影响着我国大学和学科建设能否扎根中国大地、能否保持并彰显其最鲜亮的中国底色，因而也在一定程度上决定了"双一流"建设的实际成效和最终效果。如此，在这种特定的时代语境和学科环境下，思想政治教育学科必将在科学研究、人才培养、社会服务、文化传承等方面开创全新的高度，思想政治教育学科发展规律亦在此过程中运行和发展，并更加深刻地作用于学科发展实践、愈加生动地体现于学科发展过程中。

1. 开创科学研究学科新高度

科学研究是所有学科存在和发展应承担的重要使命，也是促进学科可持续发展的基本途径。恩格斯在马克思墓前的讲话中指出："在马克思看来，科学是一种在历史上起推动作用的、革命的力量。"[①] 这句话中的科学和科学研究，不仅仅指数学、物理、化学、生物等自然科学领域，还包括思想政治教育在内的广阔的社会科学领域。那么，思想政治教育学科的科学研究是什么？显然，思想政治教育学科的科学研究任务是：以思想政治教育领域中的特有矛盾为对象而开展一系列的学科实践活动。正是这种特殊性，使得其具有了推动社会发展和人的发展的内在力量。

立足新的历史方位，随着学科发展矛盾运动更加充分的展开及其规律的深刻作用，思想政治教育学科的科学研究能力和水平都将获得进一步提升。具体而言，主要体现在：适应满足科研需求上达到新高度。面对近代中国最好的发展时期与世界百年未有之大变局的交织激荡，对自然科学和社会科学的需求将是井喷式、多元化的

---

① 《马克思恩格斯选集》第3卷，人民出版社2012年版，第1003页。

增长，而思想政治教育学科研究的需求也将持续增长，成为推动学科发展的重要驱动力。原始创新能力上达到新高度。通过对当今时代和国家需求的深刻把握，解决党的思想政治教育的重大理论问题和现实问题的原始创新能力会有大的提升。科研组织聚合上达到新高度。通过学科组织的交叉聚合和模式创新，各个学科之间交流、互动、跨界的广度和深度不断加深，将在某些关键问题、难点问题的研究上实现突破，组织的研究合力会有大的提升。学科共同体建设上达到新高度。随着思想政治教育学科各级主体的交互、成长和发展，将会出现在国内和国际上都有较高知名度和广泛影响力的思想政治教育科学家、学科领军人物和科研创新团队，与此同时，逐渐产生一批掌握马克思主义基本理论、熟悉党和国家路线方针政策、通晓世情国情党情、善于把握思想政治教育规律和世界发展趋势的国际化科研团队，传播当代中国马克思主义最新成果和当代中国价值观念，充分激活学科发展的内在潜能，深刻彰显其在社会发展和人的发展过程中的独特价值与进步意义。

2. 开创人才培养学科新高度

学科发展的根本是人才培养。历史和实践证明，只有一批又一批真正热爱马克思主义理论研究和教育事业的新成员不断补充到学科队伍中来，思想政治教育学科的发展才能蒸蒸日上。无论是一流学科的建设，还是一流大学的建设，人才培养都占据了核心地位，也是达成建设目标的主要标志。一直以来，思想政治教育学科不仅建立健全了完整的本科、硕士、博士人才培养体系，而且持续不断地为所属一级学科输送人才，并在实践中不断探索思想政治教育专门人才培养的规律，致力于发展和完善具有较高水准的人才培养体系，提升这类专门人才培养的规格和质量，日渐由人才的增量发展转向人才的存量提升。

进入新的历史阶段，思想政治教育学科将在人才培养上跃迁新高度。比如，在人才培养数量上，目前全国共有200余个思想政治教育本科专业点、300余个硕士点和100余个博士点，实现了全国

31个省级行政区的全覆盖,① 而随着学科本科专业、硕士点、博士点数量的不断增加和学科建设发展规模的扩大,思想政治教育的理论型人才和实践型人才在现有量上将会持续增长,科班出身的专业化人才比例会进一步上升;在人才培养质量上,学科的整体生源质量和生源结构得到进一步优化,在培养要求、培养环节、培养机制、培养模式等方面更加规范和完善,随着高校思想政治工作骨干专项、高校思想政治理论课教师队伍后备人才培养专项支持计划等各项高规格专项人才培养计划的实施,也将从整体上抬高现有人才的底部,让真正信马列、懂马列,知思政、会思政的人才源源不断地脱颖而出。

3. 开创社会服务学科新高度

本书提出,"适应服务律"是思想政治教育学科发展的基本规律,这一基本规律恰恰反映了思想政治教育学科内在于社会发展之中,充分说明了该学科不同于马克思主义理论一级学科中的其他二级学科的特殊本质。这一基本规律的发展走向表明,思想政治教育学科只有不断贴合社会发展,并有效提升满足党和国家发展需要的适应服务性,才能有更为广阔的发展空间。伴随"双一流"建设和"马克思主义理论学科领航"工程的深入推进,思想政治教育学科服务社会的能力和水平将达到新的高度。

这种社会服务的新高度,主要体现在:在社会思想引领方面,能够让主流意识形态在社会大众心里占据不可动摇的位置,把人民群众看得懂、学得会、用得好的科学理论和正确方法输送进人们头脑中,从而提高对各种国内社会思潮和国外社会思潮的辨别力、批判力,社会思想防线将更加牢固可靠;在社会精神信仰和生活意识方面,以社会大众日常和他们的事业、生活、情感、人际关系等现

---

① 该数据根据国务院学位委员会于2020年3月30日发布的最新学位授权点名单进行统计,硕士点和博士点涵盖马克思主义理论一级学科和思想政治教育二级学科的学位授权点。

实问题为导向，提供科学指引和服务指南，提升社会整体的国家意识、政治意识、道德意识、法治意识、集体意识、奉献意识等；在决策咨询方面，不断健全和完善学科的智库建设，为党和国家的发展需要提供更为精准有效的思想智慧和决策咨询；等等。

4. 开创文化传承学科新高度

知识本身是文化的一个部分，而不同文化对知识分化具有不同的理解和认知，这是理解思想政治教育学科的中国基因所在。思想政治教育学科就是从中华优秀传统文化、革命文化和社会主义先进文化的发展、传承、创造中去选择这一学科知识体系的建构及其知识价值取向的。因而从本性上讲，思想政治教育就是一种文化传承，这一学科的建设和发展同样承担着传承创新优秀文化的时代责任。

众所周知，思想政治教育是为了使受教育者形成符合要求的思想政治素质，而思想政治教育学科是为了研究和掌握这一特定文化实践的规律，培养和塑造进行这一特定文化实践的人才。文化本身及其具有的渗透性、沁入性、感染性载体，使得挖掘、探究和运用上述文化资源成为学科发展的重要方面。尤其是在增进"文化自信"的道路上，思想政治教育学科必定会开创文化传承和文化创新的新高度。比如，在社会主义核心价值观教育方面，随着思想政治教育的理论阐释、实践创新、实际效能上的不断发展，这种价值观自信会更加深入人心；在传统文化的转化发展方面，随着思想政治教育越来越多的新表达、新形态和新方式的进入，既成为思想政治教育学科发展的重要滋养，也将推动传统文化薪火相传、赓续创新达到新高度。

### （三）开辟思想政治教育理论新境界

恩格斯指出："每一个时代的理论思维，包括我们这个时代的理论思维，都是一种历史的产物，它在不同的时代具有完全不同的形式，同时具有完全不同的内容。"[1] 也就是说，任何一种理论，都需

---

[1] 《马克思恩格斯选集》第 3 卷，人民出版社 2012 年版，第 873 页。

要与时俱进和创新发展，正确反映其所处时代的客观实际。在当代中国，思想政治教育理论是反映和揭示中国共产党领导下的社会主义中国思想政治教育实践的理论产物和知识体系，以此积极回应和解答实践过程中遇到的各类问题。因此，只有以推陈出新的理论思维不断发展和完善理论本身，才有可能站上思想政治教育学科高峰。站在历史新起点上，展望思想政治教育学科发展规律前景，开辟思想政治教育理论新境界定将成为必然。

1. 开辟中国特色思想政治教育理论新境界

思想政治教育并不是中国所独有的，对于这一点，已经为越来越多的非本学科的人们所接受和认可。而对于思想政治教育理论是否也是独一无二的，似乎还存在一定的误区，有人想当然地认为，思想政治教育理论就是中国的理论，仅仅就是对社会主义主流意识形态传播、灌输和教育的理论。事实上，不同时代、不同阶级、不同国家都有思想政治教育实践活动，只是称谓不同而已。思想政治教育是自阶级产生以来便存在的实践活动，有这样的实践活动，必然就会有与之相适应的理论形态，其教育内容既有意识形态性的，也有非意识形态性的。尤其如今，各个国家都在对自己的社会成员开展思想政治教育工作，使其形成利于维护政治集团统治的思想和行为。从这方面来说，人类社会思想政治教育具有广泛性、一般性特点。

本书重点观照的是聚焦中国实践、中国问题和中国经验的思想政治教育理论，即中国特色思想政治教育理论。这一理论形态既坚持和遵循了思想政治教育的一般性原理和普遍性规律，同时始终以当代中国马克思主义意识形态教育实践为主体对象，构建其理论体系。中国特色社会主义是一篇需要赓续创新的大文章，站在新起点要谱写新的伟大篇章。一直以来，活跃在各领域和平台的众多理论研究者和实务工作者致力于中国特色思想政治教育理论的生产、应用、开拓和创新，不断趋向于学科的建构和理论的塑造。经过长时期的沉淀和积累，立足新的历史方位，已经具备了构建新时代思想政治教育理论（新时代中国特色思想政治教育学）的基本条件，相信在新时代车轮滚滚向前的征途中不断涵育孕化，一定会开创理论发展的新境界，以高度的自觉加快构建新时代中国特色思想政治教育理论。比如，打破既有的知识建构和理论蓝本范式，从思想政治教育本体出发，由微观的思想政治教育过程式的理论框架结构上升为宏观与微观并进式的结构布局。又如，突出思想政治教育理论建构的实践性特征，完善贴合于社会发展现状和时代特质的前沿性内容。再如，如何使"中国特色"在理论表达和知识体系中得到充分体现，怎样让涉及学科最基本、最基础的一些问题在争议和探讨中得到解决并达成共识，等等，都需要去开辟思想政治教育理论新境界。

2. 开辟党的思想政治教育理论新境界

党的思想政治教育理论，是指中国共产党在带领中国人民站起来、富起来、强起来的历史进程中，在以马克思主义思想政治教育理论为指导，结合中国实际加以运用和发展的实践中创立的思想政治教育理论。新中国成立以来，党的思想政治教育紧紧围绕党的事业和中心任务而开展，积极解决在社会主义革命、建设、改革进程中出现的社会问题和人们的思想问题，形成了中国共产党思想政治教育的理论结晶，如"灌输论"、"生命线论"等，规定着思想政治教育实践的发展方向、目标任务、方针原则、具体内容等，科学回答了在不同历史时期坚持和发展什么样的思想政治教育以及如何坚持和发展思想政治教育的问题。在此过程中，思想政治教育理论体系得到不断丰富和完善，党对于思想政治教育规律的认识和把握也不断深化。

中国特色社会主义是一篇需要赓续创新的大文章，站在新起点更要谱写新的伟大篇章。因此，新时代新征程上，从实现奋斗目标的意义上看，更加需要有强大的精神力量，指引中华民族和中国人民在新的历史征程上开拓奋进，为顺利实现近代以来最伟大的梦想而凝心聚力、团结奋斗，如此一来，党的思想政治教育理论也必将开辟一个新境界。比如，进一步彰显思想政治教育在国家治理体系和治理能力现代化中的战略地位，深化对思想政治教育"生命线"作用的认识。又如，根据新时代思想政治教育实践活动和实践方式的丰富拓展，凝练出更好地反映"中国特色"和"中国向度"的思想政治教育概念，深化对思想政治教育本身的认识。再如，随着主流意识形态建设、群众性精神文明建设、个体思想文化建设、国际传播能力建设等不同作用领域的创新发展，构筑起涵盖宏观与微观、群体与个人、显性与隐性、党内与党外、国内与国外等在内全方位的思想政治教育理论体系。到那时，中国共产党人所创造的思想政治教育新理论、新知识必然会更加充满生机和活力，马克思恩格斯关于公开地、旗帜鲜明地、理直气壮地在全世界进行正面的无产阶级意识培育和引导的信念将在中国大地更加深入人心且更具说服力。

3. 开辟中国化马克思主义理论新境界

展望思想政治教育学科发展规律的美好前景，开辟思想政治教育理论新境界还包括开辟中国化马克思主义理论新境界。毋庸置疑，思想政治教育理论不同于一般的科学知识理论，它具有鲜明的本质特征，即是马克思主义、社会主义的思想政治教育理论。正如习近平所强调的那样："无论过去、现在还是将来，对马克思主义的信仰，对中国特色社会主义的信念，对实现中华民族伟大复兴中国梦的信心，都是指引和支撑中国人民站起来、富起来、强起来的强大精神力量。"[①] 很明显，思想政治教育学科所供给的理论知识和研究成果都指向于此，具有深厚的马克思主义理论根基。

一方面，以马克思主义尤其是中国化马克思主义理论为指导，不屑于隐藏或抹去自身的这一鲜明标识；另一方面，又始终与马克思主义在当代中国的理论发展和实践发展同步跟进，从毛泽东思想到邓小平理论，从"三个代表"重要思想到科学发展观，再到习近

---

[①] 习近平：《在庆祝改革开放40周年大会上的讲话》，人民出版社2018年版，第42—43页。

平新时代中国特色社会主义思想，思想政治教育学科在发展过程中以它们为研究的主体内容，用它们教育全体人民，引领中国人民和中华民族的观念世界，一步步实现或接近马克思主义理论的美好愿望和价值目标。因此，开辟思想政治教育理论发展的新境界必然内蕴在马克思主义理论发展新境界之中，不断解读和运用当代中国马克思主义最新成果，不断丰富和发展当代中国马克思主义最新成果，在国际国内宣传和传播当代中国马克思主义最新成果。与此同时，我们正在不断增进一个结合向着"两个结合"发展演进的高度自觉，实现了马克思主义中国化新的飞跃，中华民族的文化自信定会有更为深厚强大的底气，在世界范围内建立起最大限度的理论共识。

总之，立足于新时代语境，思想政治教育学科发展基本规律呈现出不断贴合社会发展的趋势走向，思想政治教育学科发展具体规律的要素规律和演进规律分别呈现出逐步走向多样共振和日益迈向科学跃升的趋势，走向未来，必将呈现出开拓思想政治教育学术新领地、开创思想政治教育学科新高度、开辟思想政治教育理论新境界的美好景象。恩格斯曾说："不能被限定在僵硬的定义中，而是要在它们的历史的或逻辑的形成过程中来加以阐明。"[1] 因此，只有深刻把握思想政治教育学科不断向前发展的现实过程，在思想政治教育实践和学科实践中去发现学科发展的新现象，探索学科发展的新规律，才能趋近于完全地、正确地认识和把握思想政治教育学科发展规律，进而科学地、有效地尊重、遵循这些规律，推动思想政治教育学科向着美好的未来前行。

---

[1] 《马克思恩格斯文集》第7卷，人民出版社2009年版，第17页。

# 结　　语

　　30多年前,党和国家作出将思想政治教育确立为一门科学、作为相对独立的专门的学科加以建设的历史性重大决策。这是基于对改革开放和社会主义现代化建设事业需求的深刻把握,是基于对中国共产党丰富的思想政治教育实践的深刻体悟,是基于对社会发展趋势和人民发展期待的深刻洞察。经过30多年的艰辛探索和开拓创新,这门在党的领导下扎根中国大地土生土长、"姓党姓中"、"治党治国"的思想政治教育学科不断发展壮大。正是这种鲜明的学科属性规定了研究思想政治教育学科发展规律不能以一般意义上的现代科学学科发展来简单衡量,而要在遵循学科发展普遍性规律基础上探究其固有的、特殊的发展规律,即是说,要从创立和发展思想政治教育学科的本源上实现对思想政治教育学科发展规律的认识和把握。本书通过研究,得出如下基本结论。

　　思想政治教育学科发展规律的核心要义,是指思想政治教育学科在发展过程中内在的本质联系和必然趋势,它所揭示的是"思想政治教育学科如何发展"的问题,即思想政治教育学科产生、形成、发展必须遵循的逻辑趋向和实有轨道,也是思想政治教育学科在运动变化过程中诸要素和各阶段矛盾运动的必然结果。

　　思想政治教育学科发展规律的关键问题在于:思想政治教育学科发展的矛盾及其运行机制。规律是由事物发展过程中的内在矛盾及其矛盾运动决定的,揭示思想政治教育学科发展的规律,实质上就是要认识和分析思想政治教育学科发展过程的基本矛盾运动和具体矛盾运动，找寻规律产生的机理，确证规律存在的缘由。思想政治教育学科发展的基本矛盾，是党和国家对思想政治教育学科发展的要求与思想政治教育学科现有的发展水平之间的矛盾；思想政治教育学科发展的具体矛盾，是由空间维度的思想政治教育学科发展要素矛盾和时间维度的思想政治教育学科发展阶段矛盾构成的纵横交错的矛盾图谱。这两种矛盾运动过程及其必然趋向形成了思想政治教育学科发展规律的两种呈现样态，即基本规律和具体规律。

思想政治教育学科发展的基本规律，是思想政治教育学科发展必须适应服务于党和国家发展需要的规律，即思想政治教育学科发展的"适应服务律"，具体呈现为"适应服务改革开放和中国特色社会主义建设"、"适应服务社会主义意识形态建设"和"适应服务人的自由全面发展"等形态。思想政治教育学科发展的具体规律，由思想政治教育学科发展要素规律和演进规律构成。从横向的要素规律来看，有一元整体与多元主体耦合律、优势需要与自觉驱动生成律、聚散共生与动态层级聚合律、实践动力与介体联结转换律等形态；从纵向的演进规律来看，有政治导向与科学建构阈值律、非线性演进与质量效应提升律、使命引领与服务育人交互律等形态。

思想政治教育学科发展规律的未来走向如何？"外部世界的客观规律性是人们有目的的活动的基础，不仅如此，从已知规律还可以科学地预测未来。"① 本书立足于思想政治教育学科发展所处的"矛盾转化"语境、"双一流"语境、"文化自信"语境、"时代新人"语境等新时代潮流和时空境遇，勾勒思想政治教育学科发展规律的新图景，从基本规律、要素规律和演进规律等不同维度，预测其不断贴合社会发展、逐步走向多样共振、日益迈向科学跃升的趋势走向，展望其开拓思想政治教育学术新领地、开创思想政治教育学科新高度、开辟思想政治教育理论新境界的美好前景。

研究思想政治教育学科发展规律极富挑战性和极具高难度，是

---

① 华岗：《规律论》，人民出版社1982年版，第512页。

一个极为复杂且长期的过程，亦是一个需要在思想政治教育实践和学科实践中不断反思、检验的过程。由于笔者能力与水平所限，对于该论题的研究只能是一种初步的尝试，仍然存在诸多不足，如对思想政治教育学科发展矛盾的分析论证还不够全面深入，未能触及主、次要矛盾，矛盾的主次方面；揭示规律存在的依据即矛盾运动不尽周全，缺乏对规律的完整图谱描绘和体系建构；对规律发展的未来态势和前景展望的勾勒还不够精准，需要更进一步、更具针对性的研究；等等。论文的写作完成只是迈出了对思想政治教育学科发展规律研究的第一步，在今后的学习研究中，期望能够在思想政治教育学科发展规律体系的持续建构和完善发展中深度耕犁。同时也坚信，随着思想政治教育学科的繁荣发展和思想政治教育学人们的不懈追求与共同努力，定能实现认识和把握思想政治教育学科发展规律的新飞跃，推动学科的基础研究不断向前迈进。

# 参考文献

### 一 经典文献类

《马克思恩格斯选集》第1、3、4卷，人民出版社2012年版。
《马克思恩格斯文集》第1、5、7、8、9卷，人民出版社2009年版。
《马克思恩格斯全集》第3卷，人民出版社1960年版。
《列宁选集》第1、2卷，人民出版社2012年版。
《列宁全集》第55卷，人民出版社2017年版。
《毛泽东选集》第1—4卷，人民出版社1991年版。
《邓小平文选》第1、2卷，人民出版社1994年版。
《邓小平文选》第3卷，人民出版社1993年版。
《江泽民文选》第1—3卷，人民出版社2006年版。
《胡锦涛文选》第1—3卷，人民出版社2016年版。
《习近平谈治国理政》，外文出版社2014年版。
《习近平谈治国理政》第1卷，外文出版社2018年版。
《习近平谈治国理政》第2卷，外文出版社2017年版。

### 二 重要文献类

习近平：《把思想政治工作贯穿教育教学全过程　开创我国高等教育事业发展新局面》，《人民日报》2016年12月9日。
习近平：《坚持中国特色社会主义教育发展道路　培养德智体美劳全面发展的社会主义建设者和接班人》，《人民日报》2018年9月11日。

习近平：《高举中国特色社会主义伟大旗帜　为全面建设社会主义现代化国家而团结奋斗——在中国共产党第二十次全国代表大会上的报告》，人民出版社 2022 年版。

习近平：《决胜全面建成小康社会　夺取新时代中国特色社会主义伟大胜利——在中国共产党第十九次全国代表大会上的报告》，人民出版社 2017 年版。

习近平：《在纪念马克思诞辰 200 周年大会上的讲话》，人民出版社 2018 年版。

习近平：《在庆祝改革开放 40 周年大会上的讲话》，人民出版社 2018 年版。

习近平：《在庆祝中国共产党成立 100 周年大会上的讲话》，人民出版社 2021 年版。

习近平：《在哲学社会科学工作座谈会上的讲话》，人民出版社 2016 年版。

习近平：《在中国共产党成立 95 周年大会上的讲话》，人民出版社 2016 年版。

《国务院印发〈统筹推进世界一流大学和一流学科建设总体方案〉》，《人民日报》2015 年 11 月 6 日。

《加强和改进大学生思想政治教育重要文献选编（1978—2014）》，知识产权出版社 2015 年版。

《普通高校思想政治理论课文献选编（1949—2008）》，中国人民大学出版社 2008 年版。

《十八大以来重要文献选编》（上），中央文献出版社 2014 年版。

《十八大以来重要文献选编》（中），中央文献出版社 2016 年版。

《十八大以来重要文献选编》（下），中央文献出版社 2018 年版。

《十二大以来重要文献选编》（上），人民出版社 1986 年版。

《习近平关于社会主义文化建设论述摘编》，中央文献出版社 2017 年版。

《习近平新时代中国特色社会主义思想三十讲》，学习出版社 2018

年版。

《习近平新时代中国特色社会主义思想学习纲要》，学习出版社、人民出版社 2019 年版。

《习近平总书记系列讲话重要读本》，学习出版社、人民出版社 2016 年版。

《新时代面对面》，学习出版社、人民日报出版社 2018 年版。

《中共中央关于党的百年奋斗重大成就和历史经验的决议》，人民出版社 2021 年版。

《中共中央关于坚持和完善中国特色社会主义制度推进国家治理体系和治理能力现代化若干问题的决定》，人民出版社 2019 年版。

《中共中央国务院印发〈关于加强和改进新形势下高校思想政治工作的意见〉》，《人民日报》2017 年 2 月 28 日。

教育部课题组：《深入学习习近平关于教育的重要论述》，人民出版社 2019 年版。

### 三 中文著作类

艾四林、吴潜涛主编：《高校马克思主义理论学科发展报告（2018）》，高等教育出版社 2020 年版。

白显良：《思想政治教育的马克思主义理论基础研究》，人民出版社 2014 年版。

北京大学马克思主义学院组编：《马克思主义理论学科学术发展报告（2015）》，中国人民大学出版社 2016 年版。

北京大学马克思主义学院组编：《马克思主义理论学科学术发展报告（2016）》，中国人民大学出版社 2018 年版。

北京大学马克思主义学院组编：《马克思主义理论学科学术发展报告（2017）》，北京人民出版社 2018 年版。

仓道来：《思想政治教育学》，北京大学出版社 2004 年版。

陈秉公：《思想政治教育学原理》，辽宁人民出版社 2001 年版。

陈万柏、张耀灿：《思想政治教育学原理》（第三版），高等教育出版社 2015 年版。

陈万柏、张耀灿：《思想政治教育学原理》，高等教育出版社 2007 年版。

陈先达：《文化自信中的传统与当代》，北京师范大学出版社 2017 年版。

陈先达等：《坚持马克思主义在意识形态领域指导地位研究》，经济科学出版社 2015 年版。

储召生：《问道"双一流"：中国一流大学建设回顾与反思》，中国科学技术大学出版社 2017 年版。

董雅华、徐蓉：《思想政治教育学科自觉与科学化研究》，复旦大学出版社 2013 年版。

方文：《学科制度和社会认同》，中国人民大学出版社 2008 年版。

冯刚、郑永廷主编：《思想政治教育学科 30 年发展研究报告》，光明日报出版社 2014 年版。

冯刚：《改革开放以来高校思想政治教育发展史》，人民出版社 2018 年版。

冯刚：《思想政治教育学学科发展新论域》，中山大学出版社 2022 年版。

侯勇：《思想政治教育学理论前沿问题研究》，中国社会科学出版社 2018 年版。

华岗：《规律论》，人民出版社 1982 年版。

黄蓉生：《大学生思想政治教育若干论题研究》，人民出版社 2016 年版。

黄蓉生：《改革开放以来大学生思想政治教育论纲》，人民出版社 2014 年版。

教育部思想政治工作司组编：《大学生思想政治教育理论与实践》，高等教育出版社 2009 年版。

荆兆勋等：《思想政治教育的学科定位及建设思路研究》，山东人民出版社 2011 年版。

李淮春：《马克思主义哲学全书》，中国人民大学出版社 1996 年版。

李秀林等主编：《辩证唯物主义和历史唯物主义原理》（第五版），中国人民大学出版社 2004 年版。

李征：《马克思恩格斯思想政治教育理论与实践研究》，北京大学出版社 2011 年版。

刘建军：《寻找思想政治教育的独特视角》，中国人民大学出版社 2017 年版。

陆庆壬：《思想政治教育学原理》，高等教育出版社 1991 年版。

罗洪铁、董娅：《思想政治教育原理与方法》，人民出版社 2005 年版。

罗洪铁、周琪、王斌等：《思想政治教育学学科理论体系演变研究》，中国社会科学出版社 2012 年版。

彭启智：《思想政治工作矛盾论》，武汉大学出版社 2017 年版。

平章起、梁禹祥：《思想政治教育基本理论问题研究》，南开大学出版社 2010 年版。

朴雪涛：《知识制度视野中的大学发展》，人民出版社 2007 年版。

钱广荣：《思想政治教育学科建设论丛》，中国书籍出版社 2015 年版。

秦宣：《分化与整合：社会转型期的思想政治教育研究》，中国人民大学出版社 2017 年版。

邱伟光、张耀灿：《思想政治教育学原理》，高等教育出版社 1999 年版。

邱伟光：《思想政治教育学概论》，天津人民出版社 1988 年版。

沈壮海：《思想政治教育的文化视野》，人民出版社 2005 年版。

沈壮海：《思想政治教育发展报告（2016/2017）》，高等教育出版社 2018 年版。

沈壮海：《思想政治教育有效性研究》（第三版），武汉大学出版社 2016 年版。

沈壮海主编：《新编思想政治教育学原理》，中国人民大学出版社 2022 年版。

石云霞：《新中国成立以来中国共产党思想理论教育历史研究》（上），中国社会科学出版社 2007 年版。

首都师范大学思想政治教育学科编：《思想政治教育：反思与构建》，中央编译出版社 2014 年版。

宋锡辉：《思想政治教育学元理论研究》，中央编译出版社 2012 年版。

孙其昂：《思想政治教育学前沿研究》，人民出版社 2013 年版。

孙喜亭：《教育原理》，北京师范大学出版社 1993 年版。

王勤：《思想政治教育学新论》，浙江大学出版社 2004 年版。

王树荫主编：《中国共产党思想政治教育重要文献导读》，中国人民大学出版社 2022 年版。

王伟光：《照辩证法办事》，人民出版社、中国社会科学出版社 2014 年版。

王秀阁、张铁勇主编：《思想政治教育学科建设论》，天津社会科学院出版社 2016 年版。

王易：《传统文化与思想政治教育创新》，中国人民大学出版社 2017 年版。

吴强：《思想政治教育学科三十年》，东华大学出版社 2015 年版。

项久雨：《思想政治教育方法导论》，武汉大学出版社 2021 年版。

徐文良：《难忘的历程——高等学校思想政治教育的回顾与思考》，吉林人民出版社 2008 年版。

杨立蛟、常春、邵勇：《思想政治教育学科前沿问题研究》，山东大学出版社 2021 年版。

杨威：《思想政治教育发生论》，中国社会科学出版社 2009 年版。

杨威：《思想政治教育根源论》，社会科学文献出版社 2022 年版。

袁曦临：《学科的迷思》，东南大学出版社 2017 年版。

张世欣：《思想政治教育接受规律论》，上海三联书店 2005 年版。

张澍军：《思想政治教育学科建设研究》，人民出版社 2014 年版。

张耀灿、钱广荣等：《思想政治教育学科范式简论》，安徽师范大学出版社 2018 年版。

张耀灿、徐志远：《现代思想政治教育学科论》，湖北人民出版社 2003 年版。

张耀灿、郑永廷、吴潜涛、骆郁廷等：《现代思想政治教育学》，人民出版社 2006 年版。

张耀灿：《思想政治教育学科建设研究》，中国人民大学出版社 2017 年版。

张耀灿：《思想政治教育学前沿》，人民出版社 2006 年版。

郑永廷主编：《思想政治教育学原理》，高等教育出版社 2016 年版。

中国共产党思想政治教育史编写组：《中国共产党思想政治教育史》，高等教育出版社 2016 年版。

周宝玺：《矛盾规律研究》，中国人民大学出版社 2013 年版。

周守军：《学科与权力：以国家重点学科建设为例》，武汉出版社 2015 年版。

朱明光、蓝维等：《思想政治学科教育学》，首都师范大学出版社 2000 年版。

［美］托马斯·库恩：《科学革命的结构》（第四版），金吾伦、胡新和译，北京大学出版社 2012 年版。

### 四　中文期刊类

白显良：《改革开放以来思想政治教育学科定位的回顾与思考》，《思想理论教育》2009 年第 5 期。

陈秉公：《建党百年思想政治教育学科建设的回顾与展望》，《思想政治教育研究》2021 年第 6 期。

陈秉公：《论"马克思主义理论学科领航"及学科群建设》，《学术界》2016 年第 11 期。

陈秉公：《论思想政治教育学科基本理论的再系统化》，《思想理论教育导刊》2006 年第 8 期。

戴锐：《思想政治教育学科的"中国气派"之路》，《思想理论教育》

2009 年第 13 期。

邓国彬、陈洪江：《思想政治教育元问题与元理论研究：基于学科建设的视角》，《湖南社会科学》2019 年第 2 期。

冯刚、徐先艳：《时代新人的生成逻辑、基本特征和培育路径》，《教学与研究》2022 年第 4 期。

冯刚：《不断探索思想政治教育学科建设与发展的科学路径》，《思想理论教育导刊》2014 年第 4 期。

冯刚：《推动新时代思想政治教育学科高质量发展》，《学校党建与思想教育》2022 年第 7 期。

郭丽君、吴庆华：《一流大学的学科发展及其矛盾研究》，《现代教育科学》2004 年第 3 期。

韩文瑜、梅士伟：《把握学科规律 培育学科文化 促进学科发展》，《中国高等教育》2011 年第 7 期。

侯勇、钱锦：《思想政治教育学科交叉研究范式：现状、问题与创新》，《思想教育研究》2021 年第 8 期。

黄蓉生、颜叶甜：《新中国 70 年党的思想政治教育的发展历程》，《马克思主义研究》2019 年第 8 期。

黄蓉生、崔健：《论新时代思想政治教育的学科使命》，《马克思主义理论学科研究》2018 年第 2 期。

黄蓉生、颜叶甜：《改革开放 40 年思想政治教育学科发展的历史演进、宝贵经验与前行路径》，《思想理论教育导刊》2019 年第 4 期。

黄蓉生：《推进思想政治教育学科建设必须处理好几个关系》，《思想理论教育》2015 年第 2 期。

黄蓉生：《新时代思想政治教育学科创新发展若干思考》，《思想理论教育导刊》2018 年第 3 期。

黄永宜、王新刚：《思想政治教育过程基本规律的再探讨》，《思想理论教育导刊》2010 年第 4 期。

李辽宁、张婕：《思想政治教育过程及其内在矛盾新论》，《学校党建与思想教育》2019 年第 6 期。

李辽宁：《内涵式发展：新时期思想政治教育学科建设的思考》，《思想政治教育研究》2013 年第 3 期。

李辽宁：《思想政治教育学科发展的逻辑规律与内在动力》，《思想理论教育》2010 年第 5 期。

梁海娜、李红亮：《谁之矛盾？何种矛盾性？——思想政治教育基本矛盾再思考》，《思想教育研究》2018 年第 12 期。

刘建军：《论"时代新人"的科学内涵》，《思想理论教育》2019 年第 2 期。

刘建军：《论思想政治教育的科学化》，《教学与研究》2011 年第 3 期。

刘建军：《论思想政治教育规律研究的基本任务》，《马克思主义理论学科研究》2016 年第 4 期。

刘娟、金林南：《思想政治教育学科自主性的反思与提升》，《思想教育研究》2020 年第 1 期。

刘新庚、朱新洲：《关于思想政治教育方法规律的思考》，《中国高等教育》2014 年第 23 期。

卢少求：《近 20 年来思想政治教育学科理论研究综述》，《思想理论教育导刊》2004 年第 11 期。

罗洪铁：《思想政治教育学科基础理论的演变与展望》，《思想政治教育研究》2021 年第 6 期。

骆郁廷：《论思想政治教育学科核心竞争力》，《马克思主义理论学科研究》2019 年第 5 期。

马文保：《辩证法的总特征与三大规律的关系探微——兼论辩证法的统一》，《教学与研究》2014 年第 4 期。

马志霞、黄蓉生：《思想政治教育学科价值的新思考——基于马克思主义理论一级学科视野》，《思想政治教育研究》2016 年第 4 期。

裴学进、程刚、白同平：《思想政治教育学科发展规律探要》，《中国高教研究》2008 年第 3 期。

平章起、王迎新:《科学发展观指导下的思想政治教育学科建设》,《国家教育行政学院学报》2010 年第 9 期。

钱广荣、闵永新:《思想政治教育学科整体性的存在论澄明》,《思想教育研究》2015 年第 6 期。

钱广荣:《试论思想政治教育命运共同体——基于思想政治教育学科创新发展的整体性视野》,《思想教育研究》2016 年第 3 期。

邱柏生:《关于思想政治教育学科发展的阶段特征》,《福建师范大学学报》(哲学社会科学版)2006 年第 3 期。

邱柏生:《试析思想政治教育专业建设的有关问题》,《思想教育研究》2012 年第 9 期。

佘双好:《关于思想政治教育学科发展的战略思考》,《学校党建与思想教育》2014 年第 23 期。

佘双好:《论新时代思想政治教育发展的新使命》,《思想理论教育》2018 年第 5 期。

佘双好:《思想政治教育专业发展的一个"曲折"引发的思考》,《学校党建与思想教育》2014 年第 17 期。

沈壮海:《改革开放以来思想政治教育研究的学术版图》,《思想理论教育导刊》2008 年第 11 期。

沈壮海:《实现思想政治教育学科的科学发展》,《思想理论教育》2004 年第 Z1 期。

沈壮海:《思想政治教育学科的新自觉与新未来》,《马克思主义理论学科研究》2015 年第 1 期。

苏振芳:《思想政治教育的学科体系和理论体系研究》,《思想教育研究》2006 年第 7 期。

孙艳秋:《思想政治教育理论自觉的学科动力学考察》,《思想教育研究》2017 年第 10 期。

王军、银宝:《思想政治教育学科发展现状与纵向比较分析(2011—2018 年)——基于 5 种期刊高被引论文的视角》,《思想教育研究》2019 年第 11 期。

王树荫：《人的彻底解放与全面发展——中国共产党百年思想政治教育的价值导向》，《马克思主义研究》2020 年第 10 期。

王习胜：《当前思想政治教育的主要矛盾与发展趋向》，《马克思主义研究》2015 年第 9 期。

王学俭：《当前推动思想政治教育学科建设与专业发展的几个重点》，《思想政治课研究》2017 年第 5 期。

王易、宋健林：《思想政治教育学科基本文献梳理的探索与实践》，《思想理论教育》2017 年第 10 期。

吴全华：《教育规律的理解方式与教育规律的特点》，《教育理论与实践》2004 年第 2 期。

徐文良：《思想政治教育学科建设历程的回顾与思考》，《思想教育研究》2005 年第 9 期。

徐志远、杜朝举：《现代思想政治教育学科建设现状的调查与思考》，《思想教育研究》2016 年第 5 期。

杨威、魏道：《思想政治教育学应注重田野调查》，《思想政治教育研究》2022 年第 1 期。

叶澜：《关于加强教育科学"自我意识"的思考》，《华东师范大学学报》（教育科学版）1987 年第 3 期。

宇文利：《高校思想政治教育学科化与科学化刍议》，《思想理论教育导刊》2016 年第 5 期。

宇文利：《论思想政治教育学的学科概念及其拓展》，《学校党建与思想教育》2009 年第 6 期。

张雷声：《增强马克思主义理论自觉和学科自觉》，《思想理论教育》2012 年第 17 期。

张苗苗：《论思想政治教育的发生、发展与未来走向》，《教学与研究》2017 年第 4 期。

张耀灿：《思想政治教育的特点和规律探析》，《思想理论教育》2005 年第 3 期。

张耀灿：《思想政治教育学科建设存在的若干问题》，《思想理论教育》2015 年第 5 期。

张耀灿：《思想政治教育学科专业创建 30 年的回顾和展望》，《思想理论教育》2014 年第 1 期。

张耀灿：《推进思想政治教育学科创新发展的若干思考》，《思想理论教育》2017 年第 7 期。

张毅翔、彭庆红：《思想政治教育过程及其规律研究回顾与展望》，《思想教育研究》2014 年第 11 期。

张毅翔：《改革开放 40 年思想政治教育的发展特质、经验结构及时代展望》，《马克思主义理论学科研究》2018 年第 5 期。

张智：《论思想政治教育学意识形态性与科学性的统一》，《教学与研究》2018 年第 4 期。

赵芳、刘新庚：《关于思想政治教育学学科属性的新认识》，《湘潭大学学报》（哲学社会科学版）2018 年第 3 期。

郑永廷、胡梅花：《思想政治教育学科的创立与发展——改革开放 30 年思想政治教育学科建设新成果》，《学校党建与思想教育》2009 年第 1 期。

周进：《大学学科发展的基本矛盾及特殊矛盾》，《科技导报》2002 年第 5 期。

祖嘉合：《思想政治教育学科的规范发展与统筹发展》，《思想理论教育导刊》2014 年第 4 期。

祖嘉合：《思想政治教育学科发展中存在问题的思考》，《思想政治教育研究》2011 年第 1 期。

### 五　学位论文类

韦冬雪：《思想政治教育过程矛盾和规律研究》，博士学位论文，西南大学，2008 年。

王桂菊：《改革开放以来思想政治教育学科发展研究》，博士学位论文，南开大学，2013 年。

# 索　　引

B

本质联系 6，12，17，19，21，22，36，36—38，40，44—46，49，69，70，89，92，98，99，121—125，151，170，195，205

必然趋向 25，37，52，67，74，113，121，195

M

矛盾关系 66，68，71，72，75—77，82，89，92，119，120，124，127，128，131，133，136，139，142，144，176

矛盾谱系 19，66，70，74，75，76，84，123

N

内在矛盾运动 1，6，7，17，35，37，38，53，178

J

机理 18，19，23，52，53，195

S

适应服务律 3，23，89，91—97，101，105，108，111—116，125，126，156，169，171，173，174，184，189，195

X

学术共同体 15，28，63，81

学科自信 1，2，13，52，143，161，179，183

学科建设和发展 2，11，49，60，68，82，90，106，112，114，127，130，140，141，146，148，150，161，162，183，186

Y

要素规律 4，23，119，

121，123，125—128，131，133，136，146，147，153，175，176，192，195，196

演进规律 4，12，23，119，120，121，123，125，126—128，139，142，144，146，147，151，153，175，179，181，182，192，195，196

# 后　　记

　　迟迟不愿意动笔写后记，从论文初稿拖到预答辩，从预答辩拖到论文盲评，从论文盲评拖到答辩，一拖再拖，就像三年前迟迟不愿意动笔写辞职报告一样，心里萦绕着太多的情绪不知道该如何表达、该从何处说起，更不愿意接受已经到了要说再见的时候了。仿佛入学就在昨日，带着满心期待的我，从办公室直接拖着箱子上了火车，踏上了三年的博士之旅。在近而立之年，在这个颇为尴尬的年纪，决定放弃眼下的一切，重新归零。想当初，我提出辞职，领导言辞恳切地挽留，至今让我感念，在办完所有离职手续后，身边很多朋友、同事都觉得不可思议，纷纷发来问候："你想好了吗？真的想好了吗？确定想好了吗？"我想，在此时此刻，这个答案已然不言而喻。

　　山重水复疑无路，柳暗花明又一村。这三年，过得很辛苦，是身体上的，更是心理上的。报考时的信誓旦旦在现实面前不堪一击，其间有过彷徨、迷茫，甚至一度想退学，觉得自己无法完成人生中又一次的角色转换。这三年，过得很充实，是生活上的，更是学术上的。习近平总书记说，一个人遇到好老师是人生的幸运。我想，那我肯定就是那个最幸运的福娃。有幸师从黄蓉生教授和邓艳葵教授两位老师，她们从学习、研究、生活等各个方面指引着我。在学习上，根据我的特质和实际"量体裁衣"，帮助我一起制定每一时期的大目标和小目标；在研究上，不断提供各种锻炼机会和成长平台，让我能够获得最系统严谨的学术训练，不断锤炼学术思维，从荒废多年的学术"小白"一步步学会如何参加论坛、申报课题、发表文章、撰写书稿、深耕研究;在生活上,每每都十分期待和老师的见面、交流,因为她们总能给予我温暖和感动,总能安抚我心中的焦虑和不安,指引我找到前行的方向,重新燃起奋斗的激情。正是在这个过程中,我看到了真正的学术大家身上具备的精神品质,也是在这个过程中,我又开始重拾信心、重燃斗志,勇敢去追逐和遇见不一样的自己,创造更多的可能性。这三年,过得很幸福,是情感上的,更是心灵上的。无论是一堂课、一篇文,还是一件事、一个人,这些都让我时常感念生命所滋养的大智慧与小确幸。

千淘万漉虽辛苦,吹尽狂沙始到金。在选题之初,正值改革开放40周年的重要时间节点,在导师的指引和鼓励下,我将目光投向了几乎是与改革开放同成长、同发展的思想政治教育学科这一论题,而后又与老师反复交流、探讨,最终锁定在探寻和揭示其发展规律上。可以说,这篇博士学位论文选题难、写作难、驾驭难,几乎在各个不同的场合,都能听到专家老师们的一致感叹:你这个题目太难了,要啃下这块硬骨头,不那么容易。在一开始,我还有种初生牛犊不怕虎的架势,可是当真正进入研究和写作状态时,才体会到其中深意。无论是深入矛盾的分析,还是进行规律的抽象,感觉像是行走在云端、穿梭在迷雾中,一时间不知所措,更不知道怎么让整个论文做到无缝衔接、抽丝剥茧、浑然一体。后来又重新埋到文献堆里,紧扣主题和问题不断挖掘深耕,反复和导师请教沟通,和同学交流探讨,和自己对话思考,才有所顿悟,一鼓作气、一气呵成。从一稿的初具成形,到二稿的整理完善,再到三稿的仔细推敲、四稿的精心雕琢……整个过程历经酷暑、寒冬,又见温煦和骄阳,终能得最美风景。

博士的学习过程和论文的写作过程枯燥艰辛而又极富挑战性。三年来,承蒙恩师抬爱,家人支持,同学关爱,友人鼓励,使得最终交出一份还算完美的答卷,为博士研究生生活画上圆满的句号。在此,要特别感谢指导、关心和帮助我的老师、同学及亲友。感谢罗洪铁老师、邓卓明老师、崔延强老师、白显良老师、陈跃老师、孟东方老师、王永友老师、邹绍清老师、靳玉军老师、何玲玲老师、周琪老师、张永红老师、黄其洪老师、胡刘老师、曾令辉老师等各位老师的学术指引和宝贵启迪。感谢攻读硕士学位期间的孙代尧老师一直以来的鼓励、关怀和帮助。特别要感谢我的导师黄蓉生老师和邓艳葵老师,她们从论文的选题、文献的分析、框架的设计、结构的布局等方面给予了我悉心全面的指导,让我能够快速成长。感谢我的家人,这些年,他们看着我身边的同学朋友相继恋爱、结婚、生子,真的很着急,但万万没想到的是,他们能在这件事情上达成统一战线,全力支持我辞职来读博,这让我既惊喜又感动,同时也备感压力,幸运的是,最终没有辜负他们的期望。感谢有爱的同学和417的室友们,与你们一路相伴同行,为这几年的学习生活增添了许多的快乐,同时也见证了彼此的成长。感谢马克思主义学院这个温暖的大家庭,有各位老师、师兄、师姐、师弟、师妹们的关怀,让我在爱的包围下幸福感十足。

本书在写作过程中借鉴了学界诸多专家学者的相关研究成果,在此对他们表示衷心感谢和崇高敬意。其有幸出版,得益于获得2021年度国家社会科学基金优秀博士论文出版项目的资助,感谢全国哲学社会科学规划办各位领导、专家,感谢基金处刘冰老师细致耐心的指导、帮助和支持,还要感谢中国社会科学出版社的各位领导和老师,特别是刘艳老师、王丽媛老师在出版过程中的全程指导、悉心编校和辛勤付出。

学术之路漫漫,吾将上下而求索。人生本就是一场修行,学术也是一场旷日持久的修行。行至此,既是一个圆满的结束,又是一个全新的开始。2020年伊始,一场突如其来的新冠肺炎疫情,几乎打乱了所有的正常节奏,让我们迎来了一场终生难忘的特殊毕业季,也让我们有了更多的时间和空间去思考当下和未来。黄蓉生老师常常教导我们:要始终保持对马克思主义理论的敬畏和对思想政治教育专业的追随,且有一颗赤诚之心。这句话无时无刻不在提醒着我,学术路上注定会有很多的艰难险阻，但始终不能忘却自己为何要出发，将要抵达何处。未来，我会谨记老师们的谆谆教诲，怀着对学术的赤诚之心，在漫漫学术之路上行稳致远。

颜叶甜

2022 年 6 月于绩镛楼